浙江省生物制造产业发展报告

Development Report of Bio-manufacturing Industry in Zhejiang Province

郑裕国　金利群　主编

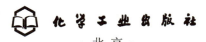

化学工业出版社

·北京·

内容简介

本书根据浙江工业大学郑裕国院士主持完成的中国工程院院地合作项目"推进浙江生物制造前沿技术发展战略研究"研究成果编著而成。

全书分为四篇，共九章，针对生物制造产业发展要求，介绍了国内外生物制造产业的现状和发展趋势，分析了浙江省医药、农业、食品、化工、材料等领域生物制造技术的发展现状、存在问题及有关行业政策、产业政策，提出促进浙江省生物制造产业发展的战略方向与对策建议。希望本书能为生物制造领域相关的企事业单位提供参考，为科技、经济和产业部门科学决策提供依据。

图书在版编目（CIP）数据

浙江省生物制造产业发展报告/郑裕国，金利群主编．—北京：化学工业出版社，2022.7
ISBN 978-7-122-41576-9

Ⅰ.①浙⋯ Ⅱ.①郑⋯ ②金⋯ Ⅲ.①生物材料-制造-产业发展-研究报告-浙江 Ⅳ.①F426.79

中国版本图书馆CIP数据核字（2022）第091913号

责任编辑：王 琰 仇志刚
责任校对：宋 夏
装帧设计：王晓宇

出版发行：化学工业出版社
　　　　　（北京市东城区青年湖南街13号 邮政编码100011）
印　　装：北京捷迅佳彩印刷有限公司
787mm×1092mm 1/16 印张18¼ 字数279千字
2022年10月北京第1版第1次印刷

购书咨询：010-64518888
售后服务：010-64518899
网　　址：http://www.cip.com.cn
凡购买本书，如有缺损质量问题，本社销售中心负责调换。

定　　价：198.00元　　　　版权所有　违者必究

《浙江省生物制造产业发展报告》编委会

顾　　问：沈寅初
主　　编：郑裕国　金利群
副 主 编：程　峰　吴哲明　柯　霞　蔡　雪
编　　委：郑裕国　金利群　程　峰　吴哲明　柯　霞　蔡　雪
　　　　　张　博　翁春跃　张晓健　许孔亮　周俊平　牛　坤
　　　　　沈　其　汤晓玲　周海岩　黄良刚　欧阳水平　林超平
　　　　　岑宇科　王丽娟　汤　恒　王远山　邹树平　薛亚平
　　　　　徐建妙　柳志强　王亚军　郑仁朝

前　言

随着社会工业化进程的快速推进，资源、能源和环境压力日益增加，社会可持续发展面临前所未有的挑战。生物制造技术是以生物体或生物组织为工具进行物质加工与转化的绿色生产方式，利用可再生的自然资源通过有效的生物转化与合成，实现多种产品的定向制造，正在医药、化工、材料、能源等多个领域深刻改变传统工业的制造生产。

一、生物制造是实现化学品传统制造模式升级的重要途径和必然趋势。受限于资源匮乏，我国的化学品制造在原料方面对外依存度高，这对我国的经济发展带来了巨大的挑战。自中美贸易摩擦以来，我国核心化工产品与技术"卡脖子"问题日益凸显，折射出当前化学品制造领域亟须在新的绿色原料和技术路线方面取得突破。生物制造能够促进形成资源消耗低、环境污染少的产业新结构和生产新方式。与传统制造模式相比，目前生物制造产品的生产方式平均节能减排30%～50%，未来将达到50%～70%，这对化石原料路线替代、高能耗高物耗高排放工艺路线替代和传统产业升级具有重要的推动作用。同时，由于可再生资源的使用，生物制造产品的生产方式能够显著减少二氧化碳的排放，对于缓解气候变化压力具有重要意义。世界经合组织（OECD）在《面向2030年的生物经济——政策议程》报告中预测，到2030年，将有35%的化学品和其他工业产品来自生物制造，基于可再生资源的生物经济形态将会形成。

二、生物制造已成为世界经济发展的新动力和大国间激烈竞争的战略制高点。近年来，合成生物学设计工具、生物催化技术、基因编辑技术、发酵工程技术等的发展，极大地缩短了生物制造从实验室走向工业应用的周期，从而推动了数以万计的化学品新型制造路线的设计与开发。目前，生物制造已经实现了一批基础化学品、精细化学品、医药制品、天然产物、生物基聚合材料的绿色生产，为工业产品原料路线转变、农业产品实现工业化合成提供了范例。因此，生物制造已成为国际生物工业新一轮的研发热点，并将有可能带来全球生物产业竞争格局的新一轮动态调整。为此，世界主要发达国家和新兴工业国家纷纷制定了国家层面的战略规划，将加速生物制造的发展作为国家生物经济和生物产业发展的重点方向之一，纷纷提出或更新国家与地区生物经济发展战略，明确规划生物制造发展路线图。2019年，美国生物质研发理事会发布《生物经济行动：实施框架》报告，旨在推动实现美国能源和产品的安全、可靠、平价和持续供应。同年，欧盟发布《面向生物经济的欧洲化学工业路线图》，旨在推动欧洲工业发展，增加生物经济比重，实现更强的工业竞争力。美国工程生物学研究联盟发布《工程生物学：面向下一代生物经济的研究路线图》，展望了生物制造在加工化学品、生产能源、提供食物、维持或改善人类健康、保护环境等多领域应用的未来图景。

三、生物制造是我国实现"碳达峰"和"碳中和"的重大突破口。世界自然基金会预测，到2030年，生物制造每年将可促使降低10亿吨到25亿吨的碳排放量，并具有持久的减排潜力。我国是世界第一制造业大国，2020年9月，我国明确提出2030年"碳达峰"与2060年"碳中和"的目标。"双碳"背景下，高效、高附加值、低污染型高端制造业成为支撑国家经济结构及产业发展的核心。要践行"绿色发展"理念，生物制造是重要的突破口。生物制造将从源头上降低碳排放、通过工业生物技术实现绿色清洁生产，是传统产业转型升级、践行"绿水青山就是金山银山"的"绿色动力"。以生物制造为核心，交叉融合不同学科，在医药、农业、能源、材料、化工、环保、食品等多个工业领域进行实践应用而形成的生物制造产业，具有原料可再生、可人工设计、过程清洁等可持续发展的典型特征，是涉及面广、影响深远的战略性新兴产业。

当前，全球生物经济处于从起步向快速发展转变的跃升期，生物制造产业势头强劲，多样化的生物制造产品市场地位已经举足轻重，多种生物绿色过程应用蓬勃发展。我国生物经济发展蓝图日益清晰，而生物经济蕴藏着巨大的经济、社会潜能，将成为经济增长的新动能。随着多元化的金融资源和社会资本的进入，新一代生物经济将茁壮成长，万亿级别市场有望快速发展。特别是新冠肺炎疫情暴发以来，以生物制造为基础的病毒检测、疫苗研发、药物制造等展现出强大的成长潜力。生物制造产业的商业化运行体现出设施灵活、资本支出小、金融风险低等特点，允许更多数量和更多样化的技术参与，从而实现更快的创新、更快的新技术应用和对市场需求的更快响应，有助于创新型工业生产模式的形成。因此，扩大投资将有助于推动生物制造产业快速发展，为世界经济可持续发展注入新的动力。

为了抓住全球生物制造技术变革机遇，以创新驱动为核心，加快建设高能级创新平台，汇聚全球高层次人才和创新团队，优化产业空间布局，促进生物经济高速健康发展，我国出台《中共中央关于制定国民经济和社会发展第十四个五年规划和二〇三五年远景目标的建议》《"十四五"生物经济发展规划》《中国制造2025》《"健康中国2030"规划纲要》等一系列政策支持和促进生物制造产业的发展，提出加快发展生物医药、生物育种、生物材料、生物能源等产业，做大做强生物经济。

近年来，浙江省委、省政府高度重视生物制造产业发展，发布《浙江省生物经济发展行动计划（2019—2022年）》《浙江省山区26县生物科技产业发展行动计划（2021—2025年）》等政策文件，加快完成生物科技创新中心、生物制造中心和生物数字服务中心的建设，力争成为有竞争力的世界级生物经济产业集群、全国生物经济先导区和生物数字融合示范省。为此，在中国工程院和浙江省政府的大力支持下，我们深入杭州、宁波、温州、绍兴、金华、湖州、嘉兴、衢州、台州、丽水、舟山等市县的政府职能部门进行调研，同时对接了当地的重点生物制造企业，最终根据研究报告编著了本书，内容涵盖浙江省医药生物制造、农业生物制造、食品生物制造、化工生物制造和材料生物制造领域，涉及各领域的产业发展现状、相关政策，并探讨了未来生物制造产业的发展方向，提出了相关对策建议。我们希望以此为契机，为生物制造产业的发展建言献策，充分利用生物经济发展条件，大力推进生物制造赋能经济社会发展。

（一）**提升核心技术和产品竞争力**。聚焦影响人民群众生活质量程度深的重点领域和核心环节，集中力量开发一批关键技术和产品，确保生物产业发展安全可控，加快新兴技术融合，加快人工智能、大数据、工业互联网等新兴技术与生物制造技术的融合发展，加快生物制造赋能经济社会发展。

（二）**统筹谋划生物制造产业发展战略**。瞄准基础研究、技术开发与利用、资源配置、流通与消费等各个产业环节，系统谋划重大工程、重大任务、重大举措，推动生物医药、生物农业、生物能源、生物化工等协同发展；强化生物制造技术市场应用，充分利用巨大国内市场、发挥生物制造产业链优势，坚持以国内大循环为主体、国内国际双循环，支持国内生物制造领域企业在满足国内需求的基础上，开拓海外市场。

（三）**健全完善共性技术平台体系**。聚焦生物制造重点领域和关键环节，依托行业龙头企业和科研院所，组建若干国家级生物产业创新中心、工程研究中心，从根源提升产业创新能力，提升科研院所创新能力。支持大学、科研机构等实施知识创新工程，着力改善科研基础条件，加强基础研究和应用研究，培养高素质专业人才。

目录 CONTENTS

第一篇 前沿篇

第一章　国内外生物制造产业 ……002

第一节　国际生物制造产业的现状与发展 ……002

第二节　国内生物制造产业的现状与发展 ……007

　一、生物制造产业概述 ……007

　二、生物制造产业投资前景 ……008

第三节　浙江省生物制造产业概述 ……010

参考文献 ……016

第二篇 技术篇

第二章　生物制造技术 ……020

第一节　细胞工厂构建技术 ……021

　一、生物信息学和计算生物学 ……021

　二、代谢工程和合成生物学 ……022

　三、应用 ……026

第二节　生物催化与转化技术 ……027

　一、底物工程技术 ……028

　二、介质工程技术 ……028

　三、生物催化剂工程技术 ……029

　四、应用 ……030

第三节 微生物发酵与细胞培养 032
  一、现代微生物发酵技术 032
  二、细胞培养技术 035
  三、应用 039

第四节 微反应器连续反应技术 040
  一、反应过程分析及表征 042
  二、反应过程工艺技术的开发 043
  三、应用 045

第五节 生物过程控制与放大 047
  一、PAT技术与装置 047
  二、生物反应过程的精准调控 050
  三、连续生产技术 054

第六节 生物分离纯化技术 059
  一、膜分离技术 060
  二、层析技术 062
  三、应用 063

第七节 总结 065
参考文献 065

第三篇 产业与政策篇

第三章 医药生物制造 072

第一节 浙江省医药生物制造产业发展现状 072
  一、医药产业是浙江省经济发展的支柱产业 072
  二、医药产业的绿色化发展方向 083
  三、生物制造是医药产业发展的重要途径 093
  四、浙江省生物大分子药物产业现状 095
  五、浙江省小分子药物产业现状 109

第二节 浙江省医药生物制造产业政策 129
  一、杭州市生物医药产业政策 130
  二、宁波市生物医药产业政策 132

三、台州市生物医药产业政策　　132

　　四、绍兴市生物医药产业政策　　133

　　五、金华市生物医药产业政策　　133

　　六、丽水市生物医药产业政策　　134

　　七、湖州市生物医药产业政策　　134

　　八、嘉兴市生物医药产业政策　　135

　第三节　浙江省医药生物制造产业发展方向　　135

　参考文献　　137

第四章　农业生物制造　　140

　第一节　浙江省农业生物制造产业发展现状　　140

　　一、农业产业是浙江省社会经济发展的重要基础行业　　140

　　二、产业特色与现状　　141

　　三、生物制造是推动绿色农业的重要手段　　146

　第二节　浙江省农业生物制造产业政策　　153

　第三节　浙江省农业生物制造产业发展方向　　156

　　一、农药生物制造的发展方向　　156

　　二、肥料生物制造的发展方向　　157

　　三、饲料生物制造的发展方向　　159

　　四、动物疫苗及新型兽药生物制造的发展方向　　160

　　五、未来发展建议　　162

　参考文献　　163

第五章　食品生物制造　　164

　第一节　浙江省食品生物制造产业发展现状　　164

　　一、食品产业是浙江省社会经济发展的重要基础行业　　164

　　二、生物制造是食品产业发展的重要途径　　168

　　　　三、浙江省食品生物制造重点发展方向　　　　170

　　第二节　浙江省食品生物制造产业政策　　　　183
　　　　一、引领行业可持续发展，满足国民营养健康需求　　184
　　　　二、致力科技创新，推动食品产业转型升级　　　　188
　　　　三、加强食品安全监管，保障居民食品安全　　　　189

　　第三节　浙江省食品生物制造产业发展方向　　　　191
　　　　一、我国食品产业发展形势与需求　　　　191
　　　　二、浙江省食品产业发展面临的挑战　　　　194
　　　　三、浙江省食品生物制造重点领域发展规律　　　　197
　　　　四、食品行业生物制造技术的突破　　　　200

　参考文献　　　　201

第六章　化工生物制造　　　　203

　　第一节　浙江省化工生物制造产业发展现状　　　　203
　　　　一、产业特色　　　　203
　　　　二、产业基础　　　　206
　　　　三、问题和短板　　　　210
　　　　四、生物制造是化工行业变革的重大方向　　　　211

　　第二节　浙江省化工生物制造产业政策　　　　212
　　　　一、杭州市化工产业政策　　　　214
　　　　二、宁波市化工产业政策　　　　214
　　　　三、温州市化工产业政策　　　　215
　　　　四、嘉兴市化工产业政策　　　　215
　　　　五、金华市化工产业政策　　　　216
　　　　六、衢州市化工产业政策　　　　216
　　　　七、舟山市化工产业政策　　　　217

　　第三节　浙江省化工生物制造产业发展方向　　　　217
　　　　一、基础和大宗化学品的生物制造　　　　217

二、精细和专用化学品的生物制造　　232
　　三、未来发展方向及建议　　235
参考文献　　239

第七章　材料生物制造　　240

第一节　浙江省材料生物制造产业发展现状　　240
　　一、材料产业已成为浙江省重要的战略性新兴产业　　240
　　二、浙江省材料生物制造产业发展领域　　248

第二节　浙江省材料生物制造产业政策　　258
　　一、我国材料生物制造产业政策　　258
　　二、浙江省材料生物制造产业政策　　262

第三节　浙江省材料生物制造产业发展方向　　264
　　一、推动产业集群发展　构建材料生物制造科创高地　　264
　　二、以绿色资源化利用及高端应用为发展特色　　265
　　三、利用生物制造技术实现材料绿色制造经济新模式　　265

参考文献　　266

第四篇　展望篇

第八章　人才培养/教育　　270
　　一、生物制造产业人才培养现状　　270
　　二、生物制造产业人才培养主要路径　　273
　　三、浙江省生物制造企业人才需求分析　　275
　　四、推进浙江省生物制造前沿技术发展的人才培养路径　　277

第九章　对策与建议　280

一、推进生物制造产业顶层设计　280

二、推动生物医药产业区域协同发展　281

三、规划与设计园区全产业链　282

四、整合生物医药产业创新资源　283

五、建立先进生物制造技术体系　284

六、加强生物工程专业与学科建设　285

Development Report of
Bio-manufacturing Industry
in Zhejiang Province

第一篇
前沿篇

第一章　国内外生物制造产业

第一章 国内外生物制造产业

第一节 国际生物制造产业的现状与发展

生物制造产业（亦可称为"生物工业"）以生物制造为核心技术，交叉融合不同学科，在医药、农业、食品、化工、材料、环保等多个工业领域实现应用，具有原料可再生、可人工设计、过程清洁等可持续发展的典型特征（图1-1）。生物制造产业的发展为人类提供生产所需的化学品、医药、能源和材料等，是现代社会由化石经济向生物经济过渡的必要手段。近年来，随着前沿技术发展、工具平台开发、产品服务拓展等方面的长足进步，生物制造产业迎来了产业的快速发展，也吸引到更多的投资。生物制造利用生物体机能进行物质加工，涵盖了从生物资源到生物技术、再到生物产业的价值链，既满足传统产业的需求，又推动高新产业的发展。作为现代生物产业的核心，生物制造是以工业生物技术（生物发酵、生物催化、合成生物学等）为基础，利用生物体机能生产燃料、材料、化学品或进行物质加工的先进工业模式，具有清洁、高效、可再生等特点，有可能在医药、农业、食品、化工和材料领域改变世界工业格局，开创经济绿色增长的新纪元。近年来，随着酶学与酶工程、合成生物学研究不断取得突破，细胞工厂构建、生物催化与转化、过程控制与放大等技术快速发展，推动生物制造成为绿色工业产品的主要生产方式，开启生物经济的重要产业突破口，成为世界主要发达经济体科技产业布局的重点领域之一，吸引了大量公共投资和社会资本，形成了价值数百亿美元级别的投资风口。

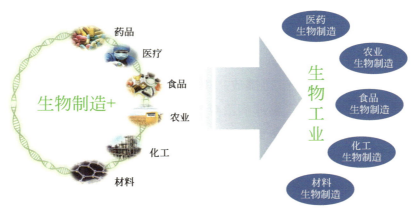

图 1-1
生物制造应用领域

微生物发酵是生物制造产业的重要组成部分之一，涉及的产品主要包括抗生素、微生物源农药、传统发酵食品等，其中新型发酵产品包括氨基酸、有机酸、酶制剂、酵母、淀粉糖、多元醇、功能发酵制品等。中国、日本、韩国等亚洲国家在传统微生物发酵产业方面具有深厚的研究基础，在氨基酸、酵母等大宗发酵行业中有较强的市场竞争优势。2019 年，我国传统发酵食品产业总产值超过 1.5 万亿元，约占食品工业总产值的 11%、国内生产总值（GDP）的 1.6%。而美国、丹麦、荷兰等国企业在酶制剂等现代发酵行业中处于技术垄断地位。氨基酸、酶制剂等行业关键核心菌种自主知识产权问题，仍然是行业发展的"卡脖子"问题。2019 年 6 月，美国的创新企业 Kalion 公司构建了高产葡萄糖酸菌株并进行了发酵生产，获得了美国化学学会颁发的 2019 年美国（总统）绿色化学挑战奖（小企业奖），该菌是 Kalion 公司与麻省理工学院合作开发的，构建了全新的代谢途径，开发了可降解、无毒、糖衍生的产品，以替代传统工艺产品。利用数字技术推进发酵过程的研发是未来生物发酵的趋势，巴斯夫（BASF）公司正在与全球实验数据采集公司 Riffyn 合作建设全球生物数据平台，为生物产业制造创新产品提供解决方案。

  生物催化是实现绿色生物制造的重要路径。现代工业生物技术通过技术交叉融合、技术集成，正在加速传统化工行业的转型和升级，被用以医药化学品、食品和饲料添加剂、农药及其中间体、日用化学品、香精香料等精细化学品和天然产物的生物合成，可减少传统化学品的使用，降低原材料、水和能源的消耗，改善生产条件，简化工艺过程，避免或减少副产物的生成以及减少废物排放。生物催化合成手性药物中间体广泛应用于心脑血管治疗药物、糖尿病治疗药物和精神类疾病的治疗药物。据德国特种化工企业赢创工业集团预测，生物制造在精细化学品（特别是手性药物中间体）的应用比重将由 2016 年的 15% 上升至 2025 年的 60%。其中，药用精细化学品、食品及饲料添加剂的合成是这一领域的研究与投资热点。近年来，重组微生物及其所生产的酶在食品添加剂生产中的使用日益广泛。另外，由于生物基材料绿色、环境友好、资源节约等特点，相关产业成为一个加速成长的新兴产业。生物基材料主要指利用谷物、豆科、秸秆等可再生生物质为原料制造的新型材料和化学品等，包括生物基化工原料、生物基塑料、生物基纤维、生物基橡胶以及通过对生物质热塑性加工得到的塑料材料等。德国 Nova 研究所报告指出，2018 年全球生物基聚合物总体产量约为 750 万吨，已经达到化石基聚合物的 2%，未来潜力巨大。2019 年 6 月，芬兰耐思特石油公司（Neste）和荷兰利安德巴塞尔公司（LyondellBasell）宣布合作，首次以商业规模生产生物基聚丙烯和生物基低密度聚乙烯，用于生产食品包装材料。2019 年 7 月，奥地利兰精集团（Lenzing Group）宣布计划投资超过 10 亿欧元用于建设新的生物基纤维生产设施，第一个扩建阶段将在泰国普拉钦布里（Prachinburi）建造世界上最大的莱赛尔纤维工厂。2019 年 7 月，德国科思创（Covestro）公司与德国亚琛工业大学合作开发出弹性纺织纤维，正在开发工业规模的生产工艺。2019 年 1 月，荷兰生物技术公司万提姆（Avantium）宣布通过收购巴斯夫公司在 Synvina 合资公司的股份、从植物到塑料的全部技术所有权以生产新型聚合物 PEF 的基础材料呋喃二甲酸（FDCA）。

近年来，合成生物学相关的生物制造频繁出现在人们视线中，深刻影响着化工、食品、消费品、能源、医疗健康和农业等领域的发展，并创造了社会和经济价值。例如，利用微生物细胞工厂生产化学品、材料、燃料、植物天然成分和替代蛋白；将细胞传感器用于临床医学、环境和食品监测；通过细菌、细胞来治疗疾病和帮助作物增产等。利用细胞工厂可以生物合成制造香兰素、白藜芦醇、柑橘类调味料、甜菊糖苷等一系列高附加值农业产品。合成制造淀粉、油脂、健康糖、牛奶、素食奶酪、各种蛋白质（胶原蛋白、蚕丝蛋白、肉类蛋白及卵蛋白等）和肉类的技术也日趋成熟。合成生物技术在能源领域的应用方向主要包含生物乙醇、柴油和丁醇等。2010—2022 年，随着国际环境的变化，加上页岩油开采实现商业化，国际原油价格剧烈波动，目前存活下来的能源类合成生物学公司不多。较为成功的代表之一是美国公司朗泽科技（LanzaTech）。该公司主要利用细菌将钢厂或垃圾填埋场等排放的二氧化碳、甲烷等废气转化为燃料和化学品，并与中国首钢合作，将钢厂排放的废气转化为乙醇，在项目运营的第一年，成功回收超过 3400 万升乙醇。2022 年 4 月，该公司以 22 亿美元的估值在纳斯达克上市。日本生物技术公司悠绿那（Euglena）在横滨完成了其示范规模的生物精炼厂的建设，该工厂利用藻类和废油生产可再生喷气燃料和生物柴油，计划到 2030 年共计生产 100 万升的生物燃料。Euglena 还与五十铃汽车（Isuzu Motors）公司合作，测试其可再生柴油在公路上的使用情况。雀巢公司 2018 年在新加坡投资 14 亿欧元建厂以扩大可再生能源生产能力，2021—2022 年又在新加坡建立生物医药研究中心。

除上述以开发、生产生物技术产品为主要目标的行业外，生物制造产业还涉及 DNA 合成、微生物/酶定制等技术服务，如近年颇为引人注目的美国新创企业 Zymergen、Ginkgo Bioworks 公司等。Zymergen 公司利用机器学习等技术重新设计微生物的基因构成，筛选强化的微生物用于包括生产仿制药在内的现有工业流程，其在 2018 年 12 月获得日本 SoftBank 旗下基金领投的 4 亿美元 C 轮资金，并于 2021 年成功上市。2019 年 6 月，Ginkgo Bioworks 为合成生物学公司 Synlogic 提供 8000 万美元股权投资，利用其细胞编程平台帮助后者建立和测试数千种微生物菌株，以加速早期临床前研究的进展，优化候选药物，进一步开展临床开发。此外，生物制造产业还涉及一些相关仪器设备、装备系统研发等。例如，美国的创业公司 Opentrons 通过开发开源移液机器人使实验自动化更容易实现；美国制造商 Mammoth Biosciences 开发了基于 CRISPR 的疾病检测平台。

随着生物制造技术的发展，生物制造企业在产能扩大和产品升级等方面都取得了重要进步。全球生物制造的创业融资总额（特别是初创企业）在过去数年中不断刷新，2020—2021 年总量超过 50 亿美元，其中 A 轮融资占比约 30%，C 轮占比 26%，D 轮及以后占比 27%。由此可以看出，当前生物制造产业投资集中在企业发展的早期和中期，并已有相当部分资金进入企业发展成熟阶段，整个行业投资呈现良好生态。例如 2019 年 8 月，帝斯曼公司与能特科技公司宣布就维生素 E 及其中间体业务组建合资公司（益曼特），能特科技采用微生物发酵利用法尼烯合成异植物醇，此次合作将进一步释放能特科技维生素 E 产能。此外，随着生命科学的快速进步，生物制药公司特别是抗体开发公司表现出强劲的发展势头，有 7 家新上市企业的主营业务为抗体开发。信达生物制药（苏州）有限公司成立于 2011 年，从事开发、生产和销售用于治疗肿瘤等重大疾病的单克隆抗体新药，重点锁定肿瘤领域，同时覆盖自身免疫性疾病、心血管病和眼底病变等大病。其产品管线已由 2015 年 10 个管线产品发展为目前拥有近 20 个生物药的研发管线。2022 年 6 月，PD-1 抑制剂达伯舒获得中国国家药品监督管理局批准。上市前，信达生物共完成了 5 轮合计 5.62 亿美元融资。2018 年 10 月 24 日，该公司在港交所成功上市，募集资金 33 亿港元。2019 年 10 月 4 日配售 9700 万股新股，再融资 23.51 亿港元。随着人口增长与资源环境有限之间的矛盾日益加剧，再加上食品安全问题的频发，人造肉公司近年来受到越来越多的关注。2019 年 5 月 2 日，美国素食肉生产商 Beyond Meat 成功上市，成为"人造肉"领域的首家上市公司。Beyond Meat 成立于 2009 年，总部位于美国加州，该公司利用豆类等植物蛋白作为原材料，通过加热、冷却、加压等方法，将植物蛋白排列成肉类的纤维结构，并不断进行试验和改进，直到在口感上能"以假乱真"。这家以素食汉堡闻名的公司此前一共获得过 7200 万美元的融资，投资者众多，包括凯鹏华盈、风投公司 Obvious Corporation、微软创始人比尔·盖茨、泰森食品公司等。2021年，该公司在浙江嘉兴经济技术开发区开始建造植物肉工厂。DNA合成与组装技术是生物制造领域的关键技术之一，更高效、更经济的DNA合成技术是领域发展的迫切需求。2018年10月，美国DNA合成产品研发企业Twist Bioscience在纳斯达克上市，完成总值为7000万美元的IPO。Twist Bioscience公司向客户出售基因、基因片段和寡核苷酸，用于基础研究、药物开发、生物工业和生物农业。2021年，ARKG基金投资了这家企业，该企业的股价也一路上涨，两年上涨了14倍。

第二节 国内生物制造产业的现状与发展

一、生物制造产业概述

我国生物制造产业发展迅速，近年来保持年均12%以上增速，部分产品的生物制造取得了产量、规模上的市场优势，资源综合利用水平逐年提升，节能减排的成效显著。其中，我国生物发酵产业在"十三五"期间发展平稳，2019年产量约为3064万吨，年增幅达5.9%。氨基酸、有机酸、淀粉糖及多元醇等产能及产量多年稳居世界第一位，市场占有率持续提高，国产化能力继续提升，出口额从2015年的45亿美元增加到2019年的54.45亿美元，年平均增幅6.2%。浙江工业大学与华东医药合作建立发酵冬虫夏草菌粉产品及制剂的智能化生产集成控制技术，高效匹配冬虫夏草中国被毛孢菌丝体发酵过程、菌丝分离与制剂工艺，实现生产过程实时监控、故障智能诊断和生产应急系统自动化；对操作人员实行多级化权限分配，提高操作的准确性、可追溯性和安全性；建立完善的数据存储系统，提高原始数据存储的安全性和完整性，通过数据存储系统的事件报警系统，报告超标数据，及时对超标数据进行应答；对洁净区人、机、料、法、环各方面强化监控管理，实现洁净区生产监控自动化和信息化，确保药品生产符合 GMP 规范；建立自动化仓储管理系统，对原料出入库和成品收发货实行自动化管理，实现对原料出入库的自动输送、登记、抽样和投料，成品出入库的自动输送和登记。新技术引入后，产品生产周期缩短，最终能耗降低 42%，废水排放量减少 23%，产品成本下降 21%。建成生产规模、生产强度和产品质量稳定的年产 1200 t 发酵冬虫夏草菌粉及 20 亿粒百令胶囊的产业化示范基地。中国科学院天津工业生物技术研究所与企业合作，利用发酵法制备 4α-羟基-L-脯氨酸，摒弃了传统工艺中动物胶原料提取的工艺弊端，实现绿色生产。通过深入开展产学研合作，越来越多的精细化学品突破合成生物发酵的技术难关，进入产业化开发阶段。

我国生物基材料单体与聚合物产业发展速度较快，生物基 1,3-丙二醇产能约 2 万吨/年，已建成世界最大的年产 2 万吨生物基丁二酸的产业化生产线以及年产 1 万吨 D-乳酸生产线；聚羟基脂肪酸酯（PHA）总产能超过 2 万吨/年，产品类型和产量国际领先，聚乳酸（PLA）产能 10 万吨/年，二氧化碳共聚物（PPC）产能 1 万吨/年以上。丰原集团和上海交通大学合作，拥有具有自主知识产权的乳酸产生菌。2022 年产能预计达到 30 万～40 万吨，将成为全球最大的生物基材料聚乳酸生产制造商。蓝晶微生物科技有限公司和清华大学合作实现从细胞合成生物学设计到 PHA 产品生产的微生物全链条整合，自 2016 年创立至今已获得累计 15 亿人民币 B 轮融资。我国燃料乙醇规模在近两年内迅速扩大，作为世界上第三大生物乙醇生产国和应用国，仅次于美国和巴西，我国目前已建成产能 500 万吨/年，在建产能合计超过 300 万吨/年。我国生物柴油产业发展处于成长期，生物柴油年总产能约为 350 万吨/年，但由于受到原料供应限制，生产装置开工率不足，尚无法满足市场需求。

二、生物制造产业投资前景

生物制造技术的高速发展使得以前无法实现的产品生物制造变成了可能。我国的生物制造产业正处于技术攻坚和商业化应用开拓的关键阶段，一旦众多产品的生物制造得以商业化，将会极大推动生物制造产业的快速发展。同时，在当前的国内外大环境下，绿色低碳循环发展理念已深入各个行业。对制造业环境友好性的要求越来越高，环保成本一直攀升，众多知名企业也纷纷转向使用生物技术产品以满足消费者对可持续产品的需求。因此，处于技术、政策、市场的多重红利期的新兴生物制造业将迎来较快的产业增长期。在创新科技投资日渐活跃的中国，生物技术领域有望成为继虚拟现实、人工智能技术的下一个风口，这已经成为投资人的共识。然而，与世界主要发达经济体的投资热度和资金规模相比，我国生物制造产业相关企业的融资规模目前还十分有限，特别是对于那些拥有核心专利技术但仍处于创业早期的初创企业来说，天使投资和创业投资十分重要。而对于传统和大型企业来说，主要是着眼于战略布局的转型和抢占市场的前瞻考虑而进行的产业投资，多以合资、并购和股权变更的形式完成。此外，企业还可以灵活地结合债券、私募、众筹等方式获取发展所需要的资金。生物发酵产业是我国生物制造产业的重要组成部分，我国是国际市场上多种大宗发酵产品的重要供应国。目前我国发酵产业正在向质量效益型转变，行业面临结构性调整，倒逼新型发酵产业加快发展，应着力推进自主知识产权产品与技术的应用研发。另外，新型酶制剂开发以及精细化学品和天然产物的生物合成是生物制造产业中被众多投资机构看好的领域。随着"健康中国"战略的深入实施，原料药和高附加值医药产品的生物制造市场需求旺盛，抗生素、疫苗、新一代抗体药物、免疫药物等新药研发方面的投资将继续保持热度，加速推进国产品种的研发和上市。

  生物基材料是新材料制造的生力军，其应用市场近年来发展十分迅速。我国生物基材料主要品种及单体的生产技术在近年发展快速，已形成以可再生资源为原料的生物材料单体的制备、生物基树脂合成、生物基树脂改性与复合、生物基材料应用为主的生物基材料产业链，形成环渤海、长三角、珠三角三个产业集群。在积极的政策引导下，生物基材料市场空间巨大，亟待取得进一步突破性发展，这方面的产业投资对于加快相关技术从实验室走向企业生产、促进相关产品性能提升和提高国际市场竞争力至关重要。由于人口增长、土地制约等因素，全球农产品需求量仍有巨大缺口，生物制造在解决我国粮食安全等问题中有望发挥不可替代的关键作用，可以优化和改造来自动物、植物、微生物的营养物质，甚至设计合成自然界不存在的食品形式，包括各类蛋白质、氨基酸及维生素等，帮助满足人类对食物安全、品质改善和生态环境等重要需求。高附加值农业相关产品，特别是人造蛋白和肉类产品可能成为国内下一个迅速兴起的投资热点。开发和使用新能源和可再生生物能源是我国可持续能源战略中的重要战略选择。在生物燃料化学品及中间体的研发方面，需要着力解决原料供应系统不完善及与化石能源成本竞争优势不足等问题。而作为特殊的生物质原料来源，二氧化碳等单碳原料的生物转化利用可能成为绿色低碳投资方面的一个新的增长点。同时，目前国内已有数家新创企业专注于合成生物技术研发和菌种开发，在这一方面的投资对整个生物制造产业专业化可持续发展颇为关键。利用生物大数据、基因组信息和自动化平台以及结合人工智能、高性能计算和互联网、区块链等技术的研究探索也正在进一步深入，有望催生全新的交叉融合技术，带来新业态和新商业模式。

随着生物制造产业链的不断完善，市场需求逐步释放，我国生物制造产业在产品范围和市场容量方面将逐步扩大。在可以预见的未来，多元化的金融资源和社会资本将进一步向绿色生物制造产业流动，催生万亿级别的市场繁荣，推动下一代生物经济发展壮大。

第三节

浙江省生物制造产业概述

为抓住全球生物技术变革机遇，以创新驱动为核心，加快建设高能级创新平台，汇聚全球高层次人才和创新团队，优化产业空间布局，促进生物经济与数字经济融合发展，构建创新链、产业链、空间链、服务链、资金链于一体的生物经济生态圈，浙江努力发展生物制造产业，促使生物经济成为新的增长点，整体创新能力大幅提升，产业竞争力显著增强。以生物医药、生物农业、生物基材料、生物化工等领域为重点的生物制造产业良好发展，促进新旧动能转换，浙江基本建成生物科技创新中心、制造中心和生物数字服务中心，力争成为有竞争力的世界级生物经济产业集群、全国生物经济先导区和生物数字融合示范省。目前，浙江省生物制造产业集中在医药制造业，"十三五"期间浙江省医药工业总产值稳步增长（五年年均增长 12.6%），2021 年达 2150.71 亿元、营业收入 2084.70 亿元、利润总额 373.45 亿元，出口交货值 544.76 亿元；"十四五"期间力争规上工业产值超过 4000 亿元，规模进入全国各省区市前四位，形成 100 个年销售额超亿元的优势产品。而在农业、食品、化工、材料等工业领域，不断加入生物制造技术，以创新驱动为核心，加快建设高能级创新平台（高校科研平台、新型研发平台、公共服务平台）。本书从第三篇起将详述浙江生物制造产业在以上这些领域的发展现状。根据《浙江省生物经济发展行动计划（2019—2022 年）》文件，这里主要阐述浙江生物制造产业的七大提升工程和五大保障机制。

（一）实施创新能力提升工程

1. 攻克标志性技术

组织高校和科研机构实施重大科技研发专项，聚焦结构生物学、合成生物学、微生物组学、基因编辑技术、单细胞图谱技术、仿生医药技术、分子靶向医药研发、干细胞与再生医学、医学人工智能等前沿领域，开展一批前沿学科交叉研究和原创性、颠覆性和前沿关键技术。

2. 建设高能级创新平台

支持杭州、宁波等地区有关单位创建生物医药领域国家产业创新中心、国家制造业创新中心等国家级创新载体。支持浙江工业大学、浙江大学、西湖大学、温州医科大学等一批高校科研平台建设。支持中国科学院肿瘤与基础医学研究所、中国科学院宁波材料所、浙江省智能诊疗设备制造业创新中心、浙江清华长三角研究院、中国科学院大学温州研究院等一批新型研发平台建设。加快建设生物样本库、动物实验研究中心、临床中心等一批公共服务平台。加强与国内外顶级研究所建立合作。

3. 加强开放协同创新

融入全球生物经济协同创新体系，参与生物创新要素资源全球化配置，支持海外创新孵化中心建设，鼓励龙头企业建设海外研究中心、生产基地、销售网络和服务体系。参与长三角区域科技创新共同体建设，推动生物园区协同联动、重大技术联合攻关、创新服务平台共享共用。支持建设生物经济创新创业生态体系，打通基础研究、技术创新、成果转化等环节。

（二）实施产业结构升级工程

1. 聚焦发展生物医药重点领域

聚焦化学创新药、生物技术药物、现代中药、高端医疗器械等重点领域，提升生物经济"国际化、品牌化、智能化、绿色化"水平。开展药物制剂国际化能力建设，提升药品国际主流市场竞争力；开展药品质量品牌提升工程，打造"浙产好药"；推广智能工厂、企业上云等智能制造新模式，提高生产全过程智能化水平；加快绿色化工厂改造全覆盖，构建清洁、低碳、循环的绿色生物制造体系。

2. 加快生物经济与数字经济融合发展

立足浙江省数字经济优势，实施"生物＋数字"融合工程，培育生物数字服务新业态，打造全国生物数字服务中心。围绕生物医药、医疗器械、生物农业、生物环保等行业的数字化转型，加快云计算、大数据、区块链技术在药物靶标筛选、药效早期评价、药物临床数据分析、医学诊断、临床决策支持系统、智慧农业等方面的应用，形成生物数据集成开发应用领先优势。加快人工智能技术在医用机器人、医学影像辅助诊断、临床决策支持系统等领域的深度应用，培育发展智能医学影像、智能诊疗、智能健康管理等数字服务新业态。

3. 加快培育"生物＋"相关产业

发挥浙江省新材料、节能环保、海洋经济等产业优势，大力发展"生物＋"新模式、新业态和新技术，培育壮大生物农业、生物基材料、生物环保、生物能源、海洋生物等相关产业，力争在若干领域形成技术领先优势与行业话语权。加快生物技术和产品在工业、农业等领域应用，开展生物制品绿色替代等应用示范，形成一批可借鉴、可复制的应用示范案例。

（三）实施空间布局优化工程

1. 着力打造生物经济大平台

围绕大湾区大花园大通道大都市区建设，立足各地产业基础和生物资源优势，构筑"一核四基地"空间格局，谋划建设生物医药"万亩千亿"新产业平台，建设3～5个生物经济产业大平台。发挥杭州创新资源密集和生物医药基础强大优势，以杭州医药港为重点，打造全球有影响力的生物经济创新引领区。高质量建设宁波、台州、金华、绍兴四大生物制造产业基地，建设有竞争力的生物经济集群高地。

2. 加快建设生物经济特色园区

引导各区域形成特色化、差异化的发展格局，支持温州、嘉兴、湖州、舟山、衢州、丽水等地建设生物经济特色园区。

（四）实施创新企业集聚工程

1. 培育十家百亿级龙头企业

实施"雄鹰计划"，支持龙头企业开展跨国兼并重组，整合国内外优质创新资源，开展跨界融合、联合开发、市场推广，打造集研发、制造与服务于一体的大型企业集团。积极招引全球领军型企业在浙江设立区域总部、研发中心和生产基地。

2. 培育百家高成长性企业

实施"高成长性企业培育计划"、企业上市和并购重组"凤凰行动计划"，积极扶持一批生物经济领域潜力企业。搭建高成长性企业对接平台，推进企业与高校院所、服务机构的紧密合作，推动一批新产品的研发、试验和产业化，形成了一批拥有核心技术和发展潜力的高成长性企业。

3. 培育千家科技型中小企业

实施中小企业"雏鹰计划""小微企业三年成长计划"，引导科技型中小企业向专业孵化器、众创空间、双创示范基地集聚，打造一批细分领域隐形冠军。引导行业龙头企业与科技型中小企业开展专业协作，推广合同生产外包（CMO）、合同研究外包（CRO）等合作方式。

（五）实施高端人才汇聚工程

1. 集聚生物经济领军人才

面向全球生物经济前沿领域的知名高校和科研机构，精准实施海外高层次人才引进计划，大力吸引一批全球顶尖科学家、行业领军人才和经营管理人才。大力实施"万人计划"，加大对生物经济领域人才的培养和支持力度。

2. 培育生物经济企业家

实施"科技新浙商"工程，鼓励引导浙商开展生物经济创新创业，引进一批海内外创新创业团队，支持其创办高成长性企业和科技型中小企业，形成高素质的"科技新浙商"队伍。

3. 培养生物制造相关应用型人才

支持浙江大学、西湖大学、浙江工业大学、温州医科大学等高等院校加强生物工程等学科建设，培育生物工程专业人才。支持企业联合高校院所设立博士后工作站等载体，共同培养技术应用型人才。支持浙江省内院校生物工程相关专业毕业生在本省就业，加大引进外省市高校生物领域相关毕业生，大力发展生物经济。

（六）实施生物技术应用工程

1. 加快新产品推广应用

完善列入中国药品目录集的创新药品，通过一致性评价的仿制药和国家、省药品监督管理局注册的创新医疗器械产品集中采购模式。推进国产乙类大型医用设备示范应用，继续深化重大医疗器械装备（系统）首台（套）保险补偿机制试点等推广应用工作。

2. 加快生物技术惠民应用

建立基因检测、精准医疗、免疫治疗和基因组、蛋白质组、代谢组等前沿生物技术临床应用转化机制。支持三级甲等医院与有资质的社会力量合作，加快质谱技术等精准诊断技术在临床检验中的应用，规范开展干细胞临床研究工作。支持生物样本库、器官库、基因库、中药标准库等建设。

（七）实施生物资源保护工程

1. 加强农业种质资源保护

推进省级农作物种质资源中期库和特色经济作物资源圃（场）建设，全面开展农作物种质资源收集和保护。加大生物遗传资源保护的支撑技术研究，按照统一标准和规范，建立农作物种质资源普查数据库等信息系统。

2. 加强海洋生物资源养护

推进海洋牧场建设，推动相关学科领域在海洋牧场研究上的联合攻关，加强海洋牧场基础研究。加强重要水生生物资源保护，强化水产种质资源保护区和珍贵、濒危水生野生动物保护管理。建立特色海洋生物样品库，合理有序开发深海和远海海洋生物资源。

3. 加强特色中药资源保护开发

推进中药材种质资源库和良种繁育基地建设，开展"浙产药材"品质系统性研究。支持第三方中药材质量追溯平台建设，形成育种、种植、采收、加工等全过程质量追溯能力，提高集约化、标准化、规范化水平。

此外浙江省将进行机制改革，保障生物制造产业的发展：

（1）建立工作推进机制

省发展改革委、省经信厅、省科技厅会同省级相关部门协调推进全省生物经济各领域的重大决策、工作部署和重大项目布局。鼓励各地各部门出台生物经济专项政策，支持企业、高校和科研机构联合开展共性技术攻关。组建省级生物经济发展专家咨询委员会，为全省生物经济发展提供智力支持。积极招引生物经济重大项目。

（2）完善政策扶持体系

探索设立生物经济产业基金，积极推进浙江省股权交易中心生物医药板建设。加大财政支持力度，鼓励各类金融机构支持创新型企业发展，对重大科技攻关、产业化项目、公共服务平台建设，给予土地、税收、资金等政策扶持。支持生物经济重大项目优先列入"4+1"重大项目和重大产业项目清单，保障项目用地需求。加强项目环保和能源监管。

(3) 推进改革创新试点

全面落实审评审批制度改革，开展上市许可持有人制度改革，建立重点园区药械审评审批柔性工作机制，加快临床急需产品、罕见病创新药械以及基本药物审批。支持医院建设临床医学研究中心，鼓励医院和医生参与临床研究，提升临床研究和转化能力。研制推广生物领域基础共性和关键技术标准，推动标准规范、管理规制和知识产权与国际接轨。

(4) 加强生物安全监管

加强细胞治疗、基因编辑等前沿技术规范建设和监管。研究筹建区域生物伦理审查委员会，加强对医学研究、新兴生物技术应用的伦理安全监管。完善生物产品供应链全过程追溯体系，鼓励并扶持企业加强信息系统安全建设，健全产品上市后的不良事件监测、召回和退出制度，建立守信企业"绿色通道"和失信企业"黑名单"。

(5) 完善统计考核体系

定期统计发布生物产业、医药制造业相关指标，强化重点工作任务目标责任考核。

在以上工程和机制的保障下，浙江拟建成生物科技创新中心和生物经济制造中心，具体是生物规上企业研发费用占主营业务收入比重达到6%以上，争创3家以上国家级创新平台，形成10项左右具有国际领先水平的标志性技术，基本建成国内领先的生物科技创新中心、生物经济研发外包与服务中心；力争全省生物经济工业规模实现倍增，规上工业产值超过4000亿元，形成100个年销售额超亿元的优势产品，10个以上重大创新产品，成为全国领先的创新药生产基地、原料药和制剂出口基地、创新医疗器械生产基地。

参考文献

[1] 夏小乐, 吴剑荣, 陈坚. 传统发酵食品产业技术转型升级战略研究 [J]. 中国工程科学, 2021, 23(2):129-137.

[2] 程海涛, 申献双. 2019年美国（总统）绿色化学挑战奖项目评述 [J]. 现代化工, 2019(11):12.

[3] 钱伯章. 巴斯夫将生物基尼龙610推向市场 [J]. 橡塑技术与装备, 2010, 36(11):3.

[4] 汤恒, 韩鑫, 邹树平, 等. 多酶催化体系在医药化学品合成中的应用 [J]. 合成生物学, 2021, 2(4):559-576.

[5] 吴晓燕, 陈方, 丁陈君, 等. 全球生物制造产业市场与融资现状分析 [J]. 中国生物工程杂志, 2020(5):117-124.

[6] 施靖. 芬兰 Neste 公司加强投资可再生产能源 [J]. 中国石油石化, 2019(1):9.

[7] 庞晓华. 奥地利兰精公司计划大幅提高全球纤维产能 [J]. 石化技术与应用, 2011, 29(3):233.

[8] 钱伯章. 科思创开发基于 CO_2 的热塑性聚氨酯 [J]. 合成材料老化与应用, 2019, 48(3):24.

[9] 钱伯章. Avantium 公司 YXY 绿色聚酯中型装置在荷兰投运 [J]. 合成纤维, 2011, 40(7):54.

[10] 邱伟龙, 廖秀灵, 罗巍, 等. 全球合成生物行业发展前沿分析 [J]. 集成技术, 2021, 10(5):117-127.

[11] Luo X, Reiter M A, d'Espaux L, et al. Complete biosynthesis of cannabinoids and their unnatural analogues in yeast[J]. Nature, 2019, 567, 123-126.

[12] Karlson B, Bellavitis C, France N. Commercializing LanzaTech, from waste to fuel: an effectuation case [J]. Journal of Management & Organization, 2018, 27(1): 175-196.

[13] 吴晓燕, 陈方. 全球藻类生物燃料设施运行现状 [J]. 生物产业技术, 2018, 63(1):8-12.

[14] 石维忱, 王晋. 生物发酵产业"十四五"时期发展展望 [J]. 食品科学技术学报, 2021, 39(2):8-13.

[15] 李顶杰, 张丁南, 李红杰, 等. 中国生物柴油产业发展现状及建议 [J]. 国际石油经济, 2021, 29(8):91-98.

Development Report of
Bio-manufacturing Industry
in Zhejiang Province

第二篇
技术篇

第二章　生物制造技术

第二章　生物制造技术

当前，我国制造业正处于发展关键机遇期，也面临许多重大挑战。我国众多核心生物制品与技术"卡脖子"现象日益凸显，生物制造运用生命科学和工程技术的原理和方法，利用按需定制的生物元件构建非天然的合成路径，通过合成原料及途径变更，实现目标产品的高效合成，具有绿色、低碳、可再生等特征，有望突破传统工业制造的局限，从而全面提升我国制造业的核心竞争力，加速推进高效低碳与绿色经济的产业格局。随着信息技术深入发展，以自主决策、自主控制为特征的智能生物制造将成为引领医药、化工、材料、食品等领域变革的颠覆性技术。绿色生物制造是促进传统产业转型升级的关键技术，其中基于微生物细胞工厂的构建技术是实现生物制造产品从头合成的重要方法；生物催化手性合成技术能够克服传统化学合成路线长、选择性低等问题；微生物发酵和细胞培养技术是实现抗生素、生物大分子等药物制备的关键合成平台；微反应器连续反应技术和生物过程控制与放大技术支撑了连续化、集成化的高效生物制造，生物分离纯化技术是支撑生物制造产品最终落地的关键支撑技术。综合以上绿色生物制造的代表性技术，将推动医药、食品、农业、化工等多个工业领域的转型升级，缓解浙江省工业可持续发展所面临的健康、食品、资源等重大问题。未来绿色生物制造技术的创新发展主要包括：①生物工业相关技术的源头创新；②构筑基于生物工业技术的面向重大需求的关键产品绿色合成新途径，包括大宗化学品、重大疾病治疗药物、生物基燃料、生物材料等；③跨应用领域的有机整合，实现单一技术到工业应用的集成创新，实现核心技术的国产化、传统工艺的替代转型，最终实现绿色生物制造领域的源头创新及可持续发展。下面就绿色生物制造领域的六个代表性技术进行具体展开。

第一节 细胞工厂构建技术

微生物细胞工厂通过在微生物底盘细胞中表达异源生物合成途径来生产目标化合物，是绿色生物制造的重要实现形式（图2-1）。在细胞工厂构建中"设计-构建-测试-学习（Design-Build-Test-Learn，DBTL）"循环是开发微生物细胞工厂的基本研究思路，涉及多种关键技术，包括生物信息学、计算生物学、代谢工程、合成生物学等相关技术。

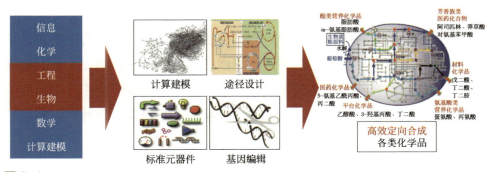

图 2-1
细胞工厂构建技术

一、生物信息学和计算生物学

传统微生物细胞工厂的设计和构建基于生物化学等专业知识、文献报道及实践经验，设计的途径与调控元件的组合较为随机且设计的途径与底盘细胞的适配性未知。这些因素导致传统微生物细胞工厂的设计和构建通量小、效率低且验证周期长，影响了微生物细胞工厂的开发效率。通过基因组学、转录组学、蛋白质组学、代谢组学、代谢流组学以及表型组学等不同组学学研究得到了大量系统生物学数据。组学时代的到来和生物数据资源的爆炸式增长已经改变了细胞工厂构建的研究模式。结合生物信息学与人工智能方法挖掘生物大数据背后的物理、数学规律，推动对复杂生命现象规律的认识，是实现合成生物学 DBTL 策略中理性设计的重要手段。

基于收集整理的大量数据，利用生物信息学和人工智能机器学习等相关技术可进行生物元件的挖掘以及数学模型的构建，如基因组尺度的代谢网络模型和全细胞模型等。这些数据也给依赖大数据的机器学习尤其是深度学习提供了可能，如利用机器学习开发的 Alphafold 可用于蛋白结构的从头预测。与基于实验结果的方法相比，基于代谢网络计算分析的策略具有快速、综合和系统的优势。因此，基因组尺度的代谢网络模型近年来也被广泛用于深入认识与理解微生物的体内代谢过程，以寻找改造靶点或预测酶功能等。

当前持续积累的生物大数据极大地促进了计算机辅助设计工具的发展。立足于生物数据库中的丰富资源，通过逆合成算法预测生物合成途径，利用多种指标对预测途径的可行性和底盘适配性进行综合评价，给出最具可行性的推荐途径。从全局出发预测潜在的分支途径，以实现对实验中可能出现的副产物进行快速定位。通过调控元件的设计、元件与途径的组合设计，进一步提高预测途径与底盘菌株的适配性及可靠性，进而指导细胞工厂的构建。

二、代谢工程和合成生物学

代谢工程是构建细胞工厂的一种重要的手段，是利用多基因重组技术有目的地对细胞代谢途径进行修饰、改造，改变细胞特性，并与细胞基因调控、代谢调控及生化工程相结合，以构建新的代谢途径，生产特定目的产物。它的潜在应用十分广泛，包括生产燃料、食物、饲料、药物等。但由于微生物自身复杂的代谢途径和严密的调控，构建高效的细胞工厂并不容易。随着分子生物学、基因组学和蛋白组学等的快速发展，新的代谢工程改造技术也不断被开发、丰富，用于有效提升细胞工厂的构建效率和强化细胞工厂的工作效能。新技术涵盖了代谢途径的构建、调控、代谢网络重构分析等。

合成生物学是指在工程学思想指导下，按照特定目标理性设计、改造乃至从头合成生物体系，即生物学的工程化。细胞工厂的设计、构建成为合成生物学的一个重要研究方向。通过计算机模拟，将不同的生化反应组装到一个细胞中，根据基因组代谢网络和调控网络模型，充分考虑细胞中的能量供应和氧化还原平衡，设计出一条使代谢流最大程度流入目标化学品的最优合成途径。通过DNA合成技术、标准化的结构元件和调控元件以及合成途径组装技术等在底盘细胞中构建代谢途径。构建的合成途径通常达不到工业化生产的要求，因此需要对合成途径进行优化。优化后菌株经进一步提高生理性能和环境适应能力，最终成为实际生产可用的细胞工厂。使用上述合成生物学技术，目前已成功构建了生产萜类（美国麻省理工学院）、阿片类药物（日本石川县立大学）、大麻素（美国加州大学伯克利分校）等系列植物天然产物的人工合成细胞工厂，展示了构建细胞工厂的巨大潜力。合成生物学技术的发展极大地提升了细胞工厂的构建能力，其中涉及的关键技术包括基因编辑技术、多基因同时调控技术、蛋白质骨架技术、基因动态调控技术和高通量筛选技术等。

1. 基因编辑技术

基因组编辑技术是细胞工厂代谢途径构建及优化的重要技术。从Red同源重组技术、锌指核酸酶技术、转录激活因子效应物核酸酶技术，发展到目前的CRISPR/Cas技术。CRISPR/Cas技术操作简单且基因编辑效率高，是目前基因编辑的主流技术。CRISPR/Cas基因编辑技术成功地应用于大肠杆菌、谷氨酸棒杆菌、丙酮丁酸梭菌、链球菌、芽孢杆菌等原核微生物及酿酒酵母、曲霉等真核微生物的细胞工厂的构建。

CRISPR/Cas技术可用于基因敲除，例如敲除了谷氨酸棒杆菌中γ-氨基丁酸合成途径的竞争途径，将γ-氨基丁酸的产量提高到27.5 g/L；可用于基因整合，例如将异丁醇合成相关的基因（*alsS*、*ilvC*、*ilcD*、*kivD*和

adhA）作为一个基因簇整合到大肠杆菌的基因组上，从而获得生产异丁醇产量达 2.2 g/L 的菌株；还可用于调控基因表达强度。近年来，科学家们开发出更为简便的 CRISPR/Cas 单碱基编辑技术，不需要同源臂，可在染色体上直接对基因进行定点突变。其基本原理为利用 CRISPR/Cas 系统确定突变位点，通过脱氨酶催化脱氨使单碱基发生转换。如通过偶联胞嘧啶脱氨酶实现 C 到 T 的转换，通过偶联腺苷脱氨酶实现 A 到 G 的转换。此外，将 CRISPR/Cas9 和逆转录酶融合表达，开发了"Prime Editing"系统，使 CRISPR/Cas 碱基突变类型增加，能进行 C 到 T、T 到 C、A 到 G、G 到 A 四种碱基置换，拓展了基因编辑技术的应用范围。

2. 多基因同时调控技术

通常情况下，高效的产物合成途径不仅仅受限于单一的限速步骤，而且依赖多个酶的协同平衡。虽然通过质粒过表达的方式可以实现单一基因的过表达，但会造成细胞代谢高负荷，对生长代谢和产物合成均不利。近些年来，科学家们开发了多基因同时调控技术，以合理调控代谢途径表达的平衡。可调控基因区域文库技术（tunable intergenic regions，TIGRs）成功用于大肠杆菌中外源甲羟戊酸途径的多基因协调表达，将甲羟戊酸的产量提高了 7 倍。基因组可追踪多元重组工程技术（trackable multiplex recombineering，TRMR）能同时对上千个位点进行分析和修饰。多元自动基因组工程技术（multiplex automated genome engineering，MAGE）能同时瞄准并改造单个细胞基因组上的多个靶点，从而在一个细胞群体中形成基因组多样性。利用自动化的 MAGE 技术，对番茄红素生产途径上的 24 个基因同时改造，1 d 可以产生数十亿不同基因型的突变株，经过 3 d 的进化，可从中挑选到番茄红素生产能力提高了 5 倍的菌株。CRISPR/Cas9 辅助的染色体多基因同时编辑技术，基于未发生重组的菌株染色体被活性 Cas9 切割导致死亡的特征，显著提高了筛选效率，能在染色体上同时对三个基因进行快速的文库调控，对三个基因同时编辑的效率达到了 70%，操作周期为 4 d。采用该技术，快速获得了木糖代谢速率提高了 3 倍的多基因编辑菌株，极大地缩短了途径优化周期。该技术解决了传统 Red 同源重组系统只能对单个基因进行文库调控的缺点，为代谢途径多基因同时调控提供了新思路。

3. 蛋白质骨架技术

在细胞工厂的代谢途径中，参与反应的酶与底物之间的距离及合成途径上相邻的酶所处的空间位置是影响代谢途径效率的重要因素。通过人工合成蛋白质骨架的技术，使酶按照特定的空间位置锚定在骨架上，并使相关的酶聚集在特定的区域，增加了酶与底物的结合概率，进而提高产物合成速率。另外，蛋白质骨架也可以调节酶的催化效率，获得最优的催化效率组合，最终提高产物合成效率。利用蛋白质骨架技术，将甲羟戊酸合成途径的三个酶组装到蛋白质骨架上，使甲羟戊酸产量提高了77倍。利用RIAD和RIDD短肽，将途径中的多个酶以不同数量进行连接和组装，构建出多酶复合体，能快速提高萜类化合物合成途径的效率，并已在酿酒酵母产番茄红素细胞工厂中得到验证。

4. 基因动态调控技术

细胞内的代谢活动是一个复杂而精密的动态过程，传统的诱导型启动了或固定强度启动子虽然可以实现转录水平的调控，但外源代谢途径往往会对细胞生长造成干扰，如有毒中间产物积累；另外，基因表达太弱又难以得到产物。因此，基因动态调控技术受到越来越多的关注。基因动态调控技术的基本思路是：设计人工基因回路，使细胞能够感应外部环境条件的变化，在适当时间开启或关闭基因表达从而实现代谢通路的动态调控。已经建立的基因动态调控技术有：环境信号诱导的表达调控系统（如碳源调控系统、光调控系统和温度调控系统等）和内源信号诱导的表达调控系统（如群体感应调控系统和压力感应调控系统）。基因动态调控技术为细胞根据外部环境按需调控目的基因表达强度提供了技术方法。

5. 高通量筛选技术

细胞工厂的快速构建离不开高通量筛选技术的助力。高通量筛选实验的成功，依赖于恰当的实验设计、良好的分析方法和质量控制方法，通过获取可靠的测量值并选择合适的阈值，从而"命中"目标样品。微孔板是常用的高通量筛选试验器具，孔板内发生的生物、化学和物理变化事件可以由多功能酶标仪、流式细胞仪、液相色谱仪和质谱仪等检测仪器连续自动化读取。高通量筛选技术已用于基因调控元件强度分析、酶元件的新活性检测、基因线路的活性检测、天然产物的活性筛选等。可以预见，高通量筛选技术将在元件工程、线路工程、基因组工程、基因编辑和微生物组工程等合成生物学研究的多个层面拓宽研究思路。

三、应用

目前，合成生物学已经被认为是21世纪最重要的生物平台技术之一。近期，中国科学院天津工业生物技术研究所马延和所长带领团队采用一种类似"搭积木"的方式，从头设计、构建了11步反应的非自然固碳与淀粉合成途径，在实验室中首次实现从二氧化碳到淀粉分子的全合成。浙江工业大学合成生物学研究平台瞄准国家重大战略需求，依托长三角区域领先的产业优势，结合机器学习和大数据分析等手段，实现生物技术和信息技术的深度融合，推动合成生物学的重要突破和应用创新，打造创新驱动发展的新增长和新引擎，更好地支撑创新强省战略和浙江大湾区建设，着力将杭州打造为全球科技创新之都。近年来承担了"合成生物学"国家重点研发计划多个项目、课题。在首席科学家沈寅初院士、郑裕国院士的指导下成功开发了生物催化剂分子设计、生物催化剂筛选与改造、反应调控、合成代谢途径系统改造和全局优化等系列核心技术，在合成生物领域所涉及的生物催化、氨基酸等天然产物的生物合成等方面取得具有国际先进水平的研究成果，为我国生物制造行业科技进步和产业发展做出了重要贡献。

💡 小结

多年来，随着系统生物学和合成生物学工具的发展，代谢工程、菌株工程的改造手段得到了极大的丰富，匹配工业生产的多种底盘及细胞工厂的创制和应用实现生物制造在原材料生产上的广泛拓展。未来，作为工业生物技术的核心，细胞工厂构建会持续成为浙江省、中国乃至全球生物制造产业的核心技术。

第二节 生物催化与转化技术

21 世纪以来，"绿色化学"提出一个产品的合成过程尽可能采用选择性强、对环境友好的生物过程，或将化学转化与生物转化两种方法进行优化组合和偶联，借此契机，生物制造不断发展。作为生物制造的关键技术，生物催化与转化技术已在医药、化工、食品、材料、能源等各个领域获得了越来越广泛的应用，为国民经济的发展和人民生活的改善发挥了巨大的作用。生物催化与转化技术是指利用酶或含酶细胞进行物质转化的技术，其主要目的是利用某一物种的特定酶催化转化其非天然底物的某一特定官能团。这里所说的非天然底物，既可以是人工合成的非天然化合物，也可以是其他物种或细胞所合成的天然化合物。因此，生物催化与转化不仅能有效地利用自然，而且可以巧妙地改造自然，使自然界的酶与物质进行新的组合、转化，以合成人类生活和社会活动所需要的各种有用物质和材料。

生物催化技术需要在其构建的生物催化系统中发挥作用。该系统主要包括底物/产物、反应介质、生物催化剂（酶）三个基本要素（图 2-2）。要优化一个生物催化的系统或过程，必须首先分别对构成该系统的三个要素进行研究和优化，即生物催化技术领域的三大技术手段，"底物工程技术""介质工程技术"和"生物催化剂工程技术"。

图 2-2
生物催化与转化技术

一、底物工程技术

对于一个目标产品而言，一般可以从不同的起始原料（底物）出发制备，这里涉及合成路线的设计和选择问题：不仅要考虑原料的来源、价格、反应的难易程度和收率高低，而且要考虑到生物催化步骤与其前/后化学转化步骤的衔接和耦合，这样才可能达到整体最优，有利于工业化应用。对于双底物或多底物的酶反应而言，在主底物确定的情况下，辅底物的选择和优化也很重要，这不仅因为它的分子结构和反应活性将关系到整个反应的平衡位点和速率快慢，而且因为一些辅底物或其相应的第二产物可能会对酶产生抑制甚至使酶失活。在某些情况下，可以通过对某一基团进行保护/脱保护的方法来提高生物催化的选择性。以上这些问题都属于"底物工程技术"研究的对象，是生物工程研究者非常感兴趣的研究内容。

二、介质工程技术

与一般的化学催化过程相比，生物催化过程具有催化效率高、专一性强、反应条件温和、对环境友好等优点。但长期以来人们一直错误地以为：酶只能在水溶液中使用，一旦与有机溶剂接触，就很容易变性失活。大多数人工合成的有机化合物在水中很难溶解，有些还不稳定，因此化学合成大多使用有机溶剂作为反应介质。幸运的是，20世纪80年代初期兴起的非水相酶催化技术彻底地改变了酶只能在单一水溶液介质中应用的情况。研究表明，酶可以在含有各种有机溶剂和微量水分的非水介质系统中发挥催化作用，并且所表现出的催化性能（如活性、选择性、稳定性）与在常规水溶液介质中的天然性能截然不同，从而极大地扩展了生物催化剂的应用范围。正是通过非水相介质系统的多样性变化可以在很大程度上调节酶的高级构象和催化性能，达到"蛋白质工程"所想达到的类似效果，因此才提出了"介质工程"的概念（亦可被称为"溶剂工程""微环境工程"等）。"介质工程技术"被认为是与"催化剂工程技术"互补的技术手段，希望人们对生物催化的介质系统或反应环境给予足够的重视。

三、生物催化剂工程技术

对于一个特定的生物转化过程，生物催化剂的筛选和制备是一个非常重要的环节，因为其活性、选择性、稳定性和底物耐受性的高低将直接影响到生物催化过程的效率，也是关系将来能否实现大规模产业化应用的关键因素之一。要获得一个具有潜在工业化应用前景的优良的生物催化剂，往往要经过微生物菌种的自然分离、诱变育种或定向改造，酶的发酵、提取和纯化以及酶或细胞的固定化等一系列环节的反复多次筛选和优化组合。有时还要采用基因克隆、蛋白质工程和定向进化等分子生物学方法进一步提高菌种的产酶水平或改善酶的催化性能。这些都属于"生物催化剂工程技术"研究的范畴。

生物催化剂工程技术又可称为蛋白质工程技术，大致可分为定向进化、半理性设计策略和理性设计策略。其中，定向进化策略通过对蛋白质进行多轮突变、表达和筛选，引导蛋白质的性能朝着人们需要的方向进化，从而大幅缩短蛋白质进化的过程，是一种非常有效的蛋白质改造策略。但是由于突变位置和类型的不确定性，往往需要20～30轮突变。为此，科学家开发了半理性设计策略，旨在构建"小而精"的突变体文库，进一步提高进化效率；特别是基于测序或结构的方法通过获得的结构和测序信息，能更快更有效地促进生物催化剂的半理性设计，代表性的定向进化策略有CASTing、FRESCO、ProSAR和KnowVolution等。近年来，随着结构生物学、计算生物学及人工智能技术的迅猛发展，计算机辅助蛋白质设计策略为蛋白质工程领域注入了新的学术思想和技术手段，出现了基于结构模拟与能量计算来进行蛋白质设计的新方法以及使用人工智能技术指导蛋白质理性设计改造的新思路，相信随着新方法的不断发展，利用生物催化剂工程技术将越来越快地获得理性突变体。

生物催化剂是生物催化与转化的核心，作为生物催化剂六大类酶之一的水解酶由于来源广泛、无需辅酶或辅因子、成本低廉，应用面最广，占65%左右。其次是氧化还原酶体系，约占25%。由于使用游离酶时辅酶再生比较麻烦，成本相对较高，因此，经常使用廉价的整体细胞作为生物催化剂。而其他几种酶（如转移酶、裂解酶、异构酶、连接酶）在工业上的利用率较低，不足10%。水解酶的优点是稳定性较好、能够耐受的底物浓度较高，缺点是水解酶（特别是酯酶）催化的反应多数为对映体拆分，理论收率最高只有50%。还原酶能催化羰基的不对称还原反应，一般立体选择性较高，而且理论最大产率可达100%，缺点是酶的稳定性较差，常常不能耐受太高的底物浓度，而且辅酶再生比较麻烦，成本也相对较高。但是，随着基因技术的推广应用，使得氧化还原酶（包括用于辅酶再生的酶）的表达水平大幅度提高，酶的相对成本大幅度下降。此外，随着各种膜技术的发展，产物的原位分离变得更加切实可行，因此使用氧化还原酶系进行手性产品不对称合成的实例逐渐增多，特别是附加值较高的手性药物中间体。另外，在水解酶催化的对映选择性反应中，通过与金属催化的原位消旋反应进行耦合，也能达到不对称合成的理论产率（100%）。总之，在一个特定的生物催化系统中，底物、酶和反应介质（或条件）三者是相互依存的，必须辩证地考虑、系统地研究。

四、应用

在过去的十多年中越来越多的人开始意识到生物催化与转化技术在高选择性有机合成"手性化合物"方面的巨大潜力。"手性"在许多药物分子的药效中所起的关键作用，生物大分子（如多糖、蛋白质等）由许多手性单体（单糖、氨基酸等）聚合而成，含有很多手性中心，故在结构上形成高度不对称的微环境空间，而在功能上则作为一种"手性受体"，对手性的药物（配体）或手性的底物具有立体专一性识别作用。生物大分子这种独特的手性识别功能，是手性问题在医药和农药领域必须引起高度重视的根本原因，也为用生物催化法解决生物活性分子合成中的手性问题提供了坚实的科学基础。

生物催化与转化技术已有很多成功的工业化范例，例如重磅药物阿托伐他汀钙、氯吡格雷、西他列汀等的生产工艺等。其中的手性结构（手性醇与手性胺）是重要的手性砌块，利用酮还原酶、转氨酶家族可以高效合成这些手性砌块。生物催化在碳氢键活化等方面也取得了突破性进展，解决了传统催化难解决的诸多问题。多酶级联反应能够在反应过程中控制或改变不利的反应平衡，实现药物的高效和绿色生产。此外，化学酶法为药物合成提供了更多元的合成路线。举例来说，在有机合成中，手性醇是一类重要的合成砌块，酮还原酶可不对称还原手性酮获得高立体选择性的手性醇。由于酮还原酶的反应条件温和、产率高（理论值可为 100%），受到制药行业的高度关注，其中具有代表性的就是阿托伐他汀钙（全球最大的降脂药）。由于含有双手性二醇，光学纯阿托伐他汀钙的合成难度大。浙江工业大学创制了新型生物催化剂，构建了多生物催化剂复杂催化反应体系优化与控制、生物催化和化学合成匹配与集成等核心技术，在合作企业建成年产 200 吨阿托伐他汀钙关键中间体 L1、年产 100 吨阿托伐他汀钙原料药和年产 30 亿片阿伐他汀钙片生产线。对提升我国手性药物的制造能力和推动生物制造产业的发展具有重要意义。手性胺是指小分子化合物手性中心含有氨基的一类化合物，是众多医药及农药的关键中间体，在国民经济中占据重要地位。糖尿病类治疗药物——西他列汀及广谱触杀型除草剂——草铵膦都具有手性胺化学模块。目前，化学法、生物拆分法、生物不对称合成法是制备手性胺的主要方法。化学法合成手性胺往往需要使用昂贵的金属催化剂及特制的溶剂，生产成本较高，对映选择性较低，并会造成一定的环境污染；生物拆分法制备高纯度手性胺的最大理论收率只有 50%。因此，这两种方法都不能满足实际生产的需要。生物不对称合成法生产手性胺成为首选策略，其理论收率高达 100%，使其在生产工业领域有着强大的应用前景，相关研究受到了广泛的重视。例如，浙江工业大学采用计算机辅助的蛋白质工程技术，获得一系列谷氨酸脱氢酶超级突变体草铵膦脱氢酶，其能高效地转化 2-羰基-4-（羟基甲基氧膦基）-丁酸（PPO）生成 L-草铵膦。转胺模块与辅酶再生模块组合后，实现了 L-草铵膦的高效合成。此外，还可以将草铵膦脱氢酶与 D-氨基酸氧化酶偶联采用一锅法制备 L-草铵膦，以外消旋 D, L-草铵膦为底物，D-草铵膦经过 D-氨基酸氧化酶催化生成 PPO，PPO 经过草铵膦脱氢酶催化生成 L-草铵膦，为工业化生产奠定了基础。

> **小结**
>
> 生物催化与转化技术已经在工业上广泛应用于医药、农药、香精香料、营养品和环境修复等。自 20 世纪 80 代以来，许多来自微生物的新酶的性质得到表征，而且酶的分离、稳定化及应用的技术方法不断增加。此外，生物催化与转化已经越来越多地扩展到有机溶剂系统，这使得许多我们感兴趣的有机化合物从不溶变为可溶，或者使得一些合成反应从不可能变为可能。与此同时，在利用重组技术改造生物催化剂方面也取得了重大进展，从而为催化剂的改造和应用提供了无比优越的技术手段。生物催化更进一步的发展来自于有机化学、分析化学、生物化学、分子生物学、微生物学和工程学等众多领域的进步。生物催化与转化技术快速发展使得合成化学家在使用生物催化剂时可以像使用其他合成试剂一样的方便。

微生物发酵与细胞培养

微生物发酵与细胞培养是生物制造产业的重要支撑技术。细胞作为最小的生命结构单元，具有自主复制、高效表达外源基因的功能，并且还具有合成多种次级代谢产物的能力，是高效合成结构复杂的生物类分子药物及单克隆抗体、疫苗与重组蛋白、核酸药物、细胞治疗等生物制品的制备、开发、大规模生产的重要合成平台。

一、现代微生物发酵技术

微生物发酵技术以现代发酵技术为核心，利用微生物的代谢转化过程合成相关工业发酵产品，目前已形成了一个品种繁多、门类齐全的独立的工业体系，在国民经济中占有重要地位。发酵工程是微生物制造产业的重要组成部分之一，近年来我国相关产业发展平稳，正在向质量效益型转变，新型发酵产品的品种持续增多；2018年主要发酵产品产量约为2960万吨，总产值为2472亿元，是支撑生物制造产业产品高效合成的重要平台。微生物发酵产品包括初级代谢产物如氨基酸、糖醇等大宗化学品，也包括结构较为复杂、附加值较高的次级代谢产物如抗生素、药物中间体如萜类等，支撑了生物制造相关工业发酵产品的规模化生产。下面就上游的微生物菌种选育及下游的大规模发酵控制策略两方面进行具体展开（图2-3）。

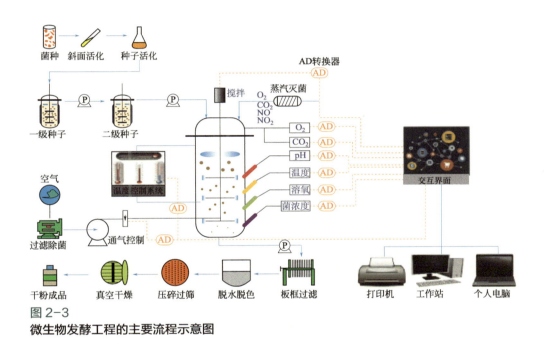

图2-3
微生物发酵工程的主要流程示意图

（一）工业发酵菌种选育新技术

微生物菌种是决定发酵产品合成能力的核心，只有具备良好的菌种基础，才能通过改进微生物菌种的发酵工艺和设备获得理想的发酵工业产品。菌种应用广泛，涉及食品、医药、农业、环保等诸多领域，是生物制造技术的重要组成内容。菌种选育技术除了基于现代分子生物学和基因工程育种外，传统的化学诱变和物理诱变仍在工业生产中发挥着重要的作用。菌种选育的关键内容是大容量突变库的构建、高通量高效率的筛选和突变株的生长过程检测及过程优化（图2-4）。良好的诱变技术要具有安全性高、效率高、鲁棒性高、稳定性高、社会接受度高等特点。近年来，我国科学家还开发了基于离子束注入诱变机理的高效育种设备。如清华大学开发了常压室温等离子技术（atmospheric and room-temperature plasma，ARTP），已广泛用于微生物、植物和动物细胞的诱变育种（图2-5）。该诱变育种技术与装备技术路线先进、创新性强，具有操作快捷、突变效率高、应用范围广、运行成本低、安全和兼容性高等特点。

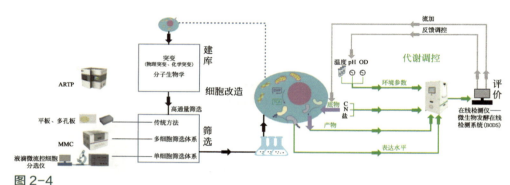

图 2-4
菌种选育流程及设备

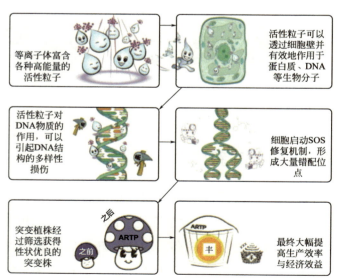

图 2-5
ARTP 诱变原理

通过诱变育种和分子改造等获得的海量突变株需要进行筛选，传统的方法存在诸多缺陷，如基于摇瓶的培养和传代操作繁琐，基于孔板的培养难以模拟真实环境、无法实现传代。高效的筛选方法和工具的开发和应用将大大提高筛选效率，这方面发展较为迅速，如利用荧光法、显色法、抑菌圈法等进行筛选，基于传感器的突变株筛选方法，设备包括流式细胞仪、液滴微流控等。

（二）发酵过程实时动态优化与控制

工业发酵要依靠微生物的生命活动，而生命活动依靠生物氧化提供的代谢能来支撑，因此工业发酵覆盖微生物学中生物氧化的所有方式：有氧呼吸、无氧呼吸和发酵。发酵过程具有高度非线性特点，以活细胞为培养对象的发酵过程具有时空多尺度特点，即基因、代谢物分子尺度、细胞代谢尺度及反应器尺度，要在此基础上进行优化和放大具有非常大的难度。利用生物过程解决实际生产问题时，需要面对细胞内高度分支途径的海量数据和反应过程中所获得的各种传感器数据以及生命系统的复杂性、时变性、全局性等问题。将机器学习应用于生物过程大数据分析与智能决策是未来实现生物工业智能制造的发展方向。基于多参数协同检测及多组学分析技术（转录组、蛋白组、代谢组等）可实现发酵过程的动态多参数的实时检测，结合多种计算机模拟技术，通过采用软测量、模糊聚类、回归神经网络、深度卷积神经网络等，可建立生物过程机理模型与数据模型深度融合的智能动态模型。应用融合生物过程机理和工业生物过程大数据的智能建模，并依据微生物发酵过程的多尺度的代谢规律，阐明细胞代谢表征与内部分子调控机制将推动微生物发酵工业的自动化、数字化和智能化发展。

二、细胞培养技术

细胞培养是生物制药产业的重要支撑技术。生物技术药物主要包括重组蛋白药物、单克隆抗体（简称单抗）、核酸药物、细胞治疗等治疗用生物制品。细胞具有可自主复制、可高效表达重组蛋白药物等功能，是生物制品如单克隆抗体、疫苗及重组蛋白等制备、开发及大规模生产的重要合成平台。动物细胞培养技术的发展极大地推进了现代生物医药产业的发展，同时被进一步应用于细胞治疗、人造器官移植等领域。目前细胞培养技术主要包括适用于大规模生产应用的细胞株构建、无血清动物细胞培养、大规模连续化细胞培养等（图2-6）。

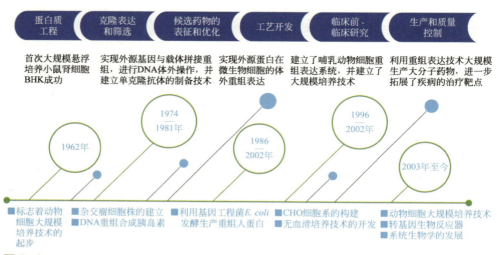

图 2-6
动物细胞大规模培养及重组蛋白药物发展历史

（一）适用于大规模生产应用的细胞株及改造

适用于重组蛋白表达的规模化生产的动物细胞株包括 BHK、CHO、HEK、VERO 等，其中 CHO 细胞系是生物技术和制药行业中生产生物治疗药物最主要的宿主系统，占所有重组生物治疗药物宿主系统的 60%～70%，每年全球总市场规模接近 1000 亿美元，具有悬浮培养密度高、易转染等优势。采用基因工程手段可以优化宿主细胞的生长状况和存活率，具体策略包括：①调控 mTOR 或抗细胞凋亡蛋白 Bcl-xL 的过度表达，获得较高产量的重组抗体或细胞表面受体；②靶向蛋白分泌途径提高分泌蛋白产量；③过表达或抑制特定的细胞 miRNAs；④使用诱导型转基因表达的载体；⑤RNA 干扰技术抑制多个细胞靶基因的多种短发夹 RNA

的组成型过表达。另外，利用转座酶、整合酶和重组酶等辅助工具可以显著提高细胞系的遗传改造效率，具体分子编辑策略如下：①优化表达载体的功能元件，引入启动子、增强子等元件，如小鼠巨细胞病毒极早期启动子/增强子（mCMV-MIE）、人延伸因子-1α启动子（hEF-1α）、SV40早期启动子/增强子（SV40E）等，以降低构建稳定细胞系过程中出现的外源基因沉默现象；②在稳定细胞系的表达载体中加入蛋白诱导元件；③非靶向基因整合转座子和慢病毒载体，利用天然存在的转座子如Mos1、Tol2的改造来进行哺乳动物细胞多拷贝的非靶向整合；④利用Cre-LoxP或者CRISPR/CAS9系统的靶向整合系统，后者不需要外源引入标记，因而简化了基因靶向整合的过程。未来几年，结合基因组学和代谢组学的研究，有望进一步挖掘出影响细胞生长及产物合成的关键作用因子，指导细胞在大规模生产环境中的理性改造。

（二）哺乳动物细胞无血清全悬浮培养技术

无血清全悬浮培养技术是指通过人工干预，使哺乳动物细胞在无血清培养基中悬浮生长并用于生物制品的生产的技术，广泛应用于动物疫苗、单克隆抗体和药用蛋白等生物制品工业化生产。与传统的转瓶培养和微载体悬浮培养等工艺相比，哺乳动物细胞无血清全悬浮培养技术不使用血清，消除了血清对后续生物制品的影响；采用悬浮细胞培养，既能够较大限度地发挥细胞的生产潜能，又保证了生物制品的稳定性与均一性。该技术使哺乳动物细胞实现了工业化和规模化的生产，使其成为生物制品生产工艺的重要组成部分。

（1）无血清培养基的开发

动物细胞培养基作为生物制药的关键原材料，经历了从添加高血清，到低血清，再到无血清、无蛋白、化学成分完全界定的发展阶段。血清中含有促进细胞生长增殖的生长因子、蛋白质、激素、脂类等物质，能够保证动物细胞良好生长状态。但血清成分复杂、取材困难以及供应链不稳定等问题日益突出。无血清培养基在生物制药领域有着广阔的市场前景，采用化学结构完全明确的组分，消除了未知成分对细胞生长代谢及分子、细胞相互作用机制的研究过程产生的影响，同时为哺乳动物大规模培养及生物制品的生产提供了更优的生长条件，减少下游分离纯化流程，已成为目前动物细胞大规模培养的主流培养基组分。

（2）哺乳动物细胞悬浮驯化技术

哺乳动物细胞的悬浮驯化过程就是通过人为干预使贴壁培养型细胞在驯化过程中逐渐产生失巢凋亡抵抗，从而适应无血清悬浮生长状态，来满足生产需要。目前，MDCK、CHO、HEK 293SF、BHK21、VERO等80多种细胞已被成功驯化，并被运用于临床上诸多生物制品的生产。细胞悬浮驯化的常规物理方法可分为3步，即贴壁细胞先进行悬浮驯化，再进行无血清驯化，最后进行生物反应器高密度驯化。此外，可利用基因工程的手段，引入促进细胞悬浮适应生长的相关基因加速细胞的悬浮驯化过程，实现细胞的理性改造；可通过转染技术使细胞分泌血清替代蛋白，如胰岛素和转铁蛋白等，降低对血清的依赖而适应无血清悬浮体系。目前该技术已经应用到了亚单位疫苗、病毒类疫苗、单克隆抗体及干细胞培养领域。

（三）哺乳动物大规模培养技术

（1）细胞培养代谢参数检测与控制

哺乳动物细胞的代谢特点是葡萄糖和谷氨酰胺摄取率高，铵盐和乳酸分泌率高。这两种代谢副产物的累积会显著抑制细胞生长和蛋白质合成，且不利于蛋白质产物的糖基化过程。可通过优化pH、温度、CO_2和渗透压等过程参数，并结合优化葡萄糖和谷氨酰胺等营养限制因素的进料策略，降低副产物的累积，减少对哺乳动物细胞代谢的影响。因此，对培养过程中关键参数的实时监测能够及时反馈细胞培养过程的状态变化，有效指导细胞培养工艺的优化。在目前的工业细胞培养生产过程中，溶氧、pH和温度等关键参数已经完全实现在线控制。此外，基于细胞光密度、活细胞电容探头、近红外光、拉曼光谱学、原位显微镜、声学共振密度等的原位细胞活力检测技术和基于软传感器的方法，包括介电泳细胞计数器，为早期检测细胞凋亡提供了可能，从而可及时调整补料策略。

（2）哺乳动物细胞连续培养技术

哺乳动物细胞的连续培养技术能够实现在更小的设备内生产更多的产

品，同时提高产品质量，尤其是对敏感和不稳定的分子。动物细胞连续培养技术能够有效地集成细胞培养、收获和产品纯化三个步骤，将包括生物生产和生物过程的平台包括种子生物反应器等视为一个整体，统筹处理，被称为行业未来的发展趋势。过去几十年中，连续培养技术实现了小型生物反应器的应用拓展，通过一次性生物反应器结合连续的灌注培养技术取代早期的不锈钢设备，尤其对生产不稳定、半衰期短的治疗产品的生产，优势明显。在灌注控制下，蛋白质可以不断地被从培养容器中提取并在降解前纯化。营养物质的不断增加和有毒代谢物的去除，使罐内在数周内达到并维持高的细胞密度。这不仅有效提高了生产效率，而且使细胞保持在一个稳定的状态，表达一致性的产品。细胞培养基质量的提升以及细胞过滤器强度的增加都对细胞连续培养起到了重要的推动作用。然而，该技术仍然存在一些缺点，包括长时间操作产生污染以及在多批次收获和纯化过程中一致性评价的验证。解决这些问题在新药研发过程中尤为重要。在动物细胞连续化培养技术建立的基础上，目前普遍采用 2000 L 一次性生物反应器进行生产，省略了过程放大，可结合灌注培养操作。这充分展现了一次性反应器的优点，一次性反应器成为重组蛋白药物高效合成的新平台。

三、应用

目前依赖微生物发酵及细胞培养技术的生物产品类型广泛，涉及大宗化学品、高端的生物医药及中间体，包括抗生素、氨基酸、酶、酶抑制剂、核苷酸、维生素、有机酸、疫苗和多糖等，已成为生物制造不可或缺的重要技术。随着基因重组技术发展，微生物及动物细胞还能按需"定制化"生产，产生的重组蛋白药物、疫苗和单抗等高附加值的生物制品可规模化生产，面对庞大的市场需求，微生物发酵生产重组蛋白将迎来新高潮。随着细胞培养系统的出现，科研人员开始关注利用哺乳动物系统生产更高分子量蛋白质和抗体。而新一代的结构更复杂的小分子药横空出世，如 ADC、抗体片段、小肽片段、其他分子支架等，使微生物发酵平台也引发关注，特别是开发新型基因工程微生物菌株。随着生物技术产业的快速发展，微生物发酵及细胞培养技术日趋成熟，前景广阔，将为生物制药、健康食品、生物材料、大宗化学品及精细化学品等多个领域的快速发展提供更大的技术支撑。

> **小结**
>
> 随着基因组学和基因编辑工具的发展，可以支持高密度生长、产物高效合成的细胞培养技术及微生物发酵技术已经日益成熟。研究人员建立了细胞培养、显微在线观测、移液换液、算法识别、克隆挑取以及设备控制的装备技术，实现了自动化培养、扩增、成像等过程的级联、精准控制，在降低细胞生产成本的同时提高了细胞制备质量，为大规模生物制品的生产奠定了基础。

第四节

微反应器连续反应技术

现阶段的生物技术产业，尤其是发酵工业，大部分仍在沿用半个多世纪以来确立的初选、复选、工艺开发与优化、工艺验证、中试、放大的传统路线，每一个步骤都采用不同的反应器设备，具有不同的传质与混合性能。初选、复选、培养基优化等操作往往是在没有pH及溶氧传感器、不能连续补料、无法精确控制培养条件的孔板和摇瓶内实现，细胞生长的微环境与最终的规模化生产环境相差甚远。由于生化反应都是细胞本身与环境因素共同作用的结果，这个路线存在错选、漏选的天然缺陷。采用微小型生物反应器可从初选就开始对环境参数精确测量和控制，可以同时保证数据的质和量，实现快速工艺开发。

微反应器连续反应技术一般使用小型化装置（即微型反应器、微型培养装置、微型分离器、微型换热器等）进行连续操作，从而完成培养-

反应-分离等循环流程，实现工艺放大和工艺强化，甚至直接进行工艺替代。

生物产业需要更具成本效益、碳足迹更低、对化石燃料依赖更少的工艺。用更便宜、更小、更高效的设备/流程替换大型和昂贵的设备/流程，经过优选优化，将尽可能多的操作集成到单一的操作中，这已被公认为达成目标的合理方法。由于生产规模减小了几个数量级，工厂占地需求更小，资本和能源成本更低，环境影响更小。在封闭、控制良好和更安全的环境中运行，兼具连续操作模式，使得该技术具有独特的优势。此外，过程集约化大大缩短了上市时间，这为利用生物法生产精细化学品和药品解决了一个关键问题。在理想情况下，该过程强化可以使实验室规模开发的连续过程直接应用于商业化生产。

微反应器体系中的环境与传统尺度系统中的环境不同，即小型化对传输特性和作用力有影响。例如，微型反应器中只需要微升体积的溶液，扩散距离也随之减小，传热和传质显著增强，而几乎无梯度的条件使得整个过程在比传统工艺更为可控，有利于产量和选择性的提高。由于按比例缩小，重力和惯性力往往会失去相关性，黏性力和界面力则占主导地位，而混合则主要依赖于分子扩散。减小扩散距离是生物过程强化的一种有效途径，同时可以使用其他过程强化场/驱动力，例如电场、微波或压力。因此，微反应器集成策略可有效提高生物转化、化学转化过程中的反应速率。目前，依靠振荡实现混合和传质的微型反应器工作体积为 1 ~ 5 mL，甚至更小，通过搅拌实现混合和传质的微型反应器体积一般在 10 ~ 50 mL。受操作空间限制，微型生物反应器均采用高度集成的非接触式的光学传感器实现过程参数的监控，目前市场为国外产品所垄断。小型生物反应器工作体积一般在 100 ~ 500 mL，包括 Eppendorf 的 DASbox® 以及国产的迪必尔生物 T&J Minibox® 平行生物反应器系列（图 2-7）。其中 T&J Minibox® 平行生物反应器市场占有率逐渐上升，此类产品配有符合国际标准和行业标准的软、硬件接口，可以使用更丰富的第三方在线分析仪表。

图 2-7
国产小型生物反应器

一、反应过程分析及表征

（1）生物和环境异质性对反应过程影响

由生物（内在）和环境（外在）波动引起的细胞间异质性会对生产力产生严重影响。然而，目前对环境反应堆动力学和细胞活动之间复杂的相互作用知之甚少。结合微反应器的微流体系统，促进了在明确定义的环境条件下对单细胞的时空分析，使得研究菌体异质性和生物反应器非均质性成为可能。在放大过程中，菌体异质性和环境反应器的不均匀性会增加，这往往会阻碍工业规模的放大过程。菌体异质性会对生产工艺效率产生严重影响，因为个体细胞可能处于非所需的生产表型。在典型的动态过程条件下，无法准确分析细胞异质性的内在或外在原因，因为它们在复杂且知之甚少的相互作用中相互调节。缩小常规生物反应器，利用流式细胞术方法和基于液滴的微流体系统辅助微流体单细胞分析，可以帮助我们解开菌体和环境异质性的潜在机制。

（2）分析及表征技术

微流控单细胞培养系统可用于模拟分析皮升反应规模的复杂的微生物生产过程。微流体系统通常在连续灌注下运行，以在整个培养过程中保持恒定的环境条件。单细胞培养通常与基于图像的分析技术相结合，能够通过完整的空间和时间分辨率分析单个细胞，以研究复杂的相互作用。然而，传统传感器原理不适用于这种规模，新的基因编码光学生物传感器和光遗传学方法更适合被应用于实时推导细胞和环境参数。微流体控制也可以在批处理模式或交替模式下运行，从而模拟更复杂的培养类别（分批、补料分批等）。细胞渗透量越小，对单个细胞周围环境的控制就越准确。处理亚微米尺寸细胞的微生物单细胞分析系统需要多样的辅助技术，例如亚微米范围内的新型制造方法、微型生物反应器系统中传输现象的表征以及先进的成像和图像分析技术。

（3）多参数协同优化技术

细胞生长和生产是生物技术生产过程中最重要的参数，它们同时受到多种工艺参数的影响。微生物物种在控制良好的微流体环境中生长得更快，增长率明显提高。例如，*Hansenula polymorphia*、*Pichi apastoris* 和 *Corynebacterium glutamicum* 在受控微流体环境中的生长速度明显更快。

二、反应过程工艺技术的开发

此前的微反应器虽然可以获得操作和生化参数对过程产量的影响，但是对于更大规模的反应获得这些数据的意义是有限的。例如，在微反应器中使用振动系统可以获得类似的氧气传质特性，但是，其流体动力学数据、传输现象、功率输入数据与中试规模反应器有很大不同。此外，由于缺乏全面的过程控制和传感器集成，每个实验获得的数据可能会受到限制。在过去十年中，通过集成传感技术来监测和控制过程变量，但监测主要限于 pH 和溶解氧（DO）。

随着时代的发展，微反应器装置中关键过程变量的监测已可以通过光谱方法或通过光学传感器和类似的发光猝灭原理实现图像分析（如监测氧气、pH、CO_2、葡萄糖和温度）。微反应器与传统的小规模反应器一样，原则上它们可以在广泛的工艺条件下以间歇、补料和连续模式运行。小维度强加的流态是层流，可以很好地控制时间和空间微环境，非常适合局部递送试剂、细胞或酶。随着新型制造技术、不同材料和纳米结构器件的引入，可以根据所需的规格进行微反应器定制。

（1）上游工艺开发

目前高通量培养面临的挑战是以非延迟和更有效的方式提取相关的生物和过程信息，因此需要自动处理和可视化的方式获得原始数据流，而通过并行和自动微生物反应器培养，可以在短时间内获得各种原始数据集，较传统的手动操作具有无法比拟的显著优势。想要成功开发生物制造上游工艺，需要掌握生物技术生产过程，将优质生产菌株和最佳生物过程控制策略相结合。在标准方法中，初级和二级筛选中性能最好的微生物细胞工厂（microbial cell factory, MCF）被转移到生物工艺开发，并使用实验室规模的生物反应器进一步优化，这个实验室规模的阶段是劳动和时间密集型的，只有很少的生物工艺参数可以在合理的时间内被测试，这会导致最终产品质量的不确定性，因为在筛选条件下性能优异的 MCF 可能不一定是实验室规模条件下的首选。为了最大限度地减少这种不确定性，必须增加在两轮筛选后选择的 MCF 的数量。随着微生物反应器系统的应用，在与最终生产过程更相关的条件下，可以进一步表征大量菌株（例如，1000个 MCF 的库中表征率超过 10%）。这解决了早期筛选结果不足导致后期生物过程优化难以达到峰值的问题。然而，为了充分利用这些技术，重要的是促进对所产生的复杂的异构数据集的获取、处理、压缩、归档、管理和评估，并进一步研究、建立灵活和可扩展的数据解决方案。因此，工业生物技术的研究正朝着大数据处理、小规模反应、高通量实验的方向快速发展。

(2) 下游放大工艺开发

微反应器连续反应技术除了可用于上游工艺开发，还可以用于模拟下游单元操作。长期以来，按比例缩小的方法一直应用于生物制造以解决按比例放大的问题，当与传感技术集成时，使用这些设备获得的数据质量很高，对于规模转换和评估生物过程的经济可行性非常重要。

生物过程的一个关键挑战是快速地完成放大和工业化（图 2-8）。需要以最少的劳动力和最低的成本获得与生产规模相关的数据，除了过程变量（例如 pH、氧气、细胞密度）之外，还需要获取生理和代谢数据以及与生产力相关的数据。在生产规模上，所有过程信息都是可用的，但过程相关的开发成本令人望而却步。据估计，从初级菌株筛选到中试规模试验，单个生物工艺开发项目需要超过 10000 次实验。关键实验通常使用台式生物反应器进行。虽然产生了可靠且信息丰富的数据，但是这是一项昂贵且劳动密集型的工作，因此可以同时进行的实验数量受到限制。为了进一步降低工艺开发的成本，微型生物反应器被用来替代实验室规模的生物反应器。体积低于 100 mL 的小型化生物反应器包括搅拌釜反应器和摇动系统，如摇动烧瓶和微量滴定板。

为了提高工艺性能，可以在分批补料模式下进行培养，这增加了补料曲线的额外设计参数。而培养方式会极大地影响生产菌株的代谢。一个突出的例子是分批补料能够使底物连续增加，通过将分批补料策略应用于酵母、生物质生产，产量可以大大提高。将开发的生物过程转移到中试规模通常会带来新的、与放大相关的挑战，例如生物反应器的不均匀性，而这可以通过使用按比例缩小的生物反应器模拟器独立解决。

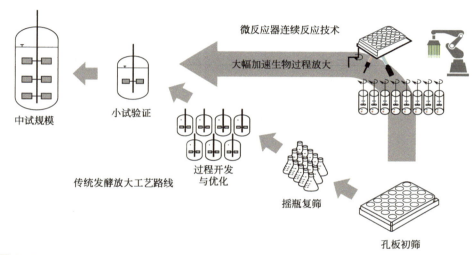

图 2-8
传统生物工艺开发与集成微生物反应系统

三、应用

微小体系连续反应反应器与光谱工具集成，为工艺开发阶段的筛选提供了合适的平台。在控制良好的条件下，微流体装置可以在短时间内评估一组实际的操作参数。可以考虑在生产阶段使用微通道反应器。然而需要仔细评估其与常规大规模方法的优劣，既需要考虑反应器的性能，也需要考虑成本问题。下面分别列举填充床型微反应器、涂层壁式微反应器以及双液相生物转化系统的一些应用实例。

(1) 填充床型微反应器

在填充床型微反应器中，脂肪酶 Novozyme®435（酶吸附在交联 PMMA 树脂上）包被在玻璃毛细管柱中，实现了烯烃的酶促环氧化，与在标准间歇反应器中的操作相比，反应时间显著减少；辣根过氧化物酶（HRP）固定在金表面，沉积厚度范围从纳米级到微米级，在硅片中，通过吸附结合或通过与金表面的共价相互作用进行固定化，固定化对酶活性、筛选能力和装置的操作稳定性均有积极影响。通过电化学清洁程序再生微反应器，使微反应器的操作高度灵活。葡萄糖氧化酶（GOD）和胆碱氧化酶（CHO）都固定在溶胶-凝胶中，反应前体在玻璃微反应器的微通道中聚合，整料用 PEI 激活，通过带负电的酶和带正电的 PEI 聚合物之间的静电相互作用固定酶，整体微环境增强了酶构象，且最大反应速率增加了 50 倍。

(2) 涂层壁式微反应器

在涂层壁式微反应器中，β-糖苷酶与不锈钢微反应器的表面活化壁共价结合，其用于乳糖的连续水解转化率超过 70%，时空产量为 500 mg/(mL·h) 葡萄糖，半衰期 15 d，证明了筛选、反应优化和按需制备的有效性；固定化脂肪酶沉积在微毛细管内壁上的介孔二氧化硅（MPS）薄膜上，醋酸乙烯酯的产率达到 64%，在连续流动实验中对映选择性超过 99%，证明涂层壁式固定化酶催化活性超过天然酶的催化活性，且操作稳定性高；脂肪酶在用 APTES 硅烷化并用戊二醛交联后，共价结合到二氧化硅光纤微结构的内表面，以正己烷和正庚烷为溶剂，催化正丁醇和月桂酸反应摩尔比 3∶1，合成月桂酸丁酯，在 50 ℃下，于不到 38 s 的停留时间内，反应的产率高达 99%。

(3) 双液相生物转化系统

在双液相生物转化系统中，胆固醇氧化酶分布在水相、底物分布在正庚烷相，它们分别通过 Y 形阀进入玻璃微芯片反应器的微通道，产物通过微反应器的 Y 形阀中进行相分离，从而实现产品的原位回收（存在于有机相中），转化率大约为 70%，在接近 1 min 的停留时间获得 0.17 mmol/L 胆固醇，并可以通过包含传质曲线、动力学曲线和速度曲线的 3D 数学模型表征生物转化系统；羟基腈裂解酶在含有粗酶裂解物和 HCN 的水相与含有醛的有机相中，分别通过 Y 形阀进入玻璃微芯片反应器的微通道，转化率超过 90% 和对映选择性超过 99%。

> **小结**
>
> 微生物反应器系统将更多菌株从初步筛选阶段提升至定量表型分析和生物过程开发的阶段，这提高了寻找生产菌株和微生物过程控制策略的最佳组合的效率，为生物技术、信息技术、数据科学、软件工程、机械工程领域的跨学科合作提供了巨大的可能。微反应器连续反应技术承接了上游细胞构建及下游发酵工艺扩大过程，这也进一步强化了该技术在生产各种生物产业和产品工业化生产的应用。微反应器连续反应技术所使用的集约型设备及连续反应工艺是可持续生产方法的未来发展趋势。

生物过程控制与放大

生物制造过程涉及生物催化剂（细胞或酶）的发现、优化、改造和规模化应用等环节。各种生物产品如抗生素、氨基酸、重组蛋白药物等的工业化生产依赖于大规模的微生物发酵或细胞培养，由生物（内在）和环境（外在）波动引起的微生物生物制造过程中的细胞间异质性会对生产力产生严重影响。因此，在细胞扩增的复杂的生物反应体系中对合成过程的实时、精准控制是实现生物工业高效生产的关键基础。以生物反应器为核心设备的过程控制与放大技术作为生物工业技术成果产业化的关键核心技术，其发展水平也反映了一个国家在科学技术、工艺设计、材料、加工制造、仪器仪表等方面的综合能力。随着我国生物制造产业的快速发展，生物过程控制与放大技术及其相关装备研发与应用日益重要。

一、PAT 技术与装置

过程分析技术（process analysis technology，PAT）是通过实时检测原

料和过程物料以及工艺的关键指标，设计、分析和控制生产过程，其目的是提升最终产品的质量。对于生物过程监控而言，主要包括如下三类参数的监控：物理参数、化学参数和生物参数（图2-9）。

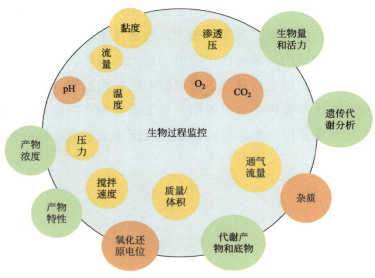

图2-9
生物过程监控的重要影响参数

应用于生物制造的传感器要考虑以下因素：测量频率和成本、验证和实施的便捷性、使用和维护的便捷性、清洁和灭菌、可靠性、精确度、重现性等，具体参考表2-1所示。

表2-1 用于生物制造研究、过程开发及商业化制造的传感器的特性及其特性比较

特性	研究用	过程开发用	商业化制造用
可靠性、精准性、重现性	+++	+++	+++
选择性、敏感性、线性	+++	+++	+++
校准	+/++	++	+++
验证和实施的便捷性	++	++	+++
清洗和灭菌	+/+++	+/+++	+++
测量频率和成本	++	++	+++
使用和维护的便捷性	+	++	+++

注：+ 表示重要程度低，++ 表示重要程度中等，+++ 表示重要程度高。

如图 2-10 及表 2-2 所示，PAT 常用在线传感器和仪表主要有 in line 和 on/at line 两种，其中 in line 包括溶氧电极、pH 电极、温度电极、尾气分析仪（CO、CO_2、O_2、CH_4、H_2 等）等。On/at line 包括生化分析仪、液相色谱仪、质谱仪等。

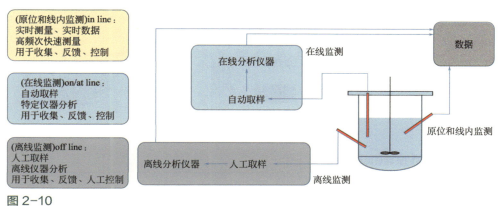

图 2-10
PAT 监控方法

表2-2　通常应用于PAT中的过程分析器

分析器	主要原理	典型的用途
采样分析器	基于膜（透析和超滤/微滤）	用于处理工艺设备中的无细胞样品
	流动注射分析法（FIA）	注入载体流中，从而将样本运输至分析器
	顺序注射分析（SIA）	FIA 的高级形式，该方法所需要的试剂和样本量更少，用于流式细胞术相关的操作
光谱分析器	近红外光谱	监控发酵过程和测定复杂培养基中的有机物的浓度
	拉曼光谱	
	红外光谱	监控发酵过程（基于水的样本）
	光声光谱	测定气体浓度
	2D 荧光光谱	检测微量组分及测定生物量的浓度
	介电光谱	估计生物量及活细胞的计数
生物传感器	电化学	采用生物分析的方法检测待检物质
	热能	
	光学	
机器视觉和实时成像分析器	—	评估细胞密度、细胞大小和细胞聚合体
软传感器	—	预测状态

在线生物量测定方面,已基于电容、实时成像和工学原理开发出了相应的设备,结构和原理如图 2-11 所示。

图 2-11
在线生物量测定原理和设备结构

国内外企业已整合运用在线生物传感器和上下游仪器,开发了 PAT 过程分析系统,如图 2-12 所示。

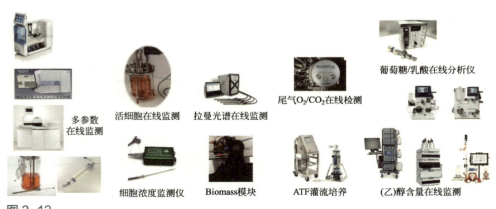

图 2-12
已开发的 PAT 过程分析系统

二、生物反应过程的精准调控

发酵过程的精准调控在很大程度上依赖于生物反应器内细胞生理代谢状态的实时、准确监控。开发适用于生物发酵过程的先进在线传感技术,实现生物制造过程中营养物、胞内和胞外代谢特性参数（如关键节点代谢物）的实时准确检测一直是在线检测技术开发与应用的重要方向。针对发酵过程实时代谢信息缺失，整合先进传感器和软测量技术并创建细胞代谢全方位在线检测大数据体系（图2-13），可以为开发大数据驱动的过程优化策略提供坚实基础。

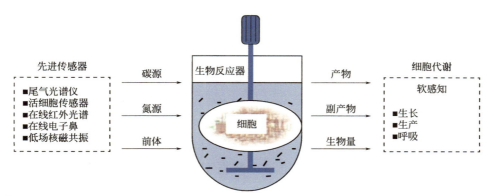

图 2-13
细胞代谢全方位在线检测大数据体系

为适应智能化趋势，近年来国内企业开发出了多种在线监测系统和装置，如微生物发酵在线检测系统（bioreaction online detection system, BODS），可以用于即时监测发酵过程中的微生物生长、底物消耗和产物生成情况，并进行过程调控。该系统是一种全自动在线取样、处理、检测和留样的仪器（图2-14）。该仪器具有取样体积小、多参数检测、全自动、时效性高等特点，可避免因取样体积过多影响整个发酵系统，可实时显示罐内生物量、底物消耗和产物生成情况，也可及时反馈控制系统，实现底物的精确控制，提高发酵过程控制效率，为发酵过程优化和工艺放大提供数据支撑。

基于合成生物学的智能反应器平台，实现"设计 - 构建 - 测试 - 分析 - 学习"。生物智能制造过程的精准调控依赖系统监测和参数表征，用于发酵过程的精准控制。未来，开发非侵入性的、实时监测的分析技术以及适用于不同生产系统的在线传感设备，促进 PAT 技术与连续制造过程的同步成熟，可以更好地促进生物制造过程的发展。未来，基于 PAT 的细胞培养

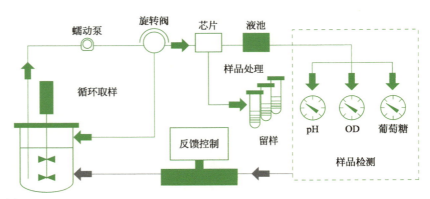

图 2-14
微生物发酵在线检测系统结构

过程中产生海量的在线数据,通过大数据实时计算系统,运用复杂的机器学习、数据挖掘、智能推荐等在计算机和细胞之间进行实时数据交互,并及时反馈,实施精准过程控制,努力提升我国工业生物过程自动化、数字化和智能化水平,具体如图 2-15 所示。国内公司开发的 500 L 智能生物反应中试系统如图 2-16 所示。

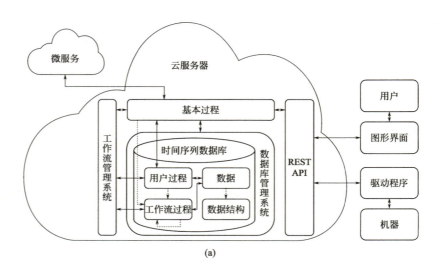

(a)

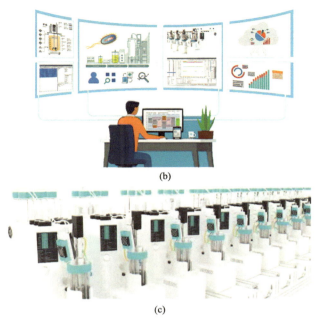

图 2-15
智能反应器平台组成（a）、工作示意（b）及实物（c）

图 2-16
国内公司开发的 500 L 智能生物反应中试系统

国内公司开发的数字化工厂管理系统如图 2-17 所示。该系统以产品全生命周期的相关数据为基础，在计算机虚拟的环境中，对整个生产过程进行仿真、评估和优化,并进一步扩展到整个产品的生命周期。该系统也是现代数字制造技术与计算机仿真技术相结合的产物,给基础制造业注入了新的活力,成为沟通产品设计和产品制造之间的桥梁。

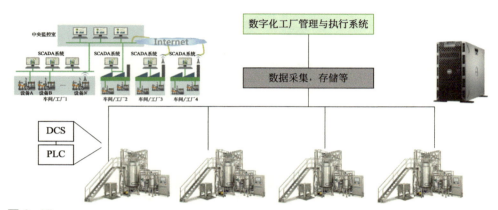

图 2-17
国内公司开发的数字化工厂管理系统

三、连续生产技术

一次性生物反应器(single use bioreactor,SUB)由美国食品药品监督管理局(FDA)认证的塑料材料(聚乙烯、聚碳酸酯、聚苯乙烯等)制成,是一种即装即用、不可重复使用的培养器,不需要在线消毒(SIP)和在线清洗(CIP),可以快速投入生产使用,从而缩短生产周期,较传统反应器节约了水资源和能耗,环境影响小,也能够节约清洁验证费用。同时,SUB一次性投入资金低,也容易进行工艺转换。小规模生产高价值产品时,一次性生物反应器的生产成本较传统生物反应器低。SUB可以提高生产有毒或传染性的产品时的安全性,也能够降低生产多种产品时交叉污染的概率。

目前SUB已广泛应用于种子扩大培养,各种规模的哺乳动物细胞、植物细胞和昆虫细胞的培养,单克隆抗体(monoclonal antibodies,mAbs)、疫苗和重组蛋白等的生产,并逐渐拓展到微生物发酵、藻类培养等领域,已成为生物制药领域发展的一个重要方向。目前国内SUB市场仍被赛多利斯等国外企业垄断，处于"卡脖子"阶段（图 2-18）。国内仅有乐纯生物等公司在这方面取得了一定进展，开发出了 SUB 一次性储存袋等产品。乐纯生物自主开发的 SUB LePhinix™ SUB，可将工作体积从 50 L 扩展至 2000 L，可定制化选择以满足不同工艺需求。乐纯生物的一次性袋式生物反应器使用γ射线预辐射灭菌，无动物来源性成分，符合美国药典Ⅳ级认证标准，适合动物细胞和微生物的培养。系统由外部支撑容器、生物反应袋和控制系统组成，反应袋由 eKrius™膜材制备。LeKrius™一次性生物反应袋具有良好的生物安全性，已通过生物相容性测试，具有优异的物理性能，热封强度高，耐弯折，在 GMP 环境中可进行安全地规模化放大。相较于传统不锈钢生物反应器，不需要 CIP 和 SIP，操作安全、方便快捷，同时可以进行在线监测和温度、pH、通气、转速等工艺参数的控制。

图 2-18
商业化的搅拌式一次性生物反应器

目前生物产品的商业化生产大多为分批加工过程，因为可以轻松地对产品关键的质量指标进行离线检测。但分批加工存在着设备占地面积大、前期投入成本高、操作繁琐和成品质量不稳定等不足。随着生物制药行业的发展，对于生物合成技术的要求也越来越高。以往传统的批次生物加工方法已经不能满足当今社会对于高产量、低污染的要求，批次加工向连续生物加工转变已成为工业生产的发展趋势。连续生物加工概念于30多年前被提出，是指利用连续的物料流动通过各种单元操作，达到一种稳定状态，同时生产质量均一产品的过程。由于潜在优势众多，连续生物加工在生物制药行业的应用日益广泛。

与批次加工系统相比，利用连续生物加工的系统具有增加设备灵活性、降低制造成本、减小制造设备的规模、改善产品质量和标准化终产品等明显的优势。其中最大的优势是增加了设备灵活性和降低了成本。连续生产的大部分成本优势来自更少的生产设备和占地面积的投入。较小的生产规模有利于提高容量利用率、减少产品转换次数、简化生产放大过程。

图2-19是连续上游加工结合传统批次下游加工的组合生产方式，相对于整个过程的批次加工，连续上游加工过程消除了潜在的有毒代谢产物，在一定程度上提高了设备的灵活性。目前，已构建了一个完整的端对端（end-to-end）连续生物加工系统，该系统是耦联两个周期性逆流色谱系统的连续灌注生物反应器，可用于单克隆抗体生产。图2-20是完全连续生物加工过程，这种连续加工系统高效、灵活，可控性强，简化了操作步骤，节省了成本，更适于过程优化和控制。

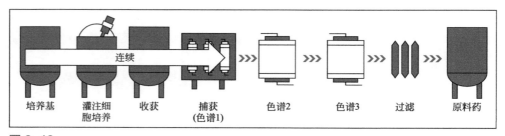

图2-19
连续上游加工组合传统批次下游加工的组合

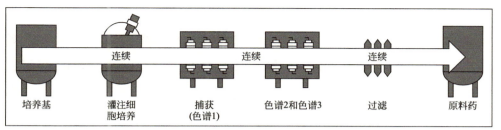

图 2-20
端对端连续生物加工系统

近年来,在抗体药物等的生产方面,连续灌注培养技术发展迅速,如药明生物自主研发的超高效连续细胞培养生产平台 WuXiUP™,是新一代生物药生产解决方案,同时兼顾了生物药生产的高产量、高质量、高灵活性和低成本。

作为一种强化型灌流培养工艺,WuXiUP™ 在传统灌流工艺的基础上采用了过程强化策略,大幅度提升细胞密度和单细胞蛋白产率。该工艺的连续收获模式极大地缩短了重组蛋白产品在反应器内的停留时间,有利于收获更高质量的重组蛋白产品,同时更易与下游连续纯化工艺进行整合,从而打造高效的一体化连续生产生物技术平台。

WuXiUP™ 平台由灌流反应器和细胞截留装置组成,其产出的重组蛋白收获液可以直接进入下游亲和捕获/纯化系统(图 2-21)。

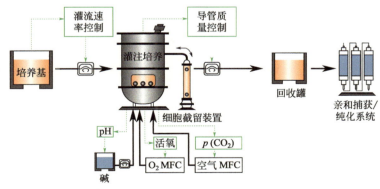

图 2-21
WuXiUP™ 平台组成

该装置采用微滤中空纤维柱，通过往复式切向过滤（ATF）实现培养液中细胞的截留和含有蛋白质的无细胞培养液的连续收获。维持稳定的罐重是连续培养过程顺利运行的关键。该工艺通过监控和反馈调节培养过程中新鲜培养基的灌注速率和收获速率，使罐重可以较为稳定地维持在预设的目标值。

在下游纯化平台，连续的澄清收获液的蛋白质捕获通过使用多柱的色谱系统，即三个或多个亲和纯化柱，采用周期性结合 - 洗脱 - 再生的模式而实现。单克隆抗体（mAbs）纯化柱填料通常采用 protein A，其他类型的分子需要根据实际需求筛选填料类型。在多柱层析体系中，通常有两个柱子处于串联模式进行连续进料捕获，其他柱子则处于并联模式同步进行蛋白质的洗脱回收以及在线清洁和再生。WuXiUP™ 工艺的累计产量和日均产量分别是 TFB 工艺的 7.4 倍和 4.5 倍，可以进行各种生物药（如 mAbs、双特异性抗体、融合蛋白、重组蛋白）的连续化、高产量生产。

💡 小结

为推动国产生物工业智能制造装备的发展，助力生物发酵工业绿色智能制造发展，近年来中国生物发酵产业协会联合行业代表性公司就生物发酵行业智能制造提出了行业标准项目建议，内容涵盖控制系统、智能装备和信息管理系统三个方面。其中，关于智能反应器的建议标准为：

① 具备物理状态及生理代谢状态多参数采集能力的高级发酵罐罐体，先进过程检测仪表如尾气检测仪、活细胞量检测仪、在线红外分析仪、电子显微摄像仪等；

② 能够实现发酵过程各道工序的自动化控制，可进行过程离线和在线多参数数据采集和存档的智能化软件，能够根据生物代谢特性规律进行系统程序编辑，以实现过程数据的自识别与诊断，系统偏差低于 5%；

③ 能够根据不同发酵产品生产过程的代谢参数实施针对性地自动化反馈优化调控。

随着我国生物制造业的迅速发展，我们对生物反应器等装备、生物反应过程智能化控制等技术的研发和应用提出了要求。国内已在菌种育种、细胞工厂构建、高通量筛选等技术和装置研发方面取得了长足的进步，部分领域已经处于领先地位。但微型生物反应器、一次性生物反应器及辅助设备、在线监测与控制技术及装置等的研发还有待加强。相信经过政府、学术界和产业界的共同努力，我国将在过程装备及控制领域获得迅速发展，为节能减排、发展生物经济做出应有的贡献。

生物分离纯化技术

在生物制造过程中，一般把按照生产流程将初级制品的进一步分离、纯化、精制，进而制成最终产品的过程统称为下游技术，其中生物分离纯化技术是支撑生物制造工业产品最终获得的必要环节，在除去有害物质或杂质的同时保证不破坏目标产物的活性。生物制品种类多样，包括基础化学品、培养细胞、生物大分子药物等等。生物制品的来源较为广泛，种类繁多，如氨基酸及其衍生物、蛋白质、酶、核酸、多糖、脂类等。生物大分子结构复杂，并且目标产物含量相对较低，分离提取难度较大。在生物制品的生产流程中，分离纯化成本一般占总成本的60%以上，主要是因为分离过程选择性不高，有效成分损失多。此外，生物分离纯化要保持生物分子的活性，通常需要低温、特定的酸碱度、特定的渗透压等条件，传统的以精馏、蒸馏技术为支撑的化工方法往往不适用于具有生物活性产物的分离纯化。生物分离纯化的复杂性直接导致工艺流程长、处理过程设备多、对原材料要求高等。一般常用的生物分离纯化的方法包括沉淀法、膜分离法、层析法等,综合多种生物分离技术能够对生物制品产生较好的分离效果(图 2-22),下面围绕生物分离的几个核心技术进行具体阐述。

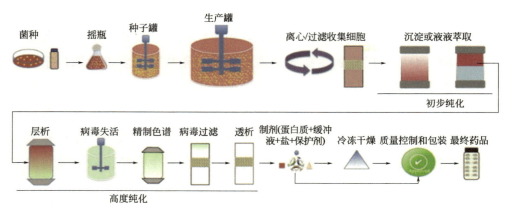

图 2-22
典型的重组蛋白药物生产流程

一、膜分离技术

膜分离通过半透膜作为障碍层,借助膜的选择渗透作用,在能量、浓度或化学位差的作用下对混合物中的不同组分进行分离提纯。作为分离、浓缩、提纯和净化技术,膜分离技术具有分离效率高、操作便捷、节能等优点。与其他传统分离技术相比,膜分离技术具有显著的优势:过程装置比较简单,操作便捷、结构紧凑、维修费用低且方便、易于自动控制;过程一般不涉及相变、无二次污染且能耗较低;可以在室温或低温下操作,适宜热敏感物质(酶、药物)的浓缩分离;具有较好的选择性,适用对象广泛,可以分离肉眼看得见的颗粒,也可以分离离子和气体;可在室温下连续操作,设备易于放大,可配专一膜,回收率较高;可在密闭系统中循环进行,因而可以防止外界的污染;在过程中不用添加任何外来的化学物质,透过液可以循环使用,从而降低了成本,并可以减少环境污染。膜分离技术是现代生物化工分离技术中的一种效率较高的分离手段,可取代传统的过滤、吸附、蒸发、冷凝等分离技术,膜分离主要分为微滤、超滤、纳滤、反渗透、离子交换、电渗析、透析、液膜分离等。目前,我国分离膜的种类日益增多，在生物制造产业的各个领域得到广泛应用。

(1) 微滤

微滤是以多孔、细小的薄膜作为过滤的介质，以筛分原理为依据的薄膜过滤。溶剂、水、盐类及大分子物质均能透过薄膜，而微细颗粒和超大分子等颗粒直径大于膜孔径的物质均被截留下来，从而达到分离的目的，进而使溶液净化。微滤是目前膜分离技术中应用最广且经济价值最大的技术，主要应用于生物化工中的制药行业。

(2) 超滤

超滤是根据筛分原理，以一定的压力差为推动力，从溶液中分离出溶剂的操作。同微滤过程相比，超滤过程受膜表面孔的化学性质影响较大，在一定的压力差下溶剂或小分子量的物质可以透过膜孔，而大分子物质与微细颗粒被截留，从而达到分离目的。超滤膜通常为不对称膜，膜孔径和膜表面的性质影响截留效果。超滤主要应用于浓缩大分子溶液的净化等，在生物制造过程中应用最广。

(3) 纳滤

纳滤也是根据吸附、扩散原理，以压力差为推动力的膜分离过程。纳滤又可以称为低压反渗透，是一种新型的膜分离技术，其拓宽了液相膜分离的应用，分离性能介于超滤和反渗透之间，其截留分子量约为200～2000。纳米膜属于复合膜，允许一些无机盐和某些溶剂透过膜。纳滤过程所需压力比反渗透低得多，具有节约动力的优点。它能截留易透过超滤膜的那部分溶质，同时可使反渗透膜所截留的溶质透过，其特有功能是反渗透和超滤无法取代的。纳滤膜具有良好的热稳定性、pH 稳定性和对有机溶剂的稳定性，因此现已广泛应用于各个工业领域，尤其是医药生物化工行业的分离提纯过程。纳滤膜是现今最先进的膜分离技术。微滤、超滤、反渗透、纳滤 4 种分离技术没有太明显的分界线，均是以压力作为推动力，被截留的溶质的直径大小在某些范围内相互重叠。

(4) 渗析技术

渗析（亦称扩散渗析、浓差渗析）是指以膜为介质，以膜两侧溶液中溶质的浓度差为驱动力，实现多组分溶质分离的膜技术。电渗析技术则是指在外加直流电场作用下，利用膜材料选择透过性使带电离子透过膜材料作定向迁移，从水溶液和其他不带电组分中分离出来，从而实现对溶液的浓缩、精制、提纯等目的。目前，工业用渗析技术（包括电渗析等）已广泛应用于化工脱盐、海水淡化、食品医药和废水处理等领域，血液净化用渗析技术也已应用于临床。渗析技术的工业应用主要体现在纯化水等制备，氨基酸、蛋白质、血清等生物制品精制。

（5）液膜技术

液膜技术是指以液体为分离介质，其与膜两侧分隔体系互不相溶，通过不同溶质在液体介质中具有不同的溶解度与扩散系数，实现溶质间分离的一种技术。其传质机理为：被动传递（基于物理溶解）和促进传递（基于选择性可逆化学反应）。与固膜技术相比，液膜技术具有分离效率高、选择性好等优点，但也存在过程及设备复杂、难以实现稳定操作等缺点，目前实际应用较少。液膜技术的应用主要体现在药物组分（如氨基酸、抗生素、手性药物、中药活性组分等）富集分离、药物控制释放（如药物缓释）、人体中毒抢救、生物检测分析（痕量药物检测）等方面。

二、层析技术

（1）离子交换层析

离子交换层析是根据不同分子所带表面电荷的差异来进行层析分离的一种方法，主要通过生物大分子与离子交换填料之间静电吸引力、范德华力、疏水作用力等结合力的不同而实现分离。大部分生物大分子物质都可以用离子交换法来分离纯化。

（2）疏水作用层析

该方法是利用盐-水体系中样品组分的疏水基团和固定相的疏水配基之间的疏水力不同，而使样品组分得以分离的一种层析方法。利用被分离组分分子表面的疏水微区、变性（可逆）后暴露出的疏水残基或在高盐环境下暴露于分子表面的疏水残基与固定相的疏水性配体之间的作用，依次用从低至高离子强度洗脱液可将疏水作用由弱到强的组分分离开。疏水作用层析的原理完全不同于离子交换层析或凝胶过滤层析，该技术可与后两者经常联合使用来分离复杂的生物样品，目前该技术主要应用于蛋白质的纯化，为血清蛋白、膜结合蛋白、核蛋白、受体、重组蛋白，甚至细胞等分离时的有效手段。

(3) 亲和层析

该方法依据生物大分子能够通过抗体-抗原、受体-配体等特异性识别和可逆结合的特性而建立，也称为生物亲和色谱或生物特异性亲和色谱。亲和层析具有高度的选择性，一步纯化后目标物质纯度大于90%，能够快速将目标蛋白与大量杂质分离，目前已经有多种商业化的亲和填料供选择使用。

(4) 细胞膜色谱

细胞膜色谱是在生物学和色谱学的基础上，研究流动相中的有效成分与受体相互作用规律的方法。细胞膜色谱法同时具有生物特性和色谱特性，由于具有检测快速、灵敏度高等特点，细胞膜色谱法已被广泛应用于天然产物中活性成分的筛选以及药物与受体之间相互作用方式的研究。在细胞膜色谱制备过程中，通过将细胞膜物理吸附或者化学键合在多孔二氧化硅微球载体上，形成细胞膜固定相，并结合高效液相色谱检测不同成分的保留时间或质量分数，从而推断其中的有效成分。

(5) 混合型色谱技术

在传统色谱技术中，单一色谱柱的分离过程往往受多种作用力的综合影响，这些多重作用力往往导致产生拖尾峰、重叠峰等，使分离和分析结果不佳。混合型色谱是指在液相色谱中应用两种或两种以上的作用力使溶质进行分离的色谱方法。混合型色谱技术适合对胰岛素等生物大分子药物的高纯度分离纯化（>99%）。

三、应用

生物分离是生物制药产品的重要支撑技术。各种生物制品如微生物发酵制品、生物催化与转化产物、重组细胞异源表达的生物产品等，都依赖下游的分离过程，以保证安全性、活性和长期稳定性。大多数生物制品合成体系成分复杂、目标产物结构稳定性较差、分离纯化困难，因此开发低能耗、低毒性、高选择性的生物分离技术是生物制造的重要方向。考虑到不同制造产品的理化结构特性与制造工艺的差别，需要开发选择性强、分离效率较高的纯化工艺。目前，针对生物复杂度较高的微生物发酵产品，采用多级分离集成可以实现低能耗下更高浓度的产物富集，同时规避了不同类型分离技术固有不足；对于终产品脱水溶剂的分离，通过精馏顺序的合理设计、物质流向的重新规划、热耦合技术和间壁塔的设计与应用，可显著降低传统产物精制过程的能耗和设备投资；针对结构复杂、产品浓度较低的高附加值生物医药制品如生物大分子药物（多肽、疫苗、抗体、蛋白质、多糖、酶等）开发连续多柱层析能提高生产效率，降低总成本，减少设备占地面积并保证产品质量。色谱柱作为层析技术的关键材料，对色谱仪器的应用起到决定性作用。而纯化填料作为生物药生产下游最重要的耗材之一，对生物药质量及生产效率影响巨大。全球色谱仪器领域的技术主要被安捷伦、赛默飞、沃特世、岛津等国外企业垄断。目前国内色谱柱市场的产品精度和强度很难达到生物制造领域，尤其是生物制药领域的生产要求，分离介质长期依赖国外进口，需要重视层析柱填料国产化技术的开发与应用。

小结

生物制造产品结构复杂、稳定性较差，需要合适的分离纯化工艺支撑产品的最终落地。针对目标生物制造产品的理化与结构特性，选择合适的分离方法，对操作过程详细优化，并将分离单元进行合理的组合，形成完善的分离纯化策略，可以有效提高分离纯化效率。生物分离技术中色谱层析、膜分离等现代分离纯化方法具有高效、快速、自动化的优势，目前已成为生物制造产品分离纯化的主流技术，得到了广泛的应用。

此外，想要更好地利用膜分离技术，必须针对具体过程研究开发防止膜性能降低的装置，并探讨有效的操作方法。未来的发展方向为：将新兴的膜分离技术与传统的工艺技术有机地结合起来，不断将膜技术的研究成果从实验室推向产业化应用；研究新的膜材料，减少膜污染；研究开发新的成膜工艺，进一步制备超薄、高度均匀、无缺陷的非对称膜，使其更适合生物制造的生产需求；加快无机膜的研制步伐。

第七节 总结

生物制造产业的技术核心在于高效优质的生物合成元件（工业酶和细胞工厂）及围绕酶和菌种的一系列生产装备、技术与体系。革命性的新一代酶、菌种和技术能完全改变整个产业的发展趋势，甚至开发出全新的市场。随着工业生物研究逐渐进入大数据和人工智能时代，前沿生物技术与计算机、物理、化学等技术的结合将为工业酶创制、细胞工厂的合成与筛选等提供数据与技术支撑。与此同时，还需要重点发展融合人工智能的工业酶和工业菌种的工程生物学创制；突破工业酶筛选与快速定向进化、过程大数据指导的生物合成快速工程化、生物制造装备与系统集成等系列关键技术；建立利用不同生物质原料实现高产率生产可再生材料及高价值化学品的生物制造技术体系和产品体系。我国的生物制造产业正处于技术攻坚和商业化应用开拓的关键阶段，一旦众多产品的生物路线商业化，将会极大推动产业的快速发展。因此，抓住生物制造战略发展机遇期，加快生物制造战略性布局和前瞻性技术创新，加快从基因组元件库挖掘、筛选到工业合成技术、装备的突破，支撑生物基化学品、生物基材料、生物能源等重大产品的绿色生产，将带动数万亿元规模的新兴生物产业。以生物制造推动"农业工业化、工业绿色化、产业国际化"，对于我国走新型工业化道路、实现财富绿色增长和社会经济可持续发展具有重大战略意义。

参考文献

[1] 于勇, 朱欣娜, 张学礼. 大宗化学品细胞工厂的构建与应用 [J]. 合成生物学, 2020, 1(6):11.

[2] 杨永富, 耿碧男, 宋皓月, 等. 合成生物学时代基于非模式细菌的工业底盘细胞研究现状与展望 [J]. 生物工程学报, 2021, 37(3):37.

[3] 戴住波, 朱欣娜, 张学礼. 合成生物学在微生物细胞工厂构建中的应用 [J]. 生命科学,

2013, 25(10):9.

[4] Cai T, Sun H, Qiao J, et al. Cell-free chemoenzymatic starch synthesis from carbon dioxide[J]. Science, 2021, 373(6562):1523-1527.

[5] 宗朕，程磊，陈卓静，等. 食品用萜类化合物的生物合成研究进展 [J]. 中国酿造, 2018, 37(9):6.

[6] 张震，曾雪城，秦磊，等. 微生物细胞工厂的智能设计进展 [J]. 化工学报, 2021, 72(12):6093-6108.

[7] Jsc A, Krc A, Cpsp A, et al. CRISPR/Cas9-coupled recombineering for metabolic engineering of *Corynebacterium glutamicum*[J]. Metabolic Engineering, 2017, 42:157-167.

[8] Isaacs F J, Carr P A, Wang H H, et al. Precise manipulation of chromosomes *in vivo* enables genome-wide codon replacement[J]. Science, 2011, 333(6040): 348-353.

[9] Dueber J E, Wu G C, Malmirchegini G R, et al. Synthetic protein scaffolds provide modular control over metabolic flux[J]. Nature Biotechnology, 2009, 27(8):753.

[10] Zhang F, Carothers J M, Keasling J D. Design of a dynamic sensor-regulator system for production of chemicals and fuels derived from fatty acids[J]. Nature Biotechnology, 2012, 30(4):354-359.

[11] 魏东芝. 酶工程 [M]. 北京：高等教育出版社，2020.

[12] 郭勇. 酶工程 [M]. 2版. 北京：科学出版社，2004.

[13] 袁勤生. 酶与酶工程 [M]. 2版. 上海：华东理工大学出版社，2012.

[14] Arnold F H. Innovation by evolution: bringing new chemistry to life (Nobel Lecture) [J]. Ange wante chemie International Edition, 2019 (58): 14420-14426.

[15] Bornscheuer U T, Huisman G W, Kazlauskas R J, et al. Engineering the third wave of biocatalysis[J]. Nature, 2012 (485): 185-194.

[16] Cheng F, Chen Y, Qiu S, et al. Controlling stereopreferences of carbonyl reductases for enantioselective synthesis of atorvastatin precursor[J]. ACS Catalysis, 2021, 11(5), 2572-2582.

[17] Cheng F, Zhai Q Y, Gao X F, et al. Tuning enzymatic properties by protein engineering toward catalytic tetrad of carbonyl reductase[J]. Biotechnology and Bioengineering, 2021, 118(12), 4643-4654.

[18] 张志钧，郁惠蕾，许建和. 医药化学品的绿色生物制造 [J]. 生物产业技术, 2016(5):9.

[19] 谭天伟，陈必强，张会丽，等. 加快推进绿色生物制造助力实现"碳中和"[J]. 化工进展, 2021, 40(3):5.

[20] 汤恒，韩鑫，邹树平，等. 多酶催化体系在医药化学品合成中的应用[J]. 合成生物学, 2021, 2(4):18.

[21] 郑裕国，沈寅初. 手性医药化学品生物催化合成进展与实践 [J]. 生物加工过程, 2013, 11(2):6.

[22] 陈代杰, 朱宝泉. 工业微生物菌种选育与发酵控制技术 [M]. 上海: 上海科学技术文献出版社, 1995.

[23] 周景文, 高松, 刘延峰, 等. 新一代发酵工程技术: 任务与挑战 [J]. 食品与生物技术学报, 2021, 40(1):11.

[24] 宋小平. 微生物发酵和动物细胞培养制药实用技术 [M]. 合肥: 安徽科学技术出版社, 2013.

[25] 王捷. 动物细胞培养技术与应用 [M]. 北京: 化学工业出版社, 2004.

[26] Combe M, Sokolenko S. Quantifying the impact of cell culture media on CHO cell growth and protein production[J]. Biotechnology Advances, 2021, 50:107761.

[27] Mohammed A, Elshaer A, Sareh P, et al. Additive manufacturing technologies for drug delivery applications[J]. International Journal of Pharmacology, 2020, 580:119245.

[28] Tong T, Chen X, Hu G, et al. Engineering microbial metabolic energy homeostasis for improved bioproduction[J]. Biotechnology Advance, 2021, 53:107841.

[29] Gilmour D J, Zimmerman W B. Microbubble intensification of bioprocessing[J]. Advance in Microbial Physiology, 2020, 77:1-35.

[30] Choi K R, Jang W D, Yang D, et al. Systems metabolic engineering strategies: integrating systems and synthetic biology with metabolic engineering[J]. Trends in Biotechnology, 2019, 37(8):817-837.

[31] Marques M P, Szita N. Bioprocess microfluidics: applying microfluidic devices for bioprocessing[J]. Current Opinion in Chemical Engineering, 2017, 18:61-68.

[32] Grünberger A, Wiechert W, Kohlheyer D. Single-cell microfluidics: opportunity for bioprocess development[J]. Current Opinion in Biotechnology, 2014, 29:15-23.

[33] Lai J J, Nelson K E, Nash M A, et al. Dynamic bioprocessing and microfluidic transport control with smart magnetic nanoparticles in laminar-flow devices[J]. Lab on A Chip, 2009, 9(14):1997-2002.

[34] Hemmerich J, Noack S, Wiechert W, et al. Microbioreactor systems for accelerated bioprocess development[J]. Biotechnology Journal, 2018, 13(4):e170041.

[35] Funke M, Buchenauer A, Schnakenberg U, et al. Microfluidic biolector-microfluidic bioprocess control in microtiter plates.[J]. Biotechnology & Bioengineering, 2010, 107(3):497-505.

[36] Karle M, Miwa J, Czilwik G, et al. Continuous microfluidic DNA extraction using phase-transfer magnetophoresis[J]. Lab on A Chip, 2010, 10(23):3284-3290.

[37] Blesken C, Olfers T, Grimm A, et al. The microfluidic bioreactor for a new era of bioprocess development[J]. Engineering in Life Sciences, 2016, 16(2): 190-193.

[38] Funke M, Buchenauer A, Mokwa W, et al. Bioprocess control in microscale: scalable fermentations in disposable and user-friendly microfluidic systems[J]. Microbial Cell Factories, 2010, 9(1): 1-13.

[39] Marques M P C, Fernandes P. Microfluidic devices: useful tools for bioprocess intensification[J]. Molecules, 2011, 16(10): 8368-8401.

[40] 荣盘祥,郭祥迁,孙国兵,等. 连续反应器系统动态分析与控制[J]. 电机与控制学报, 2018, 22(8):8.

[41] 郑裕国,薛亚平,王远山,等. 生物工程设备[M]. 北京: 化学工业出版社, 2022.

[42] 夏建业,田锡炜,刘娟,等. 人工智能时代的智能生物制造[J]. 生物加工过程, 2020, 18(1):13-20.

[43] 夏建业,谢明辉,储炬,等. 生物反应器流场特性研究及其在生物过程优化与放大中的应用研究[J]. 生物产业技术, 2018(1):41-48.

[44] 田锡炜,王冠,张嗣良,等. 工业生物过程智能控制原理和方法进展[J]. 生物工程学报, 2019, 35(10):2014-2024.

[45] 王远山,郝文辉,吴哲明,等. 原位显微镜在细胞生物量在线监测中的发展与应用[J]. 生物工程学报, 2019, 35(9):1607-1618.

[46] 王远山,程高平,胡海峰,等. 连续生物加工技术在生物制药中的研究进展[J]. 浙江工业大学学报, 2018, 46(6):692-698.

[47] Liu S J. Bioprocess engineering: kinetics, sustainability, and reactor design [M]. 2nd ed. Amsterdam: Elsevier, 2017.

[48] Panda T. Bioreactors analysis and design [M]. New York: McGraw-Hill, 2011.

[49] Löffelholz C, Kaiser S C, Kraume M, et al. Dynamic single-use bioreactors used in modern liter- and m(3)-scale biotechnological processes: engineering characteristics and scaling up [J]. Advances in Biochemical Engineering Biotechnology, 2014, 138:1-44.

[50] Wang G, Haringa C, Tang W, et al. Coupled metabolic-hydrodynamic modeling enabling rational scale-up of industrial bioprocesses [J]. Biotechnology and Bioengineering, 2020, 117(3):844-867.

[51] 孙彦. 生物分离工程[M]. 北京: 化学工业出版社, 2005.

[52] 梅乐和,姚善泾,林东强,等. 生物分离过程研究的新趋势——高效集成化[J]. 化学工程, 1999(5):38-41.

[53] 赵明古,王钰宁. 膜分离技术在微生物制药中的应用[J]. 生物化工, 2018, 4(1):3.

[54] Orr V, Zhong L, Moo-Young M, et al. Recent advances in bioprocessing application of membrane chromatography[J]. Biotechnology Advance, 2013, 31(4):450-465.

[55] 卢慧丽,林东强,姚善泾. 抗体药物分离纯化中的层析技术及进展[J]. 化工学报, 2018, 69(1):11.

[56] Hage D S, Anguizola J A, Bi C, et al. Pharmaceutical and biomedical applications of affinity chromatography: recent trends and developments[J]. Journal of Phamaceutical and Biomedical Analysis, 2012, 69:93-105.

[57] Loos G, van Schepdael A, Cabooter D. Quantitative mass spectrometry methods for pharmaceutical analysis[J]. Physilosophical Transactions of the Royal Society A mathematical

Physical and Engineering Sciences, 2016, 374(2079):20150366.

[58] Dixon S P, Pitfield I D, Perrett D. Comprehensive multi-dimensional liquid chromatographic separation in biomedical and pharmaceutical analysis: a review[J]. Biomedical Chromatography, 2006, 20(6/7):508-529.

[59] Gromiha M M, Yugandhar K, Jemimah S. Protein-protein interactions: scoring schemes and binding affinity[J]. Current Opinion in Structural Biology, 2017, 44:31-38.

[60] Lokko Y, Heijde M, Schebesta K, et al. Biotechnology and the bioeconomy—towards inclusive and sustainable industrial development[J]. Nature Biotechnology, 2018, 40(PtA):5-10.

Development Report of
Bio-manufacturing Industry
in Zhejiang Province

第三篇
产业与政策篇

第三章　医药生物制造

第四章　农业生物制造

第五章　食品生物制造

第六章　化工生物制造

第七章　材料生物制造

第三章 医药生物制造

第一节 浙江省医药生物制造产业发展现状

一、医药产业是浙江省经济发展的支柱产业

浙江医药产业起步较早,医药产业已成为浙江省经济发展的支柱产业。目前,浙江已经形成多个生物产业国家高新技术产业基地如台州医药国家新型工业化产业示范基地、余杭生物医药高新园区、临海医化园区、德清县生物医药产业基地、绍兴滨海现代医药高新园区、桐庐(国际)生命健康产业先行试验区等。从产业规模来看,2020年,浙江省规模以上医药工业(含医药、医疗器械、制药专用设备制造)实现工业总产值2150.71亿元、营业收入1084.70亿元、利润总额373.45亿元,出口交货值544.76亿元,增幅位居各行业前列(表3-1)。5家企业入选省"雄鹰行动"培育企业;11家企业入选"中国医药工业百强";50家医药企业在沪深股市上市,占全国同行企业总数近1/7。

表3-1 "十三五"时期浙江省规模以上医药工业主要经济指标

序号	指标	2016年	2017年	2018年	2019年	2020年
1	总产值/亿元	1532.39	1579.58	1706.63	1878.67	2150.71
2	总产值增速/%	9.4	15.4	15.3	7.8	5.5
3	营业收入/亿元	1410.95	1458.98	1622.29	1792.86	1084.70
4	营业收入增速/%	8.9	11.0	15.3	7.7	17.2
5	利润总额/亿元	195.80	221.29	239.35	287.67	373.45
6	利润总额增速/%	33.5	12.1	10.6	19.8	32.4
7	出口交货值/亿元	314.79	328.00	370.15	393.00	544.76
8	出口交货值增速/%	6.1	13.9	8.1	2.7	40.2

注：数据来源于浙江省经信厅（省中小企业局）。

从医药产业结构上看，浙江省呈现以"化学制药为基础，现代中药为重点，生物医药为先导，医疗器械类产品为后发优势"的产业结构。浙江省最大的医药产业是化学制药，传统优势行业是中药，生物技术药物为浙江医药的重点发展方向。从产业布局上看，有杭州钱塘新区和绍兴滨海新区高端生物医药产业平台、台州医药产业集聚区等重点园区，杭州医药港、磐安"江南药镇"等特色小镇正在建设中，医药产业集聚程度不断提高。

同时，浙江省医药产业（如化学制药行业）优势明显，多领域正在加快突破。在化学制剂领域，浙江省入选国家药品集中采购企业数量、中标品种数量在全国位居第二位，盐酸恩沙替尼、达诺瑞韦钠片、拉维达韦等肺癌、丙肝领域1类新药先后获批上市。自2008年以来，浙江省化学原料药领域出口规模始终位居全国第一，具有较强竞争力的药物有维生素、氨基酸、激素等品类。在高端医疗器械领域，植入式心脏瓣膜、人工耳蜗等前沿产品的研发领先全国，CT、MRI、PET-CT等高端医疗设备在国内具有一定影响力。在体外诊断试剂和中药领域，拥有多家行业龙头企业，产品种类繁多，拥有全国中药百强企业5家，"浙八味"、新"浙八味"地位不断提升。

另外，浙江省医药产业积极地向数字化转型，17个省级数字化车间/智能工厂、9个相关平台进入省级工业互联网平台创建名单。浙江省是国家"互联网＋医疗健康"示范省，不同业态、不同模式不断出现，"互联网＋"文旅养等三产融合加速发展，研发合同外包（CRO）等服务机构加快成长，尤其是在第三方智能诊断、生命健康大数据、在线极速问诊、数字化防疫平台等新兴领域，培育出一大批高成长企业。

（一）医药产业是浙江省重点支持产业

最近几年，医药产业已成为浙江省的重点支持产业，并且浙江省不断出台了一系列促进医药产业发展的新政策。2020年，浙江省印发了《关于推动浙江省医药产业高质量发展的若干意见》（以下简称《意见》），提出了实现医药产业高速发展和向高端转型，提高产业整体素质和核心竞争力，进一步优化区域布局和产业结构，使创新体系更加完善。《意见》指出，在心脑血管疾病、癌症、慢性呼吸系统疾病、糖尿病、传染病等疾病防治方面以及医疗设备、医用防护用品、体外诊断试剂等医疗器械方面形成具有国际竞争力的细分领域，打造形成1个千亿级医药产业集群，4个500亿级产业集群。在杭州钱塘新区、余杭生物医药高新园区、杭州湾新区生命健康产业园、南太湖生物医药产业园、绍兴滨海现代医药高新园区、金华健康生物医药产业园、浙江头门港经济开发区、浙东南化学原料药产业基地等重点园区规划布局一批重大医药产业化项目，加快推进浙商回归项目落地，在台州等地区规划建设高效原料药制造基地。

根据2021年发布的《浙江省国民经济和社会发展第十四个五年规划和二〇三五年远景目标纲要》，到2025年，浙江省医药产业竞争实力、自主创新能力、龙头引领生态、数字融合水平实现新发展，构建形成生物医药标志性产业链，建设成为全国领先的医药产业先进制造业集群，努力打造国际知名的医药出口制剂基地。产业竞争实力实现新提升，浙江省医药产业总产值力争达到4000亿元，规模进入全国各省市区前四位；建成千亿级先进制造业集群，布局10个以上"新星"产业集群，产业链安全性、稳定性显著提升，产业核心竞争力全面升级。同时，要求浙江省医药自主创新能力实现新突破，建成一批高能级技术创新平台和专业服务平台，基本形成完备的产业协同创新链条，浙江省规模以上医药企业研发经费支出占营业收入比重达到5.5%。在"十四五"期间，力争获批创新药生产批件

10个、创新医疗器械10个,攻克一批医药产业关键核心技术。在企业培育方面,要形成龙头引领辐射新生态,浙江省建成超百亿医药行业龙头企业集团5家以上,"单项冠军"企业总数达到8家、"隐形冠军"企业总数达30家,形成世界一流企业集团、引领细分领域"冠军"企业、掌握关键核心技术的"专精特新"企业和具有活力的创新创业主体融通发展的新生态。数字融合发展呈现新格局,浙江省医药产业累计建成数字化车间/智能工厂30个、省级工业互联网平台20个。数字技术赋能、产业跨界耦合、产城深度融合发展持续深化,产业大脑、工业互联网平台等新基建支撑有力,涌现出一大批"互联网+"生命健康新业态新模式,产业数字化、智能化、绿色化发展水平全面提升(表3-2)。

表3-2 "十四五"时期浙江省医药产业发展主要指标

序号	类型	指标名称	2020年	2025年
1	产业竞争力	工业总产值/亿元	2151	4000
2		工业总产值年均增长率/%		13
3		"新星"产业集群/个		10
4	自主创新	创新药生产批件(品规)/个	6	10
5		创新医疗器材/个	6	10
6		规模以上医药企业研发经费支出占营业收入比重/%	4.9	5.5
7	企业生态	超百亿企业/家	2	5
8		"单项冠军"企业/家	4	8
9		"隐形冠军"企业/家	15	30
10	数字融合	数字化车间/智能工厂/家	17	30
11		省级工业互联网平台/个	9	20

注:数据来源于《浙江省医药产业发展"十四五"规划》。

其次,为了推动以生物医药、生物农业、生物数字服务业、生物环保、生物基材料、海洋生物、生物能源等领域为重点的生物经济发展,《浙江省生物经济发展行动计划(2019—2022年)》指出,浙江省生物经济发展的总体目标是2022年生物经济将成为浙江省新的经济增长点,基本建成生物科技创新中心、生物经济制造中心和生物数字服务中心,远期力争成为有竞争力的世界级生物经济产业集群、全国生物经济先导区和生物数字融合示范省。①生物科技创新中心:到2022年,生物经济规上企业研发投入占主营业务收入比重达到 6% 以上，争创 3 家以上国家级创新平台，形成 10 项左右具有国际领先水平的标志性技术，基本建成国内领先的生物科技创新中心、生物经济研发外包与服务中心。②生物经济制造中心：到 2022 年，力争浙江省生物经济工业规模实现倍增，规上工业产值超过 4000 亿元，形成 100 个年销售额超亿元的优势产品，10 个以上重大创新产品，成为全国领先的创新药生产基地、原料药制剂出口基地、创新医疗器械生产基地。③生物数字服务中心：到 2022 年，生物数字服务业快速发展，生物大数据分析、人工智能应用等生物数字服务业快速发展，力争营业收入超过 1000 亿元，生物数字总体规模与服务水平走在全国前列，打造生物数字融合示范省。同时，浙江省将重点建设生物经济重点创新平台，包括高校科研平台、新型研发平台、公共服务平台，攻克标志性技术，加强开放协同创新，聚焦发展生物医药重点领域，加快培育"生物+"相关产业。针对生物医药领域，浙江工业大学聚焦生物技术制药、绿色化学制药等方向，攻破一批拥有自主知识产权、具有国际先进水平的药物与食品绿色制造特色技术。浙江大学将建设精准医学实验室、智能创新药物研究院等平台，重点开展生物化学、生物材料、合成生物学、智能创新药物等基础理论和前沿技术研究，成为全球有影响力的生命健康创新高地。西湖大学重点建设生物医学新技术平台，围绕结构生物学、遗传与疾病、新组学健康大数据、细胞与免疫治疗、新药创制等领域开展多学科交叉、产学研融合的科学研究和技术攻关，建成世界一流水平的生物结构科学研究平台。温州医科大学推进中国眼谷——温州眼视光国际创新综合体建设，并加快蛋白质与多肽药物研发，夯实我国在蛋白多肽药物特别是生长因子类创新药物及创新理论研究的国际"领跑"地位。

（二）浙江省生物医药产业现状

近年来，浙江省生物医药产业发展迅速，发展较快的有杭州、湖州、台州、金华和宁波。2021 年，杭州市生物医药产业产值同比增长 22.2%，总产值达到 997.8 亿元；规模以上医药制造业增幅 10.7%，增加值达到 224 亿元，全市新引进亿元以上生物医药产业项目 56 个，总投资约 490 亿元。拉动杭州经济增长的第二大贡献行业是生物医药，排在计算机通信业之后。随着国家不断出台多项支持生物医药产业创新发展的政策意见，生物医药产业迎来高速发展期。杭州将围绕"一核三园多点"打造高端生物医药产业基地，杭州经济技术开发区（下沙科技城）被赋予"一核"的头衔。未来要打造要素最齐全、环节最完备、发展速度最快的生物医药高端产品研发集聚区。杭州还要分别在"高端医疗器械与创新药物并行的孵化和产业化基地""高端生物医药产业化基地"及"智慧医疗"三个方向精准发力，推动生物医药产业高速发展。以上三个方向，主要由余杭生物医药高新技术产业园、高新开发区（滨江）生命健康产业园和大江东产业集聚区产业化基地分别负责。此外，中国智慧健康谷（萧山区）、智慧医健小镇（滨江区）、富春药谷小镇（富阳区）、良渚国际生命科技小镇（余杭区）等各区、县（市）的特色小镇、产业园区，将以"多点"带"面"，加快建设成为生物医药产业特色基地。根据《杭州市生物医药产业创新发展的实施意见》，到 2022 年，杭州市将初步建成国内领先的生物医药研发及产业化高地，主营业务收入达到 1000 亿元以上，将杭州打造成为具有全球影响力的生物医药创新城市。

生物医药产业也是湖州市重点发展的高新技术产业之一。2008 年，湖州市提出将生物与医药产业列入大力培育的高技术产业，经过多年的发展，已有 177 家生物与医药企业进入培育名单，年产值为 290 亿元。湖州市建有 29 家省级高新研发中心，拥有 5 家省级企业研究院。截至 2019 年，整个生物与医药产业总产值为 400 亿元，其中 380 亿元产值由规模以上企业贡献。

经过不断发展，台州医药企业结构进一步优化，产业集聚更加显著，形成了以海正药业为代表的椒江区块、华海药业为代表的临海区块、仙琚制药为代表的仙居区块、天宇药业为代表的黄岩区块、圣达药业为代表的天台和三门区块五大主要产业版图。目前，台州市 30 余家企业的 300 个剂型或产品获得国外认证（注册），化学原料药及中间体的生产在全国占有重要地位。台州市是世界原料药采购"超级市场"，产品广泛销售于世界 120 多个国家和地区。

从产业规模上看，化学原料药及中间体是台州市医药产业的主要支柱，台州市是全国唯一的国家级化学原料药出口基地，全国 1/10 化学原料药出口来自台州（浙江省1/3），被誉为"世界化学原料药及中间体大超市"。到2019年为止，台州拥有153家规上医药医化企业，其中15家是上市公司，主要从事化学制剂、化学原料药、中成药、生物药和医疗器械的生产。台州市医药行业共拥有11家院士专家工作站、6家国家级企业技术中心、16个省级研究院、16家博士后科研工作站、32家国家重点扶持高新技术企业、60个省级高新技术研究开发中心、59家省高新技术企业，其中，华海药业和海正药业是省级海外高层次人才创业创新基地。

金华市确立的五大千亿产业之一是健康生物医药产业。金华市有5家上市企业、1.9万名从业人员、5个主要产业基地（市开发区健康生物医药产业园、兰溪天然药物产业基地、东阳生物医药产业基地、武义有机国药生产基地和磐安江南药镇）、48家规上医药制造业企业，大体形成"生物医药为先导、化学制药为基础、现代中药为核心、医疗器械为后发优势"的产业结构。从总体上看，金华生物医药产业处于上升期，综合实力在浙江省位于前列，但和先期发展的地区相比，差距仍然不小。2017—2018年金华市医药工业销售平均增长在10%以上，在全省排名第四。2018年，在工业34个细分行业中，产值总量排名第13位的是医药制造业，但利税总额位列第3，对金华市工业经济发展贡献较大。集聚效应已形成，市区的制剂及化学原料药、东阳的医药中间体和化学原料药、兰溪的中成药制剂、磐安的中药材种植加工、武义和义乌的有机国药各具特色。部分品牌具有较好市场口碑，金华市现有7个省著名商标，7个驰名商标；本地龙头骨干企业具有良好的成长性，现在金华市已拥有5家药业上市公司，分别是康恩贝、尖峰、普洛、寿仙谷、花园药业。

截至2020年，宁波市拥有143家生物医药产业规上企业，规模以上工业总产值为206.1亿元，同比增长20.9%，全年投入研发总费用同比增长19.7%。从医药制造领域看，全市拥有50家规上企业，135个常年正常生产的品种（有药品文号），列入国家基本药物目录品种76个，在化学药、生物疫苗领域优势突出，已形成包括化学原料药及制剂、中药及饮片、药用胶囊以及医用氧的产业体系。从生物医学工程领域看，宁波市拥有企业总数435家（有生产许可证的归类企业），在磁共振医学影像设备、体外诊断试剂、光学仪器和医用高分子材料等领域实力较强。宁波市生物医药制造企业大多起步较早，深耕细分市场多年，涌现了大量的"单项冠军"企业和产品，主要以美康生物、戴维医疗等为代表。经过这些年的发展，宁波市生物医药企业已形成较为明显的空间格局。围绕江北、鄞州等中心城区，集聚了天益医疗等医用耗材企业、美康生物、海尔施、瑞源生物等体外诊断试剂企业；在余姚慈溪片区，集聚了健信核磁、鑫高益、江丰生物等数字诊疗装备企业以及广慈医疗、慈北医疗等骨科植（介）入器械企业；在镇海北仑片区，集中了天衡制药、大红鹰药业、人健化学、美诺华药业等一批化学原料药及制剂企业；杭州湾新区围绕生物医药产业发展，聚焦医疗器械和创新化药；宁海聚焦生物技术药和创新研发平台；梅山聚焦高端诊疗装备和高值医用材料，已提前谋划百亿级产业集群。杭州湾新区生命健康产业园已经招引双成药业、康龙化成、麟沣医疗科技等重点企业，总投资超过 100 亿元，2025 年产值目标 200 亿元。荣安生物总投资 25 亿元新建的病毒性疫苗研发与生产项目计划于 2022 年底形成生产能力，预计 2023 年生产能力达到 5 亿元。宁海艾美卫信细菌性疫苗生产基地总投资 20 亿元，已建成投用。"十四五"期间，宁波市投资 289 亿元建设生命健康领域重大建设项目，宁波鲲鹏生物胰岛素研发生产、三生生物科技二期等一批重大项目，高新区生命健康产业园、康龙化成生命科学创新基地等重大产业平台将加快推进。

从生物医药类企业发展的角度来看，近年来浙江省大力发展生物医药产业已取得突出成果。在工信部公布的三批专精特新"小巨人"企业名单中，浙江以 470 家位居全国第一，其中生物医药行业的专精特新"小巨人"企业有 53 家，数量在各行业中并列第二位。2021 年浙江省生物医药类上市公司数 4 家，截至 2021 年浙江省已有 53 家医药生物上市公司，如康恩贝、泰格医药、华东医药、普洛药业、国邦医药、奥泰生物等（图 3-1）。其中部分企业已成为行业主导，如华东医药股份有限公司，历经 20 余年的发展，公司业务覆盖医药全产业链，以医药工业为主导，深耕于专科、慢病用药及特殊用药领域的研发、生产和销售，形成了完备的医药生产制造和质量研究体系，同时拓展医药商业和医美产业，已发展成为集医药研发、生产、经销为一体的大型综合性医药上市公司，拥有多个在国内具有市场优势的一线临床用药。

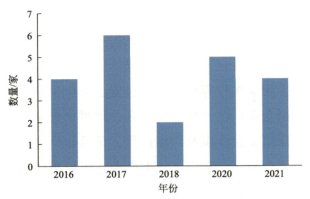

图 3-1
2016—2021 年浙江省生物医药类上市公司数量

医药生物产业是战略性、基础性产业，也是高技术竞争的关键领域。从浙江医药生物产业布局来看，目前生物医药类上市公司主要集中在杭州、台州、绍兴、金华等（图 3-2），这与当地的生物产业政策扶持强度有明显的正相关关系。在杭州市钱塘区，集聚各类生物医药企业 1500 余家，连续 3 年企业数量增长达 200 家以上，产值占比杭州市生物医药产值的 50% 以上，天境生物、卓健科技、索元生物等 17 家企业入选杭州市"准独角兽"榜单，奥泰生物实现科创板上市，和泽医药等 3 家企业已完成上市辅导，明峰医疗等 7 家企业已启动上市准备工作，重点拟上市企业占全区三分之一，上市及重点拟上市企业达 18 家。

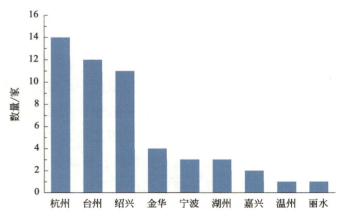

图 3-2
浙江省各地区生物医药类上市公司分布

我们也调研了浙江省与周边兄弟省份上市公司的情况（图 3-3）。按照分布省份来看，广东省以 54 家上市生物医药类药企占据榜首，而后以浙江和江苏两个省份排名第二和第三位，分别上榜 53 家和 43 家企业，分别占比 11.48% 和 10.07%。在广东的 54 家上市药企中，以市值 4629.35 亿元的迈瑞医疗排名省内第一，在总榜单中也高居榜首；浙江省中，以泰格医药 1057.28 亿元的市值位居省内第一，在总榜中位居第 13 位；江苏省中以药明康德的 3472.70 亿元的市值位居省内第一，在总榜排名第 2 位。由此来看，在行业龙头企业方面浙江省仍然较为缺乏，企业知名度不够高。

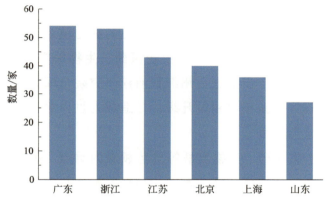

图 3-3
浙江省与其他省份生物医药类上市公司数量

（三）浙江省生物医药产业布局

浙江省在生物医药产业方面提出要实施空间布局优化工程，建设"一核四基地及特色园区"。围绕大湾区大花园大通道大都市区建设，立足各地产业基础和生物资源优势，构筑"一核四基地"空间格局，建设 3～5 个生物经济产业大平台，计划建设生物医药"万亩千亿"新产业平台。进一步扩大杭州创新资源密集优势和生物医药基础优势，以杭州医药港为重点，努力打造全球有影响力的生物经济创新引领区。建设有竞争力的生物经济集群高地，高质量建设宁波、金华、台州、绍兴四大生物经济产业基地。到 2022 年，努力打造形成 1 个千亿级医药产业集群、4 个 500 亿级产业集群。主要包括：

一核：杭州。 高水平建设杭州医药港生物医药"万亩千亿"新产业平台，聚焦生物技术制药、高端医疗器械、生物医学工程、医疗大数据等领域，建设国内领先的生物医药研发创新高地。提高余杭区、高新区（滨江）、桐庐县等地区生物医药和生命健康产业发展水平，使其成为生物医药创新高地。

四基地如下。

宁波： 以杭州湾新区生命健康产业园、梅山生命健康产业园、宁波生物产业园（宁海）"三园区"为引领，全力推动生物制药发展，突破完善化学制药，积极发展生物医药核心服务业。做强生物医学工程，促进发展现代中药和新兽药。

台州： 以台州临海医化园区、椒江绿色药都为重点，依托化学药、无菌医疗器械制造等优势，大力发展生物医药、生物医学工程、生物服务、生物制造等领域，进一步推进台州细胞治疗研究院与耶大基因、台州生物医化产业研究院等创新平台建设升级，打造成为世界级高端医药产业制造中心和"中国绿色药都"。

绍兴： 以生物医药、生物发酵等优势领域为重点，依托滨海新城生物医药产业园、新昌生物医药产业基地、高新区健康装备和医用新材料产业基地，大力发展生物医药、生物医学工程和生物制造产业。

金华： 以中药材、生物合成产品、植（介）入材料等优势领域为重点，大力发展生物医药、生物制造和生物医学工程等产业，努力推进生物医药"万亩千亿"新产业平台建设。

此外，浙江省还将大力推进特色园区的建设。

温州： 依托温州医科大学、温州大学、浙大温州研究院、温州生材所等创新平台，大力发展生物医学工程、生物制造、生物医药等产业；以眼健康产业为地区龙头带动生命健康产业转型升级；推进中国眼谷——温州眼视光国际创新综合体建设，加速生长因子为核心的基因药谷建设，打造蛋白多肽药物高原高峰，带动生物医药产业发展。

湖州： 依托南太湖生物医药产业园，发展生物能源、生物医药、生物农业等产业，协同推进浙江省长三角生物医药产业技术研究园（德清）、"两山"农业科技园区建设。探索生物环保技术的应用与推广模式。

嘉兴： 依托浙江大学国际联合学院（海宁国际校区），推进工程生物学联合研究中心、浙大爱丁堡大学生物医学与大健康转化研究中心等研究平台建设，在海宁鹃湖国际科技城集聚生物医学研究资源，重点发展生物材料和医疗器械、打造国际一流的生物医学创新示范基地。

舟山： 大力发展海洋经济，以海洋生物资源深度利用为导向，发展海洋生物药物、海产品加工、海洋功能食品等产业，积极探索海洋生物经济发展模式，培育发展生物能源等产业。

衢州： 依托艾森药业、康德药业、巨泰药业等医药龙头大力发展创新药。发挥自然资源和生态优势，发展生物能源、生物医药、生物农业等产业，发展中药材产业，积极推动"衢六味"发展，加快健康食品产业发展。

丽水： 依托丽水"六养"以及"丽九味"资源优势，加快食用菌精深加工孵化园、华东药用植物园等产业园建设，引导中药材种植、生物活性物质提取和加工等。重点发展药品制造、制药装备、医药销售、配套服务、医疗服务、健康食（用）品、健康管理等产业。

二、医药产业的绿色化发展方向

随着经济的飞速发展和人均寿命增长，人们对医药服务和医疗的需求也在不断提升。《国务院办公厅关于促进医药产业健康发展的指导意见》中明确指出，医药产业是支撑发展医疗卫生事业和健康服务业的重要基础，是具有较强成长性、关联性和带动性的朝阳产业，在惠民生、稳增长方面发挥了积极作用。大力发展医药产业，对于深化医药卫生体制改革、推进"健康中国"建设、培育经济发展新动力具有重要意义。同时，也指出了自改革开放以来，我国医药产业在取得产业规模快速增长、供给能力显著增强等的同时，还面临自主创新能力不强、产业结构不合理、市场秩序不规范等问题。通过医药产业深刻调整变革，提升医药产业核心竞争力，促进医药产业可持续健康发展，才能满足人民群众的健康需求。

化学原料药作为药品的基础原料，是满足临床用药需求的基础、下游制剂生产的保障。2021年11月国家发展改革委、工业和信息化部联合印发的《关于推动原料药产业高质量发展的实施方案》中提到，截至2021年

11月，国内企业获批的化学原料药有近2000种（不含医药中间体）；2020年，企业纳入统计的规模以上原料药营业收入近4000亿元，原料药总产量超过200万吨，占全部医药制造业的16%；我国是世界最大的原料药生产与出口国，原料药营业收入的22%来自原料药出口。但同时指出我国原料药产业还存在产业集中度不高、产品同质化严重、环境成本较高、生产技术相对落后等问题。加快绿色产品开发和技术进步，推动提升行业绿色发展水平，依法依规淘汰落后产能，立足当前，优化产品出口结构，着眼长远，推动产业布局调整，推动原料药国际化发展，更好地融入国际医药产业链供应链。

生物医药领域已成为全球医药产业发展的重点。多款原研生物药专利到期、技术研发水平不断提升、生物药需求量不断增长等诸多因素对国内医药领域产生了极其重大的影响，极大地促进了生物医药领域的发展，包括创新型药企与传统医药公司争相进入生物类似药领域，增大对生物原研药的投入，原料药物化学合成步骤被绿色生物制造所取代。

生物原研药，即生物创新药，因其研发周期长且研发门槛高，在国内仍处于早期发展阶段，在新靶点的发现、新机制方面离国外先进水平还有较大的距离。近年来，一些中国生物医药企业希望通过引进授权的方式，在创新药领域实现"弯道超车"，这种模式在业内被称为"license in"（授权）模式，2021年上半年，已经披露的国内生物药企业交易中，金额超过1亿美元的"license in"交易数量就接近20起，其中不仅包括恒瑞医药、复星医药、百济神州等明星医药企业，也包括部分登陆资本市场的新生医药企业。但"十四五"期间，新机制和原创新药新靶点的重要性更加凸显，使这些原本通过授权模式迅速扩张的企业面临挑战。目前生物医药行业发展逐渐从仿制药走向创新药，大量国内的生物药企正在面临"二次创业"，即从药物的靶标发现到真正的原研药的制备方向转变。2020—2021年，中国生物技术公司至少达成了5笔价值超过10亿美元的对外授权交易，包括2021年1月百济神州和诺华达成的一项价值高达22亿美元的PD-1授权交易，主要合作开发一款能够对标默克的Keytruda和百时美施贵宝的Opdivo的抗体药；2021年8月荣昌生物与美国生物技术公司Seagen达成的一项价值高达26亿美元的抗肿瘤药协议；2020年天境生物向艾伯维授权一项总价值接近30亿美元的 CD47 单抗药的全球开发和销售权。这些成果说明中国对于生物原研药的投资已经逐渐成形，并且未来还会持续增长。

生物类似药是指在安全性、质量和有效性方面与已获准注册的参照药具有相似性的治疗用生物制品，包括重组蛋白、单抗、血液制品等。生物类似药与仿制药"和而不同"，《药品注册管理办法》第四条中明确生物制品按照生物制品创新药、生物制品改良型新药、已上市生物制品（含生物类似药）等进行分类。生物类似药的要求更高，生产及流通过程更加复杂，有许多步骤如细胞培养（温度和营养）、纯化、产品的加工、包装和储存等各个环节都会影响产品的生产，整个过程中的微小差别都可能会对最终产品的纯度、质量、生物特性以及临床效果产生较大的影响。

近些年来随着生物技术的高速发展及原研生物药专利到期，基于原研生物药的生物类似药的研发正在不断加快，其市场规模也正迅速扩大。据弗若斯特沙利文报告显示，2014 年全球生物类似药的规模达 17 亿美元，2018 年达到了 72 亿美元，预计 2030 年将达到 1644 亿美元。基于全球生物类似药市场的向好发展、中国医保资金成本控制的加强、生物类似药监管审批路径的逐渐建立、中国企业制造能力的提升以及大量知名生物制剂的专利即将到期等因素，中国生物类似药市场规模于 2030 年将达到 589 亿元，年均复合增长率达 35.1%。

（一）规范创新药市场的发展

近年来，受益于我国药品审评审批制度改革，创新药在我国获批的数量显著增多，获批的时间显著缩短，我国创新药迎来快速发展期。在大健康产业生态中，创新药可以说是产业明珠，具有潜力巨大的增量市场，正在成为行业新的增长引擎。国家药监局发布的《2020 年度药品审评报告》显示，2020 年，药审中心受理 1 类创新药注册申请共 1062 件（597 个品种），同比 2019 年增长 51.71%。其中，受理新药临床试验申请（IND）1008 件（559 个品种），同比增长 49.78%；受理新药上市申请（NDA）54 件（38 个品种），同比增长 100.00%。以药品类别统计，中药、化学药、生物制品 1 类创新药受理量分别为 14 件、752 件、296 件。

创新药商业化在今后的市场竞争中愈发关键，无论是医保谈判，还是渠道选择，甚至是学术推广，都面临着新游戏规则带来的新变化。在诸多利好政策的推动下，不仅创新药上市在加速，创新药商业化进程也在加速。

近年来，越来越多的创新药通过谈判进入医保目录。医保谈判已成为创新药商业化的必修课。在2020年的医保目录中，谈判成功的药品多为近年来新上市且具有较高临床价值的药品。70个新药通过谈判被纳入国家医保药品目录，释放出支持药品创新的明确信号。此外，DTP药房的日益成熟也为创新药商业化提供了一种新的渠道。相比于创新药进入院内市场需经过招标采购、医师处方、医院采购列名等一系列准入环节，DTP药房的时效优势显而易见，正吸引越来越多的创新型药企公司参与其中。与此同时，作为支付端重要补充的健康商业险（以下简称健康险）也在迅速崛起。银保监会数据显示，2019年健康险保费同比增长29.70%，收入达7066亿元；2021年上半年，健康险保费同比增长16.5%，收入已达到4003亿元，继续保持高增长。健康险作为医保的重要补充，可以促进医药行业、医疗保险和医疗服务三者之间协同发展，有助于创新药的快速商业化，惠及广大患者。创新药需求将驱动创新药原料药外包市场在医药外包产业链转移和中国市场红利下迅速成长。与此同时，具备研发能力和生产、成本管理能力的原料药企业有望在创新药产业链中发挥越来越重要的作用。

就创新药领域来看，随着药品集中采购、国家医保目录动态调整等新政的推进，医药格局生变，一大批低含金量的仿制药正逐渐被淘汰，仿制药高利率时代已过去。而高品质仿制药、创新药成为医药行业发展的重要方向。在行业人士看来，带量采购常态化有利于重塑整个医药行业的格局。推行医保控费实际上就是推行带量采购，在对一些较低端的仿制药进行带量采购的同时，把降价结余的资金用于将更多的创新药、高难度仿制药以及临床急需的药品纳入医保。集采让仿制药的价格回归。投入更多的医保资金去支持新药，有利于降低患者的用药负担，而且整个医药产业的创新发展被进一步推动。

再次，加速人才的构建、创新药的研发、资金的投入及科学创新平台的配套与完善，加强药物研发如新机制、新靶点的探索，加强基础研究并主动对接科技前沿新突破，加强技术或方法应用于生物医药领域，加强学科交叉，并在追踪国际新热点同时结合自身优势，如对中草药及天然药进行研究挖掘，通过这种方式极大促进浙江省生物医药产业的进一步发展。结合产业集群的推进，提升药物创新研发整体规模和临床研究水平，在生物医药下游进一步加强临床研究，继续优化创新的政策环境。未来将缩小与其他省份甚至是发达国家地区之间的差距，形成运行高效、结构完备的生物医药创新体系，促进规模以上生物医药企业进一步做大做强，研发生产一批具备全球引领能力的原创新药，推动浙江省生物医药产业成为具备新增长点的强劲支柱产业，满足我国人民的健康需求。

（二）发展生物类似药

由于生物类似药的相继获批，生物类似药的国内市场不断扩大。2019年堪称是我国生物类似药的元年。2019年2月，复宏汉霖的利妥昔单抗（汉利康）获批上市，2019年销售额达到7900万元，2020年销售额实现多倍跨越（2.88亿元）。2020年，百奥泰和齐鲁制药的贝伐珠单抗、海正药业的阿达木单抗相继获批上市。截至2020年底，共有8款生物类似药获批上市。随着一批重磅产品的相继上市，我国生物类似药市场未来可期。但值得注意的是，虽然生物类似药市场发展前景广阔，但是面临许多挑战，其中，有三个问题亟待解决。

首先，从国家层面讲，我国目前针对生物类似药的技术标准体系和法律法规尚不完善，缺乏配套鼓励政策，包括支付体系、优先审评、医保政策等。所以进一步制定全生命周期配套鼓励政策、完善法律法规体系和技术标准体系、完善药物安全性监测系统将成为下一步的重要工作。

其次，从技术层面讲，这一领域本身受许多不确定因素影响，在适应证外推、相似性评价标准等方面有很多问题尚待解决。需要监管机构出台相关指南，学术机构、企业等多方沟通交流，加强上市后风险控制和安全性监测。

最后，从市场竞争层面讲，庞大的市场规模也带来了企业间的激烈竞争。业内根据目前中国生物类似药的平均开发时间和上市审评时间预测，2024年之前将会有近30款生物类似药获批上市。这说明，未来生物类似药市场竞争将越来越激烈，只有拥有更多适应证和更强疗效的药品才能够脱颖而出。

在产业发展过程中,原料药企业面临的巨大问题是如何实现仿制药与创新药的有机结合。国际化和创新驱动是目前不少国内龙头企业的新战略。本土企业在原料药方面建立产能的同时,需要加速国际化与创新能力建设,即常常说的走出国门,仿创结合。全球竞争环境下,企业要立足,就必须走创新的路子,要坚定地走下去。

当前,中国医药企业与跨国公司仍然存在差距,但是企业对于研发的投入在不断加大,差距在逐渐缩小。至 2016 年底,我国生物医药上市公司 238 家,当年的研发支出为 231.51 亿元,至 2020 年上半年,虽然上市公司仅增加到 278 余家,但研发投入总额为 350 亿元。其中,石药、恒瑞、中国生物制药公司半年的研发投入占营业收入比重都超过 10%,全部超过 14 亿元,而未上市的齐鲁制药,在 2019 年的研发投入占营业收入比重也在 10% 左右,超过 20 亿元。这些头部企业依靠庞大的研发投入建立了仿制 + 创新的实力管线。其中发展较好的,基本能够实现 1～2 年有一个创新产品上市。这些创新产品将与格局良好的仿制药产品共同为企业造血。

(三)原料药行业发展方向

为促进原料药产业的可持续发展,2019 年 12 月,工业和信息化部会同生态环境部、国家卫生健康委、国家药监局等部门制定印发了《推动原料药产业绿色发展的指导意见》(以下简称《意见》),进一步推进原料药产业绿色升级,助力医药行业高质量发展。《意见》指出,到 2025 年,原料药基本实现园区化生产,打造一批原料药集中生产基地;技术水平有效提升,突破 20 项以上绿色关键共性技术,基本实现行业绿色生产技术替代。

《意见》提出,原料药产业还存在产品同质化严重、产业集中度不高、生产技术相对落后、环境成本较高等问题。加快绿色产品开发和技术进步,依法依规淘汰落后产能,推动提升行业绿色发展水平。主要通过以下几类方式来促进行业可持续发展:

一是调整原料药产业结构。鼓励优化产业资源配置,推进绿色生产技术改造,提高大宗原料药中绿色产品比重,加快发展特色原料药和高端定制原料药，严格规范质量、环保、卫生等标准，依法依规淘汰落后技术和产品，逐步提高原料药产业集中度和规模化生产水平。

二是优化原料药产业布局。按照生态保护红线、环境质量底线、资源利用下线、生态环境准入清单要求，合理规划产业区域布局，逐步提升原料药主产区绿色发展水平，加快环境敏感区企业升级改造和产业转移，环境空气质量未达标城市应制定更严格的准入标准。

三是加快技术创新与应用。聚焦产业绿色发展需求，加快推进绿色技术攻关和产业化应用，推广高效提取和纯化、绿色酶法合成、微通道反应等绿色工艺，突破一批关键核心技术，培育一批高质量创新型企业，打造一批创新平台、战略联盟、示范基地。

四是推行绿色生产标准。研究制定并推行原料药绿色工厂、绿色园区、绿色管理标准，积极构建资源节约、环境友好、生态文明的绿色生产体系，组织行业协会开展对标评价，发挥优质企业标杆引领作用，推动提升行业绿色发展水平。

五是推动建设集中生产基地。合理规划原料药产业布局，指导制定行业绿色园区评价标准，支持地方依托现有医药产业园区、化工产业园区，通过结构调整、产业升级、优化布局，开展原料药集中生产基地建设，实现公共系统共享、资源综合利用、污染集中治理和产业集聚发展。

此外，医药行业的规模不断扩大也带来了一些问题，借着成本或技术优势，部分企业特别是原料药领域企业制造垄断行为，不利于产业的可持续发展。为规范原料药行业发展、预防和制止原料药领域垄断行为、引导原料药领域经营者守法合规经营，2020年10月13日，国家市场监管总局发布《关于原料药领域的反垄断指南（征求意见稿）》（以下简称《指南》），向社会公开征求意见。指出原料药经营者应当遵守《反垄断法》相关规定，禁止与竞争者达成横向垄断协议。《指南》指出，对于原料药生产企业，应当避免与具有竞争关系的其他原料药生产企业达成联合生产协议、联合销售协议、联合采购协议、销售数量协议、联合投标协议以及以商定原料药生产数量、销售价格、销售对象等为主要内容的协议；应当避免通过第三方（如原料药经销企业、下游药品生产企业）沟通原料药产量规模、销售价格、产销计划等敏感信息。

而对于原料药经销企业，应当避免向原料药生产企业透露其竞争者的产量规模、销售价格、产销计划等敏感信息。应当避免与具有竞争关系的其他原料药经销企业就销售对象、采购数量、采购对象、销售数量、销售价格等达成经销合作协议和采购合作协议等横向垄断协议。

同时，《指南》也指出纵向垄断的具体情形，例如固定经销商的利润、折扣和返点，对下游企业取消返利、减少折扣、拒绝供货、解除协议等实施价格限制，原料药生产企业通过合同条款规定下游企业的转售价格。并指出，对于原料药领域纵向垄断协议的认定，可参考药品关联审评审批有关规定。此外，具有市场支配地位的原料药生产企业或经销企业，可能滥用其市场支配地位，例如，拒绝销售原料药、以不公平的高价销售原料药。认定涉及原料药的滥用市场支配地位行为，适用《反垄断法》第三章的规定。

（四）浙江省医药产业发展方向

据统计，2020年，长三角地区医药制造业营业收入占我国医药制造业营业收入的29%，达到了7200.7亿。作为生物医药起步较早的省份之一，浙江省在原料药、制剂、化学药领域形成了完整的产业链，在医疗器械、生物技术药、第三方检验检测等领域具有一批创新型企业。浙江省印发了《关于推动浙江省医药产业高质量发展的若干意见》《浙江省生物经济发展行动计划》等政策文件，提出实施产业结构升级工程如聚焦发展生物医药重点领域；实施创新能力提升工程如攻克前沿领域关键生物技术及建设高能级创新平台，加快生物医药与数字技术、物理等交叉技术相融合，拓展生物医药相关产业；实施空间布局优化工程如打造生物医药经济平台和建设生物医药经济特色园区；实施生物技术应用工程；实施高端人才汇聚工程等。

通过发挥杭州创新资源密集优势和生物医药基础优势，以杭州医药港为重点，打造有全球影响力的生物经济创新引领区。在今后两年里，浙江省将在慢性呼吸系统疾病、癌症、糖尿病、心脑血管疾病、传染病等疾病防治方面，医疗设备、医用防护用品、体外诊断试剂等医疗器械方面，打造形成1个千亿级医药产业集群，4个500亿级产业集群，力争截至2022

年实现医药产业总产值超过3000亿元，形成10个以上重大创新产品、3～5个具有国际竞争力的细分领域、100个年销售额超亿元的优势产品。到2030年，建设成为国内领先的医药产业制造中心、应急医疗物资生产基地、研发外包与服务中心、"互联网＋医疗服务"高地和国际知名的医药出口制剂基地。

浙江省在生物医药产业取得了重大的成绩和长足的发展，但是仍存在自主创新能力不高、研发投入不大、总量规模偏小等问题，造成了生物医药产业的不可持续发展。浙江省医药企业在沪深股市上市的数量位居全国第一，总共有50家，但仅两家企业主营业务收入破百亿，与国内龙头企业相比规模偏小。浙江省生物医药企业中，研发投入占营业收入比重一般在3%～8%，平均约为4.5%，而医药龙头企业恒瑞医药拥有3400多人的研发团队，2020年前三季度研发投入占营业收入比重17.23%。相较之下差距较为明显。另外浙江省在生物医药顶尖高等院校的人才储备、重大科研设施、科研院所布局以及生物医药专业公共平台搭建方面也与国内领先地区有较大差距，如上海张江药谷集聚了国内外生命科学领域企业、科研院所及配套服务机构400多个，包括制剂工程研究中心、药物代谢中心、中医药现代化研究中心、上海中医药标准化中心等为代表的一系列研究中心，近年来30%一类创新药产自张江。浙江省虽然在聚焦生物医药产业集群发展，但是有相当长的路要走。

另外，浙江省原料药行业占比较大。2019年浙江省原料药出口占全国原料药出口的22.1%，达122.9亿元，但原料药产业存在生产技术相对落后、产品同质化严重、利润收益较低等问题。如新和成公司作为维生素A全球龙头企业也生产其他维生素、氨基酸等大宗原料药，虽然规模较大但产品同质化严重，毛利率也较低，受行业周期性波动影响大。2019年普洛药业的原料药及中间体毛利率仅为24.83%，为其带来了60.16亿元的营业收入，远低于其制剂产品的毛利率74.52%及研发生产外包（CDMO）业务的毛利率37.29%。2019年华海药业的成品药销售有25.84亿元，毛利率65.8%，显著高于其原料药产品的毛利率56%。通过加快绿色产品开发和技术进步，依法依规淘汰落后产能，提升原料药行业绿色发展水平，并推动进一步向下游制剂延伸或者向CDMO领域转型，能有效改善浙江省原料药企业的生存环境，提高其利润率。

整体看来，我国原料药竞争无序、行业集中度较低。我国原料药行业以小企业、新企业居多，行业集中度较低。2020年，我国纳入统计的规模以上原料药企业有1300家左右，总产量超过200万吨，营业收入近4000亿元，约占全部医药制造业的16%。截至目前，我国原料药企业获批的化学原料药有近2000种（不含医药中间体），绝大多数制剂产品的原料药都可以在国内生产。大宗原料药是我国原料药企业的主要生产品种，由于技术要求不高、准入门槛较低，大量企业涌入其中，出现低价竞争现象。如为了争夺阿莫西林原料药市场，相关生产企业竞相压价，2017年我国阿莫西林出口均价从顶峰时期的37美元/kg降至20美元/kg。2021年价格回涨至34美元/kg左右，主要影响因素是全球原料价格上涨。相比之下，浙江省原料药行业较为集中，2020年上市药企中原料药及中间体营业收入前15的企业中，浙江省企业有6个，包括普洛药业、国邦医药、新和成、浙江医药等企业。浙江是原料药生产出口强省，是我国医药大省，然而，总体来看，产品技术含量较低，原料药创新体系还不完善，以大宗产品为主，高附加值原料药的生产能力不强，部分高端原料药甚至依赖进口，未来需要进一步发展。我国生产的原料药产品大多处于价值链底端，以非专利原料药为主，这与我国原料药企业研发创新能力不足有着密切关系。由于研发投入较低、专业技术人员缺乏等，我国原料药企业研发能力普遍偏低，生产工艺水平不高。据报道，目前欧美发达国家的平均研发投入强度（即研发支出/主营收入）为10%~20%。而我国医药制造业企业的平均研发投入强度在1.7%左右，在特色原料药和专利药原料药领域，发达国家不断加大研发投入强度，研发投入/原料药销售额高达15%，而我国企业的这一比重为3%。

一系列药品监管政策出台，这对原料药生产企业提出了越来越高的要求。这些监管都要求企业更加重视原料药的产品质量和工艺创新。特别是随着原辅包关联审评审批制度出台，原料药企业与制剂企业将更加紧密。原料药与制剂企业共同改进、共同研发，也将促进原料药品质和工艺的进步。

三、生物制造是医药产业发展的重要途径

随着化石资源短缺和环境破坏问题的日益加剧，人们正在寻求一种绿色可持续的生物制造方式来生产医药化学品。绿色生物合成的出现为高效且可持续的生产提供了新方法。在合成生物学、代谢工程和系统生物学的协同发展下，通过谷氨酸棒状杆菌、大肠杆菌及酵母等常用的微生物细胞工厂已实现了多种医药化学品的生产。目前，生物医药产业在国外呈现集聚发展态势，全球生物医药产业主要是以美国、日本、欧洲为主导，其已形成核心技术研发的领先优势。近几年，生物技术产业被这些国家视为21世纪优先发展的战略性产业，生命科学突飞猛进地发展，而生物技术与医药领域相结合促进了生物医药的发展，再加上计算机与仪器技术的不断创新，加速了生物技术在制药领域的应用。日本制定生物产业立国战略，美国实施了生物技术产业激励政策，英国也早在1981年就设立了生物技术协调指导委员会，欧盟向生物技术及相关领域投入了45%的研发经费，随着以欧美为主的发达国家的生物医药产业不断发展，生物医药产业形成了专业化、高度产业化、集群化和协同化趋势。西雅图是现代生物医药产业的"摇篮城"，圣地亚哥拥有"生物医药谷"、旧金山拥有"基因谷"、波士顿拥有"基因城"等。它们拥有专业的人才队伍和管理能力、雄厚的研发资本，政府在法律法规上的保障。通过借鉴发达国家的医药产业发展历程可知生物制造在当今医药制造及未来医药发展中有举足轻重的作用。

相比于发达国家和地区，我国的生物医药产业起步较晚，国际市场占率低。但我国生物制药领域技术不断有所突破。"十二五"以来，随着现代生命科学快速发展，材料技术、生物技术、信息技术、能源技术等加速融合，基因组编辑、高通量测序和生物信息分析等现代生物技术获得突破，产业化快速演进，生物经济正加速成为继信息经济后新的经济形态，对人类生产生活产生深远影响。基因检测、细胞治疗、靶向药物、智能型医疗器械、远程医疗、可穿戴即时监测设备、健康大数据等新技术加速普及应用，智慧医疗、精准医疗正在改变着传统的疾病预防、治疗、检测模式，为提高人民群众健康提供了新的手段。传统石化产品比生物制造产品平均

耗能多 30%～50%，政府发布的《中国制造 2025》明确将生物医药作为重点发展领域和国民经济支出产业加快培育。从全球来看，生物医药欣欣向荣，从国内来看，我国的生物医药产业发展潜力巨大，市场开发空间还很大。国内外的制药巨头被国内生物制药市场规模所吸引，在环渤海、珠三角、长三角等经济发达地区注册了超 200 家生物技术公司，已经形成了中关村国家自主创新示范区、武汉东湖高新区、上海张江高新区、济南高新区和苏州工业园在我国综合竞争力榜单位居前五的生物制药产业园区。未来生物医药在医疗领域占比会越来越大，而跨国企业会对发展中国家生物医药市场的投资不断加码。同时，生物医药产业作为医药领域内的朝阳产业，正处于迅猛发展阶段。政策的改革推进了生物医药的发展。但是我国制药企业在借力政策发展的同时也要提高自主研发能力，不断创新，才能在世界医药领域占有一席之地。

在受到国际金融危机的冲击后，许多产业陷入发展低谷，金融市场的动荡让投资者变得小心谨慎，但是生物医药产业发展依旧保持着增长趋势，于是，更多的资金以及技术投入到医药产业，产业集群化趋势不断加强，医药市场竞争力增大，所有国家都对医药产业市场产生极大关注。

生物医药产业带动了生物技术的发展，全球生物技术行业迅猛发展。各国政府颁布各种政策激励企业向生物领域发展，并且纷纷加大对生物技术产业的扶持力度，让大量科学成果转化为实际产品，流入国际市场，带来了巨大收益。未来 5 年，预计生物医药产业年均复合增长率达到 9.1%。全球范围内技术创新势头强劲，国内外大型制药公司投入了大量资金，非常重视生物技术药物的研发工作。2020 年生物技术药物占全球 100 强药物销售额的 49%，单克隆抗体类在其中占比最大。帕博丽珠单抗、阿达木单抗和纳武利尤单抗等为造价高昂的药物，但单个药品的销售额在 70 亿～200 亿美元。此外，与原研药疗效、质量、安全相似的生物类似药研发也变得火热，可以替代原研药又比原研药便宜。全球多个国家和地区都在积极推进生物类似药的开发，相继出台了多个生物类似药相关指南。欧盟是最早开展生物类似药临床指导原则制定的组织。欧洲药品管理局批准了大量生物类似物，主要集中在促红细胞生成素、生长激素、粒细胞集落刺激因子、单克隆抗体等。

生物技术产业是中国必须抢占的领域，对国家的发展具有重要的战略意义。数据显示，生物医药的总产值在国民经济的比重不断增加，年增长率超过 20%，已成为增长最快的高科技产业之一。政府先后出台了"医药科技政策"（2002 年）、"2035 远景目标纲要"（2012 年）、"中国制造业2025"（2015 年）、"生物产业发展规划"（2017 年）、"十四五"规划（2021 年）等相关政策，为促进医药产业健康发展提出指导意见。在国家政策的鼓励引导下，2020 年我国生物医药行业规模达到 3.57 万亿元，据中产研究院的预测，我国生物医药行业规模有望在 2022 年突破 4 万亿元，在 2025 年将突破 5 万亿元，年均增速保持在 8% 左右。

早在 20 世纪 80 年代初期，生物制造在医药领域就实现了规模化的发展和应用，例如利用基因重组技术制造的人脑激素能够实现对急性胰腺炎以及肢端肥大症患者的治疗；利用细胞工程技术制备抗人绒毛膜促性腺激素单克隆抗体能够实现对不孕症的治疗；利用重组大肠杆菌或重组酵母细胞技术发酵生产胰岛素能够实现对糖尿病患者的治疗等。目前，在经过不断的创新和完善后，生物制造技术在诸多领域显现出更加良好的应用效果，影响力也越来越大。未来，生物制造在医药领域中的应用将会受到社会各界的更多关注。

未来需要进一步加大对生物制造的研发和创新力度，最大限度地发挥生物制造的价值，实现在医药领域乃至更多领域的广泛应用，保障社会良好发展。

四、浙江省生物大分子药物产业现状

大分子药物（macromolecules），又称为生物制品（biologics），是指采用普通化学技术或基因工程、蛋白质工程、细胞工程、发酵工程等生物技术获得的来源于微生物、细胞动物或人源组织和体液等用于人类疾病预防、治疗和诊断的药品。近年来，生物大分子药物迅速发展，受到越来越多的关注。

(一)生物大分子药物发展情况

生物大分子药物主要包括单克隆抗体(mono-clonal antibody, mAb)药物、蛋白多肽药物、核酸药物和抗体药物偶联物(antibody-drug conjugate, ADC)这4类生物大分子药物。EvaluatePharma 数据库对生物药、传统药所占全球销售额的比例进行了分析和预测,预计2024年全球处方药销售将超过1.2万亿美元,其中,生物药占比逐年提高,到2024年将达到31%左右,其中生物大分子药是主要推手。从销售额前100的产品来看,生物药数目在2024年将达到47个,而销售额将占到52%,这47个产品平均每个产品的销售额将达到39亿美元,因而生物大分子药已成为全球制药企业的必争之地。

虽然新冠肺炎疫情2020年席卷全球,但是美国FDA对于新药的审批和研发并未受到影响,获美国FDA批准的生物制品或分子实体药物共139项,包括53种创新药,数目仅少于2018年创纪录的59种,其中治疗用新生物制剂有13种(图3-4)。

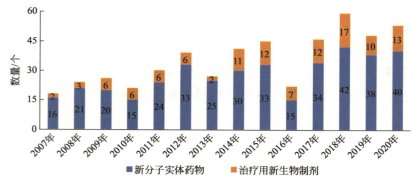

图 3-4
2007—2020 年美国 FDA 批准的创新药数量

中国生物药从1990年开始第一阶段的尝试,相对于发达国家长期处于落后的状态。21世纪之初,中国批准的1类生物药大部分还是疫苗和重组蛋白。随着2015年中国一系列新药政策的推出、人才的大批回归、海内外资本的涌入,生物药的研发进入了蓬勃发展的阶段。目前,中国生物药进入了快速发展阶段,在PD-1抑制剂、CAR-T和双特异性抗体等研究热点领域逐渐缩小了与发达国家的差距，相信经过多年发展，会有更多的1类生物新药获批。中国生物药2019年的市场规模接近480亿美元，预计到2030年市场规模将接近2000亿美元。虽然中国起步晚，但中国生物药增速要远远高于全球，预计2023年中国生物药增速是全球平均增速的两倍，年复合增速为19.6%。而近期生物大分子药物的飞速发展，成就了如药明康德、信达生物等几个代表性的国内生物药巨头。

从产业规模来看，2020年浙江省规模以上医药工业（含医药、医疗器械、制药专用设备制造）实现工业总产值达2150.71亿元，五年年均增幅达到12.6%，位居各行业前列。说明浙江省的生物医药产业基础稳步提升，但是医药产业主要集中在化学制剂、高端医疗器械、化学原料药、体外诊断试剂等领域。浙江省在生物大分子药物领域起步较晚，未能像江苏省、上海市等实现了生物大分子药物的尽早布局及企业培育。目前宁波市及杭州市等在积极布局生物大分子药物产业并已形成了具有一定规模的生物医药产业。

随着生物医药行业的高速发展，浙江省越来越多的企业投入到生物大分子药物的研制中，中药企业也纷纷创办或合作创办生物大分子药物公司。加上浙江省对于生物医药产业的培育，未来浙江生物医药产业将达到万亿级规模。直至2020年，杭州已经在生物医药产业的多个细分领域培育出了领军企业，包括中国最大的临床CRO——泰格医药，研制出埃克替尼、被称为中国民生领域"两弹一星"的贝达药业，于港交所上市的医疗器械公司启明医疗，在港交所新规生效后上市的生物科技企业歌礼药业等。

（二）生物大分子药物及重要品种

多肽类和蛋白质类药物、单克隆抗体药物、核酸类药物和抗体-药物偶联物（ADC）是生物大分子药物的4类主要品种。

1. 单克隆抗体药物

单克隆抗体药物发展较为迅速，在免疫、肿瘤、血液等系统疾病治疗领域应用日益广泛。抗体药物已成为近年来主要开发的一类新药，主要因为其具有高特异性、低不良反应的特点。在过去的五年里，抗体药物已经成为医药市场上最畅销的药物。在2021年全球十大畅销药物中，就有5

种抗体药物（表 3-3）。

表3-3 2021年全球十大畅销药物及其销售额

序号	产品	公司	分类	2021年全球市场销售额/百万美元
1	Humira	AbbVie/Eisai	Anti-TNF 单克隆抗体	19 963
2	Keytruda	默克	Anti-PD1 单克隆抗体	16 825
3	Revlimid	Bristol-Myers/BeiGene	免疫调节剂	12 710
4	Eliquis	Bristol-Myers/Pfizer	Xa 因子抑制剂	10 546
5	Eylea	Regeneron/拜耳/Santen	Anti-VEGF 单克隆抗体	8872
6	Opdivo	Bristol-Myers/Ono Pharmaceuticla	Anti-PD1 单克隆抗体	8759
7	Stelara	强生/Mitsubishi Chemical	Anti-IL-12/23 单克隆抗体	8445
8	Biktaruy	Gilead	HIV INSTI/NRTI/ntRTI	8418
9	Imbruvica	AbbVie/强生	BTK 抑制物	7607
10	Xarelto	拜耳/强生	Xa 因子抑制剂	7605

目前单克隆抗体药物开发的方向不仅包括新产品的开发，还包括对已有药品新适应证的开发。单克隆抗体药物总体分为 3 类：

① 直接治疗疾病的（裸）抗体，其在癌症治疗领域主要通过以下几种机制发挥作用，即介导 ADCC 途径、靶向肿瘤微环境、靶向免疫检查点、靶向癌细胞诱导凋亡等。

② 通过额外修饰提高抗体治疗效果，如抗体药物偶联物免疫细胞因子偶联、双特异抗体、放射性药物偶联、免疫脂质体等。

③ 多重靶向，如双特异性抗体等。

自 1986 年 FDA 批准第一个单克隆抗体起，每年抗体类药物占 FDA 新药批准药物数量的近五分之一。随着抗体类药物被批准用于治疗自身免疫疾病、癌症、传染病和代谢疾病，治疗性抗体药物的市场已呈现迅速增长的趋势。单抗药物市场已从 2014 年的 883 亿美元增至 2020 年的超过 1500 亿美元，远高于全球生物药 7.7% 的复合增长率，预计到 2024 年将超过 2100 亿美元（图 3-5）。

图 3-5
2014—2024 年全球单抗药物市场规模及增长率预测

目前浙江省在单抗药物领域并无重大突破，在 2020 年度中国生物医药（含血液制品、胰岛素、疫苗等）企业前 20 排行榜中并无浙江省医药企业。但浙江省各企业，包括中药制剂企业及传统的化学原料药企业，不断加大在生物制药领域的投资力度，助力浙江省生物制药行业的发展。其中浙江博锐生物制药公司是传统化学药及制剂生产企业——海正药业投资成立的，力图在创新药与生物药领域实现仿创结合。2019 年海正药业总研发投入占营业收入的 7.35%，投入 8.14 亿元，其中生物药的研发投入占营业收入的 2.89%。目前博锐生物已经分别在 2015 年和 2019 年实现了阿达木单抗和注射用重组人 II 型肿瘤坏死因子受体-抗体融合蛋白的上市，而在研的英夫利昔单抗等产品处于临床III期，并且还有 20 余个在研产品。此外，华东医药通过出资 3.7 亿元对荃信生物等公司进行股权投资，获得 20.56% 股权。通过战略投资入股，利用传统医药企业的强大营销和商业化能力，提升药品研发后期的上市速度，加速新创生物制药企业的研发，赋能新兴医药企业。杭州本土创新型药企——贝达药业主要关注肿瘤的小分子药物研发，其单一产品——埃克替尼撑起了公司超过九成的营收，在进行大量其他小分子药物研发与临床试验的同时，其治疗癌症的针对 VEGF 的 MIL60 单抗已进入临床III期，大力切入抗体药物的研发领域，而针对 PD-1 及 CTLA-4 靶点的巴替利单抗及泽弗利单抗的研究已进入到临床 II 期，此外针对实体瘤 EGFR/c-MET 双靶点的 MCLA-129 双特异性抗体也在研发中。浙江传统医药企业京新药业与英国免疫疗法公司 Kymab 签署协议，开启了抗体药物研发的合作。众多传统医药企业纷纷进入到抗体药物赛道从侧面表明了抗体医药的光明前景，也体现了浙江省发展抗体药物产业的决心。

此外，浙江省还有很多新创建的生物大分子制药企业，他们的核心团队大都来自世界 500 强制药公司，拥有单克隆抗体产品的研发及商业化生产的经验。这一类新型企业不仅拥有自有研发产品管线，也会提供 CRO 和 CDMO 服务，如在杭州市孕育了大分子药 CDMO 企业奕安济世等。另外，其他省市一些医药龙头企业也纷纷在杭州设立分公司。著名临床前 CRO 龙头企业药明生物在杭州投资运营的杭州创新中心具有工艺开发和分析测试实验室、GMP 原液生产厂以及多条机器人无菌灌装制剂生产线，将打造微生物发酵和病毒生产等生物技术平台，以满足全球客户对新一代生物制品从概念到商业化生产服务日益增长的需求。该中心规划建筑面积达 35000m^2，将入驻超过 1000 名科学家，为全球合作伙伴提供卓越服务。

我国单抗药物发展初期走了一些弯路，起初医药企业比照着国外研发，一般做的是专利即将到期的仿制药，造成在对照药物上的成本就高达上亿元。而且单抗药，即便是创新药，企业经常是无序申报，2018 年全国就有 50 家以上生物制药企业在申报 PD-1，超 40 家在申报阿达木单抗（修美乐），导致企业间的无序竞争。

单抗创新药的未来发展主要集中在以下三方面。① FIRST-IN-CLASS，挖掘新的靶点进行研发。② BEST-IN-CLASS，在同一个靶点下，挖掘新的药物分子使药品疗效更佳。③ FAST-FOLLOW。

上述每个方面都需要医药研发人员长年累月的不断努力。相比于小分子药物而言，单抗药物助力国家生物制药产业弯道超车的机会可能会更多。

2. 多肽类和蛋白质类药物

多肽类和蛋白质类药物指用于治疗、预防和诊断的多肽类或蛋白质药物。多肽是蛋白质水解的中间产物，是 α- 氨基酸以肽链连接在一起而形成的化合物。多条多肽链按一定的空间结构缠绕纠结就构成了蛋白质。大分子蛋白质水解会生成多肽。这类药品为生化制剂，对于保存及运输环境要求相对严格。

目前国际上成熟的多肽类和蛋白质药物有：治疗前列腺癌和生殖系统肿瘤的黄体激素释放激素；治疗糖尿病的胰岛素；治疗自身免疫性甲状腺病的甲状腺刺激激素；产科用药催产素；治疗风湿性关节炎的促肾上腺皮质激素；治疗胃肠道大出血的生长抑素；妇产科用的绒毛膜促性腺激素、人绝经期促性腺激素、泌乳素；治疗老年疾病和侏儒症的人生长激素；抗焦虑用的促肾上腺皮质激素释放因子；促进骨钙生成的降钙素；治疗心血管疾病的利钠激素；治疗低血糖的胰高血糖素；提高机体免疫力的胸腺激素等50多个品种，并约有一二百种多肽类新药已进入临床前和临床研究阶段。其中，不少多肽类药物上市后立即成为年销售额超数亿美元的重磅药品，如亮丙瑞林、降钙素、爱啡肽、戈舍瑞林、卡帕松等。随着生物技术和遗传工程领域的迅速发展，人们可以在短期内合成更多的多肽类药物，因此，现存多种药物在不久的将来可能会被多肽类药物取代，多肽类药物成为各医药公司新药研发的重要方向之一，而且多肽类药物是后基因组时代新药研究领域最受关注的热点之一。全球多肽类和蛋白质药物市场规模及增长率如图3-6所示。

图 3-6
2011—2021 年全球多肽类和蛋白质药物市场规模及增长率

多肽类药物主要包括抗肿瘤多肽、多肽疫苗、多肽导向药物、抗病毒多肽、抗菌性活性肽、细胞因子模拟肽、诊断用多肽以及其他药用小肽等多种类型，具有用药剂量小、生物活性强、毒副作用低和疗效显著等突出特点，也存在半衰期较短、在体内易被快速降解等缺陷。与蛋白类大分子药物相比能够迅速确定药用价值的原因是，除了多肽疫苗外，多肽类药物免疫原性相对较小，单位活性高，用药剂量少，产品纯度高，易于合成、改造和优化，质量可控。近几年随着我国医药市场的平稳增长，多肽类药物市场销售规模也在逐年扩大，市场成长性较好。并且随着全球多肽药物中的重磅药物专利的到期，国内众多仿制药生产企业迎来弯道超车的机会（表3-4）。

表3-4 全球主要多肽类药物专利到期情况

药品名	商品名	原研企业	专利到期时间	适应证
艾塞那肽	Byetta	阿斯利康	2016年12月	2型糖尿病
格拉替雷	Copaxone	梯瓦	2017年1月	多发性硬化症
利拉鲁肽	Victoza	诺和诺德	2017年8月	2型糖尿病
特立帕肽	Forteo	礼来	2018年12月	骨质疏松症
戈舍瑞林	Zoladex	阿斯利康	2022年4月	前列腺癌等

浙江省较早开始研发多肽类和蛋白质药物，其中杭州九源基因工程有限公司是浙江医药龙头企业华东医药在20世纪90年代成立的专注于基因工程药物方向的子公司，实现了重组人粒细胞刺激因子注射液和注射用重组人白细胞介素-11产品的上市。但由于研发能力不足且规模偏小，多肽类和蛋白质类药物与国内外差距被不断拉大，并没能够形成医药经济特色产业。2021年华东医药意识到该市场的良好前景，以4.88亿元收购道尔生物制药公司75%股权，成为控股股东。道尔生物制药公司主要专注于代谢领域药物与肿瘤药物的研发，包括抗体、融合蛋白及多肽药物的研发，截至2021年4月底，公司有6个重点在研项目，主要聚焦CVMD、肿瘤和眼科等方向。除此之外，华东医药自身也有多肽类和蛋白质类药物在研管线，具体见表3-5。据了解，当前华东医药在糖尿病领域形成了创新靶点+差异化仿制药产品管线的整体布局，从仿制、创新、生物大分子三个维度，构筑了逐步升级的、对核心治疗靶点与临床主流用药全布局的产品矩阵。在研产品涵盖SGLT-2抑制剂、DPP-4抑制剂、GLP-1创新药和其

类似物、治疗糖尿病并发症的单抗和胰岛素类似物等产品,符合国际上糖尿病治疗领域的主流布局和发展趋势,公司力争实现2025年创新业务板块占整体工业营业收入30%的阶段性目标。

表3-5 华东医药在糖尿病药物GLP-1的布局

药品名称	进展	类型	其他公司相关临床进展
利拉鲁肽注射液	2型糖尿病和减肥适应证均进入临床Ⅲ期	生物类似药	利拉鲁肽进入临床Ⅲ期的国内企业有6家
TTP273片	临床Ⅲ期	创新药	—
索马鲁肽注射液	预计近期启动临床试验	生物类似药	目前国内仅原研企业诺和诺德在申报进口上市申请和开展相关临床试验

此外,浙江省在多肽类和蛋白质类药物技术储备上也取得较大进步,包括短效蛋白质/多肽药物融合表达的 xLONG 技术(图3-7)。xLONG 序列是利用蛋白质工程技术模拟 PEG 构象,并通过定向设计改造获得的多肽长链,具有水化半径高、免疫原性低、生物可降解等特性。由温州医科大学李校堃团队完成的"我国原创细胞生长因子类蛋白药物关键技术突破、理论创新及产业化"项目获得2018年度国家科技进步奖二等奖,这一生长因子家族系列新药的成功开发,使冻干粉单一制剂向水溶液、滴眼液以及长效缓释组织工程复合材料的发展,适应证也从过去单一针对烧烫伤延伸到糖尿病溃疡等难愈性创面以及整形修复、角膜溃疡、脊髓损伤、宫颈糜烂等更广泛的再生医学领域。

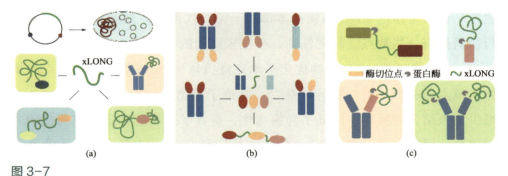

图 3-7
浙江道尔生物公司研发的重组 PEG(rPEG)xLONGylation®(a)、多靶点技术 MultipleBody®(b)及肿瘤精准治疗技术的平台生物技术 AccuBody®(c)

3. 抗体-药物偶联物

抗体-药物偶联物（antibody-drug conjugate, ADC）就是通过化学反应，把传统的小分子抗癌药物与重组单克隆抗体分子通过连接分子（linker）结合而形成的新分子（图3-8）。ADC药物因其能特异性识别肿瘤特异性抗原，赋予一些传统小分子抗癌药物主动靶向的功能，越来越受关注。2020年Kadcyla（赫赛莱，恩美曲妥珠单抗）药物销售额已达18.6亿美元，全国畅销药物榜排名第100。

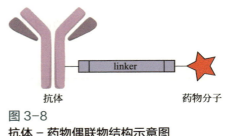

图3-8
抗体-药物偶联物结构示意图

早在20世纪初，Paul Ehrlich就首次提出了ADC的概念，并将其描述为"魔法子弹"。然而ADC的发展并不是十分顺利，直到20世纪50年代才取得重大进展。第一个现代版的ADC直到1975年单克隆抗体技术横空出世后才被报道。目前，ADC药物产业迅速发展，截至2021年，已有11个ADC药物被批准上市，已有超过70多个ADC药物正在进行临床研究。

目前的ADC药物可以大体分为三代。第一代ADC药物只有吉妥单抗上市。主要是通过小鼠单克隆抗体与不可降解的连接子结合。此类药物药效和活性都较低，且毒性较大，linker较为不稳定。第二代ADC药物因技术得以改进，提高了肿瘤细胞靶向性，显示出了良好的临床疗效和安全性。目前上市的ADC药物基本都属于第二代范畴。然而，第二代ADC药物仍然有一些缺点，脱靶性高、存在未结合的抗体以及药物抗体比较大（大于4）。第三代ADC药物优化了单克隆抗体、linker等。利用单克隆抗体的位点与小分子药物特异性结合，制造了药物抗体比为2或4的ADC，减少了未结合的抗体、降低了药物毒性、提高了药物的稳定性和药代动力学效率。目前大量新型ADC药物正在临床研究中，ADC药物诱人的商业前景也是产生目前各大药企竞争局面的原因。

随着ADC技术的不断迭代和成熟，ADC药物取得了越来越好的治疗成果，产品上市节奏也在加快。截至2021年，已经有11个ADC产品获 FDA 批准上市，包括 Adcetris（Seattle Genetics/ 武田）、Mylotarg（辉瑞）、Besponsa（辉瑞）、Kadcyla（罗氏）、Polivy（罗氏）、Lumoxiti（阿斯利康）、Padcev（Seattle Genetics/ 安斯泰来 / 默沙东）、Akalux（Rakuten Aspyrian）、Trodelvy（Immunomedics）、Enhertu（阿斯利康 / 第一三共）、Blenrep（GSK）。而上市的 ADC 药物中的多款药物都表现出重磅炸弹的潜力，其中较早上市的 Adcetris 和 Kadcyla 在 2019 年的销售额分别为 10.81 亿美元和 15.72 亿美元，此外，Polivy、Trodelvy 和 Enhertu 也有成为重磅炸弹的潜力。国外还有 30 多个 ADC 进入了临床开发阶段（全部用于肿瘤适应证），目前在临床试验中有 70 多个 ADC。全球 ADC 药物市场规模及增长率见图 3-9。

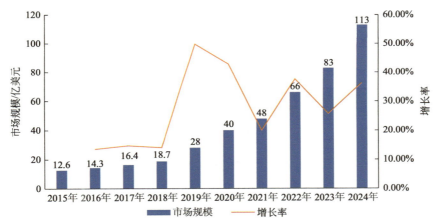

图 3-9
2015—2024 年全球 ADC 药物市场规模及增长率

我国关于 ADC 的研究起步较晚，目前进展较快的品种是荣昌生物的纬迪西妥单抗，这也是首个上市的国产 ADC 药物，已于 2021 年 6 月获得 NMPA 上市许可。据相关数据表明，我国 ADC 管线数量排名第二，有 38 个临床试验正在进行中。中国大部分的临床试验都处于Ⅰ/Ⅱ期阶段，共有 24 个。进入临床后期的有 2 个，处于临床前期或者 IND 的有 12 个。我国 ADC 的主要问题是靶点较为集中，大多为已有单抗产品常用靶点或上市许可产品的同一靶点，如针对 HER2 靶点的竞争尤为激烈，在小分子药物端、连接物分子和偶联方式少有创新报道。国内从事 ADC 药物开发的企业大多前期从事从单抗等其他生物药业务，近两年来产生了几个专注于

ADC 技术领域的公司，如联宁生物、迈百瑞、启德医药、诺灵生物、多禧生物等。国内 ADC 药物开发企业需要思考的重大问题是开发新的治疗靶点、拓宽国产 ADC 药物在国际市场的竞争力。

浙江省在 ADC 药物布局较早，已取得一定的成就（表3-6）。如浙江医药近年来积极布局 ADC 药物，其控股的新码生物的 ADC 大分子项目 ARX788 乳腺癌临床研究进入Ⅱ/Ⅲ期。新码生物以非天然氨基酸引入为核心技术的蛋白质药物开发平台，是基于非天然氨基酸定点偶联的下一代技术，在疗效和安全性上具有很大的发展潜力，这是新创生物制药企业自主研发的案例。而在 2019 年 12 月，君实生物通过独占许可授权方式从多禧生物获得许可使用 DAC-002。至 2020 年 10 月，华东医药获得 ImmunoGen 美国临床Ⅲ期 ADC 药物 mirvetuximab（Soravtansine）在中国的独家临床开发及商业化的权益。

表3-6　浙江省医药企业在ADC药物的布局

药品名称	靶点	研发公司	适应证	临床阶段
AS269（ARX788）	HER2	浙江医药/新码生物	HER2 阳性乳腺癌	临床Ⅱ/Ⅲ期
TRS005	CD20	特瑞思药业	CD20 阳性 B 细胞非霍奇金淋巴瘤	临床Ⅰ期
DX126-262 (DAC-001)	HER2	多禧生物	胃癌；HER2 阳性乳腺癌	临床Ⅰ期
JS108 (DAC-002)	TACSTD2, TROP Ⅱ	多禧生物	实体瘤	临床Ⅰ期
重组人源化抗体 Muc1 单抗-Tub201 偶联剂	MUC I	多禧生物	—	IND
BB-1701	HER2	百力司康生物	HER2 阳性实体瘤	临床Ⅰ期
MCC-DM1	HER2	海正药业/天广实	HER2 阳性乳腺癌	IND
DUO5	EGFR	海正药业/昭华生物	HER2 阳性晚期实体瘤	IND
IMGN853	FRα	华东医药/ImmunoGen	FRα 阳性卵巢癌	临床Ⅰ/Ⅲ期

4. 核酸类药物

核酸类药物能够精确控制基因表达，可以用来沉默或修复异常基因，并驱动治疗相关基因的表达。最初，由于 RNA 分子易降解，RNA 并不是理想的药物，在体内半衰期相对较短，然而，通过改善化学稳定性使得RNA的半衰期得以延长，药物研发取得卓越成果。

数据显示，2015—2020 年，上市寡核苷酸公司市值增长94.2%。自2015年以来，三家代表性的 mRNA 治疗公司分别是 CureVac、BioNtech 和 Moderna Theraputics，其中 Moderna 公司创下了生物科技 IPO 规模最大的纪录，吸引了28 亿美元的私人投资。2021 年1月7日，领先科技企业默克公司宣布收购总部位于德国汉堡的领先的 mRNA 合同开发和制造组织 AmpTec，默克公司的开发和生产 mRNA 的能力因此项交易得到增强，拓展了新冠肺炎和许多其他疾病的疫苗、诊断和治疗业务；8 月 3 日，赛诺菲公司以 32 亿美元收购 mRNA 公司 Translate Bio，推进 mRNA 技术在疫苗和疗法开发中的部署；11 月 18 日，诺和诺德公司斥 33 亿美元巨资收购 Dicerna 公司，重磅加码 RNAi 疗法。核酸药物领域投融资额度屡创新高，投融领域喜报频传，核酸药物黄金时代已经到来。而在国内市场，斯微生物、蓝鹊生物和艾博生物等同样积极致力于 mRNA 药物/疫苗的研发，2020 年 6 月，艾博生物联合军事科学院医学研究院、云南沃森生物共同研制的针对 COVID-19 的 mRNA 疫苗（ARCoV）获批临床试验，是国内第一个获得批准的 mRNA 疫苗，现已进入临床Ⅱ期阶段。

目前有三类 RNA 疗法受到广泛关注：①编码治疗性蛋白或疫苗抗原（mRNA）；②反义 RNA（antisense RNA，ASO）、微小 RNA(microRNA，miRNA)、小干扰 RNA（small interfering RNA，siRNA）；③调控蛋白活性的 RNA 适配体（RNA aptamer）。与其他药物相比，mRNA 技术的发展目前仍然处于早期。

现如今小核酸药物日渐成熟。狭义的小核酸药物是指介导 RNAi 的短双链 RNA 片段，主要涵盖了 siRNA 和 miRNA 等。2005—2009 年，RNAi 领域吸引了数十亿美元的资金投入，众多小型生物技术公司相继成立。2006 年专门开发 RNAi 药物的 Sirna 公司被默沙东以 11 亿美元收购；2007 年，罗氏与 Alnylam 制药公司签订了一项价值高达 10 亿美元的协议，获得该公司 RNAi 技术。虽然第一轮资本的投入没有取得预期的回报，但是在一定程度上推动了行业的发展，使得 Arrowhead、Quark 和 Alnylam 等公司成长起来。

2016年底，技术的突破、新产品的获批掀起了新一轮的投资合作热潮。百健/Ionis治疗脊髓性肌萎缩症（SMA）的反义寡核苷酸Nusinersen被FDA批准上市，2017年销售额为8.82亿美元，业内预估销售峰值达20亿美元。2017年，Patisiran临床Ⅲ期结果超出预期，标志核酸干扰药物的重大突破，行业信心倍增。2018年，Patisiran成为全球第一个获批的siRNA类的小核酸药物，Alnylam制药和Ionis公司的治疗由hATTR引起的多发性神经病的两款孤儿药陆续获批，对整个领域产生巨大振奋。与此同时，资本纷纷回归RNAi领域，掀起了第二次的投资热潮。

小核酸药物的适应证涵盖范围广，包括炎症类疾病（结肠炎、关节炎、哮喘）、肿瘤、罕见病（脊髓性肌萎缩、肌萎缩性脊髓侧索硬化、杜氏肌营养不良）、病毒性疾病、肾脏疾病、心血管疾病（血脂异常、凝血功能不足等）、代谢类疾病（糖尿病、非酒精性脂肪性肝炎）等，其潜在市场规模十分广阔。其中，罕见病和肿瘤是小核酸药物应用最广的领域。到2021年10月，已经有14款小核酸药物获批上市，其中包括9款ASO、1款Aptamer、4款siRNA。有5个药物为孤儿药，是相应疾病的首个有效治疗药物，一定程度上满足了治疗罕见病的需求。生命科学商业资讯机构EvaluatePharma（EP）在世界罕见病日发布的一份报告（"Orphan Drug Report 2017"）称，2016年罕见病药的总销售额占全球非仿制药市场的16.4%，为1140亿美元；至2022年，预计增加到2090亿美元，罕见病药销售将占整个市场的21.4%。RNAi技术能够克服某些靶点蛋白难以成药的缺点，对已知的罕见病基因发挥作用，能较快取得突破。报告预测2025年，小核酸药物市场规模将远超100亿美元。

由于我国小核酸药物开发起步较晚，目前获批进入临床试验的项目数量与全球相比差距较大。仅16款产品处于临床阶段，多数来自国外企业，而由中国团队自主开发、进入Ⅱ期的产品数目较少。此外，从产品类型和靶点来看，目前我国企业多数选择的是国外已上市药物的me-too类产品，小核酸药物开发仍然处于跟随和模仿阶段。未来随着我国小核酸药物开发企业研发能力提升，该行业有望逐步进入差异化创新和突破性创新阶段。另外，我国小核酸药物的适应证布局和国外也具有较为明显的差异性。从适应证布局情况来看，国外在研产品数量最多的适应证为遗传病、肿瘤和自身免疫性疾病，而我国在研小核酸药物适应证主要集中在国内的大疾病赛道，包括感染、肿瘤和代谢疾病等。我国小核酸药物企业以圣诺制药和瑞博生物为代表。圣诺制药公司成立于 2007 年，凭借丰富的经验和较强的研发能力，专注于以核酸干扰技术为核心的新药开发，公司开发了多个递送平台，包括 PNP、GalAhead、GalNAc-PDoV 平台等，并且均可以携带单个或多个 siRNA，从而使多个靶基因沉默，进一步提高疗效。

浙江省企业对于核酸药物的关注比较早。在 2009 年，浙江省原国资企业天龙集团下设的杭州天龙药业有限公司与军事科学院医学研究院合作研究核酸类创新药物，并以三位院士为核心建立国家核酸药物研究工程中心，该中心也被列入浙江省政府与军事医学研究院战略合作重点推进建设的四个国家研发中心之一，其中抗肿瘤一类新药"CT102"已获国家药监局临床批件，实现了我国首个反义寡核酸药物走入临床阶段。2019 年 6 月嘉晨西海公司落地杭州，该公司致力于肿瘤免疫治疗，尤其在 mRNA 创新药的研发有独特的优势，部分产品已进入临床申报阶段，除此之外，嘉晨西海公司积极发挥自身的优势，与康泰生物公司合作研发 mRNA 人用狂犬疫苗；与欧林生物公司合作研发 mRNA 新冠疫苗；与君实生物公司基于 mRNA 技术平台合作研究治疗肿瘤、罕见病等疾病。同时，其他浙江企业也积极布局和进入核酸药物领域，如 2013 年成立的杭州海昶生物公司，专注于核酸药物递送系统等开发，在 RNA 给药递送系统方面突破了行业壁垒和专利的垄断，并实现产业化，可用于 miRNA、ASO、mRNA、siRNA 多种核酸药物递送。已有 1 个产品在美国进入临床 Ⅱ 期试验阶段，多个产品正向 FDA 进行 IND 申报。

五、浙江省小分子药物产业现状

（一）小分子药物发展情况

小分子药物具有理论成熟、使用广泛等优势。据统计，在常用药物中，小分子药物的数量占总量的 98%。小分子药物具有良好的空间分散性和药物代谢动力学性质，这使其在药物研发过程中表现出巨大优势，因此市场越来越青睐小分子药物研发。

从柳树中的水杨酸、罂粟中的吗啡、20世纪历史上第一个年销售额超10亿美元的"重磅炸弹"药物——地西泮、2001年第一个针对癌细胞特定基因突变的小分子靶向药格列卫，再到如今超过60个激酶抑制剂小分子，小分子药物的开发有着辉煌的历史。总体上，天然小分子药物的发展可以分为三个阶段（图3-10）。

图 3-10
天然小分子药物的发展进程

1. 第一阶段（20世纪40年代至70年代）：基于平板表型筛选

青霉素在第二次世界大战期间被开发并广泛应用于治疗细菌感染，成功地将天然小分子药物推向市场。在这段时间里，天然小分子药物被基于表型筛选的方法发现。通常，这种表型筛选使用细胞系（细菌、组织、真核细胞等）作为抑菌对象，无需了解其作用机理，判断化合物是否有效最简单的方式是观察细胞的生长抑制或者死亡。在最初的这三十年，通过这种表型筛选的方法发现了1000多种具有抗菌和抗真菌活性的天然小分子化合物，包括数十种最终被批准上市的天然小分子药物。

2. 第二阶段（20世纪70年代至21世纪）：基于靶标筛选

该阶段的标志是天然小分子药物筛选的高通量化。重组DNA技术等的进步使研究人员能够快速确定天然小分子药物，继而进行这些化合物的化学全合成以及类似物的半合成，并在较短时间内完成生化或全细胞测定，这些测定统称为基于靶标的筛选。此外，细胞培养方法的改进及对细胞周期调控、癌症的遗传基础受体等的进一步了解，促进了药物表型筛选的发展，这对代谢疾病、心脏疾病、中枢神经疾病等有重要意义。

3. 第三阶段（21世纪至今）：基于基因组学挖掘

基因组学是研究遗传性及获得性基因变异对药物反应作用的一门学科，着重于采用个体候选基因来识别影响药物分布、代谢、靶受体及生物效应的标志物。个体化治疗这一设想得到推进，能针对特定人群将药物治疗方案进行最优化。从基因组入手，可以发现针对个体的天然小分子药物。

从2005—2020年FDA批准的新药的统计数据可以看出，小分子药物的占比从2005的90%左右，逐步下降到70%左右，并呈现进一步缓慢下降的趋势（图3-11）。小分子药物的开发貌似进入了困境期，小分子药物的开发成功率较低（肿瘤药物的开发成功率低至5%，小分子靶向药物开发成功率均值约为11%），同时开发还受到基因疗法、细胞疗法病毒等众多新生物技术对相同适应证市场的堵截。

图 3-11
2005—2020 年 FDA 批准的新药
图片来源：康橙投资

（二）小分子药物及重要品种

1. 抗生素

抗生素是由微生物或高等动植物所产生的具有抗病原体活性或其他活性的一类次级代谢产物以及人为合成或半合成的类似化合物。临床常用的抗生素包括氨基糖苷类、β-内酰胺类、林可霉素类、大环内酯类、喹诺酮类、多肽类、抗结核药、磺胺类、抗真菌类及其他抗生素。目前，我国抗生素药物市场中头孢菌素类、青霉素类、大环内酯类和碳青霉烯类的销售额排名居前四位，市场份额合计85%（图3-12）。

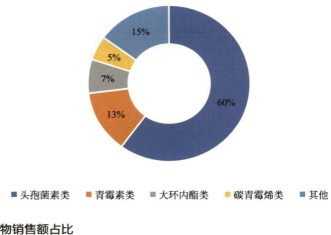

图 3-12
我国抗生素药物销售额占比

近年来在国家减少抗生素的使用，中国抗感染药物市场的规模增速减慢，但抗感染药品作为基础性药物，其市场规模依然庞大。根据统计，2018年中国抗生素药物市场规模为256亿美元，到2019年增长至265亿美元，同比增长3.52%（图3-13）。

在"限抗令"及环保政策的影响下，抗生素市场受到巨大冲击，抗生素类原料药价格水涨船高。但作为一个刚性需求产业，随着2017年国内抗生素产量开始回长，我国抗生素原料药价格也逐渐恢复正常水平。2020年受新冠疫情影响，抗生素供给偏紧，主要品种价格呈上涨趋势，尤其是各类中间体品种，如6APA市场报价由145元/kg提升至180元/kg。

图 3-13
2013—2020 年中国抗生素市场规模及同比增长率

目前，我国抗生素行业正处于从仿制为主向自主创新为主、创仿结合战略性转轨的阶段。抗生素行业影响因素按照其对行业发展的影响可以分为不利因素和有利因素，其中有利因素包括国家政策支持、居民医疗支付能力增强、市场扩容、医疗服务快速发展等；不利因素包括细菌耐药性增加。滥用抗生素导致细菌产生耐药性已成为当今世界面临的最紧迫的公共卫生问题之一，一方面发展基于新结构和新作用机制的抗生素迫在眉睫，另一方面人们需要对抗生素的使用进行控制，合理用药。

(1) β-内酰胺类抗生素

β-内酰胺类抗生素包括头孢菌素类、青霉素类、单环类、碳青霉烯类等。

青霉素是典型的 β-内酰胺类抗生素。青霉素工业盐是所有青霉素类和部分头孢类抗生素的原料药，可用于合成 7-ADCA、6-APA 等中间体或直接合成青霉素钾、青霉素钠以及克拉维酸钾等，是抗生素产业中的关键原料，在抗生素产业中扮演着极其重要的桥梁作用。我国是青霉素工业盐超级生产大国，青霉素工业盐的产能从 20 世纪 90 年代初的约占世界的三分之一逐步增加到目前的占据世界大部分产能，我国青霉素工业盐产量占全世界的 75%，在青霉素工业盐下游产品中，50% 被用作 6-APA 的原料，30% 用于出口（图 3-14）。

图 3-14
青霉素工业盐下游应用结构

根据新思界产业研究中心发布的《2019—2023 年青霉素行业深度市场调研及投资策略建议报告》显示，我国青霉素行业一直保持较快的增长速度。2016 年，我国青霉素市场规模为 360.99 亿元，发展到 2018 年增长至 405.58 亿元，约占我国抗生素总市场份额的 20%，仅次于头孢菌素，位居第二，2020 年市场规模达到 450.31 亿元（图 3-15）。

图 3-15
2016—2020 年中国青霉素市场规模现状分析
数据来源：新思源产业报告。

从市场规模来看，当前我国青霉素产能已达 10 万吨 / 年，而每年全球市场总需求量只有 5 万～ 6 万吨。然而，即使是供大于求，新一轮的扩产潮仍在继续。河南华星制药厂的青霉素工业盐项目总产能达到 1.2 万吨 / 年，已经扩产到第五期，成为国内青霉素工业盐的龙头。除此之外，山西威奇达药业有限公司、联邦制药国际控股有限公司、哈药集团、齐鲁制药有限公司、健康元药业集团生产企业产量都在增加。目前，我国青霉素工业盐行业集中度较高，上述"五大家族"生产的青霉素工业盐不仅满足自身的需求，还被大量出口。其中石药集团产能为1.8万吨/年，居于行业的首位。

头孢菌素类抗生素主要应用于尿路感染、肺部感染、脑膜炎、心内膜炎、败血症等疾病治疗领域。在我国医药市场中，其销售额占比连续位居第一。数据显示，2018年我国公立医院头孢类药物销售额达659.4亿元，相比2017年销售额有所下滑（图3-16）。

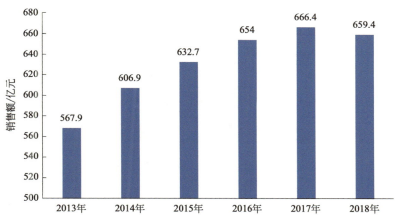

图3-16
我国公立医院头孢类药物销售额情况

根据产品问世时间与药理性能的不同，头孢菌素可划分为第一代、第二代、第三代和第四代产品。其中，第一代产品主要有头孢唑林钠、头孢硫脒等；第二代产品主要有头孢呋辛、头孢替安等；第三代产品主要有头孢哌酮他唑巴坦、头孢哌酮舒巴坦等；第四代产品主要有头孢噻利等。现阶段，我国头孢菌素市场的主导者是第二代和第三代，第二代产品市场份额占比为24%，第三代产品市场份额占比为63%。

碳青霉烯类抗生素是由青霉素结构改造而成的一类 β-内酰胺类抗生素，20世纪80年代开始应用于临床。主要品种包括帕尼培南、亚胺培南、比阿培南、厄他培南和美罗培南等等。

据悉，四环医药研发的 1 类创新药百纳培南是国内第一个自主创新的碳青霉烯类抗生素，已获得的临床前及临床研究数据显示，百纳培南明显优于同类已上市药物，具有良好的抗菌活性、安全性、半衰期长等优点，支持每日一次给药。米内网数据显示，2013—2019 年中国公立医疗机构终端碳青霉烯类药物销售情况如图 3-17 所示。碳青霉烯类有望成为全身用抗细菌药中第五个百亿元药物。

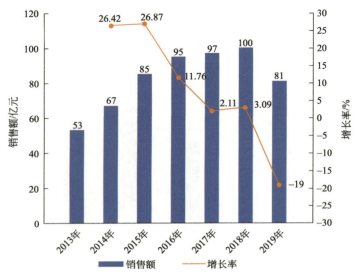

图 3-17
2013—2019 年中国公立医疗机构终端碳青霉烯类药物销售情况

（2）氨基糖苷类抗生素

氨基糖苷类抗生素是较早用于治疗细菌感染的一类抗生素，具有氨基糖与氨基环醇的结构，有性质稳定、水溶性好、抗菌能力强、抗菌谱广和吸收排泄良好等特点。氨基糖苷类抗生素属于浓度依赖型杀菌剂，常被作为静止期杀菌剂，通过抑制细菌蛋白质合成过程和破坏细菌细胞膜的完整性发挥杀菌作用，同时具有较长的"抗生素后效应"（PAE），杀菌作用完全。临床上主要用于治疗克雷伯氏菌属、需氧革兰氏阴性菌如肠杆菌属、葡萄球菌（包括耐青霉素与耐甲氧西林菌株）、变形菌和铜绿假单胞菌引起的各种中重度尿路感染、呼吸系统感染、皮肤及软组织感染、肠道感染等，是重要的临床应用的抗菌药物之一。氨基糖苷类药物主要包括卡那霉素、链霉素、阿米卡星、庆大霉素、依替米星、奈替米星、异帕米星、小诺米星、巴龙霉素、大观霉素等，其中依替米星市场份额占比超过90%，占据了绝对的主导地位，异帕米星、阿米卡星和庆大霉素的占比约为1%。由此可见，上市10余年来，依替米星临床使用地位日益突出，这与其临床疗效与安全性有着密不可分的关系。

此外，通过PDB药物综合数据库检索，氨基糖苷类药物市场增速波动趋于平稳（图3-18）。由此可见，基于氨基糖苷类抗生素独特的作用机制、抗菌活性以及临床抗菌药物使用的日趋合理，其在临床应用的地位趋于稳定，已成为临床不可缺少的重要抗菌药物。

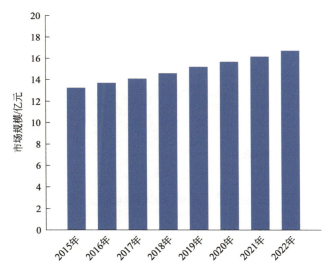

图 3-18
2015—2022年氨基糖苷类药物市场规模情况

（3）抗真菌类抗生素

临床上抗真菌感染常用药包括多烯类、咪唑类、三唑类、棘白菌素类和嘧啶类（图3-19）。三唑类干扰细胞中麦角甾醇的合成从而破坏真菌细胞膜通透性；多烯类靶向真菌细胞膜中的麦角固醇损伤细胞膜通透性从而抑制其生长，其中两性霉素B主要用于新生儿念珠菌病、隐球菌脑膜炎的治疗等；嘧啶类通过抑制碱基代谢、RNA/DNA和蛋白质合成而产生抑制真菌的活性。由于人类细胞也合成DNA、RNA，并且胆固醇与麦角固醇也是近亲，因此以上药物普遍存在副作用较大、耐药性差以及疗效低等问题，不适合大规模用药，亟须开发新型的抗真菌类药物。近些年，科研工作者对现有的高效抗真菌类药物进行改造，把目光投在了高效、低副作用的抗真菌药物上。

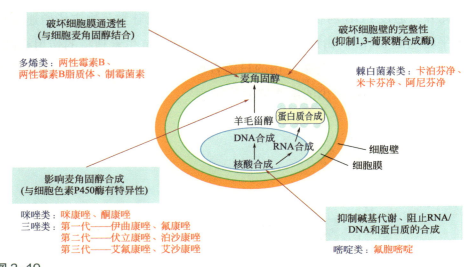

图 3-19
抗真菌类抗生素类型及作用机制

棘白菌素类药物主要包括米卡芬净（Micafungin）、阿尼芬净（Anidulafungin）和卡泊芬净（Caspofungin）。

据全球畅销药数据，2020 年，棘白菌素类药物主要产品有米卡芬净钠、卡泊芬净钠，销售额分别为 3.36 亿美元和 4.52 亿美元。而从 2003—2020 年全球棘白菌素类药物发展趋势来看，销售额由 2003 年的 2.76 亿美元增加至 2014 年的 10.34 亿美元，随后降至 2020 年的 9.38 亿美元，全球整体市场趋于稳定。

从棘白菌素类抗真菌药市场竞争格局来看，外企处于垄断地位。2019 年国内的卡泊芬净销售额 1.46 亿美元，正大天晴、恒瑞、博锐制药、华东医药、海思科五家企业获批卡泊芬净钠注射液，技术开发壁垒相对较高。浙江海正和江苏豪森药业两家企业主要依赖于进口，虽然获批米卡芬净钠注射液，但市场份额占比极低，约 0.95%。阿尼芬净原料药和制剂产品目前在国内尚无企业获批，2015 年得益于合作方在欧洲获批上市，原研药销售峰值达 1.5 亿美元，阿尼芬净原料药继续放量，2020 年阿尼芬净原料药销量达 45.26 kg，同比增长 30%。浙江海正于 2017 年 4 月收到国家药品监督管理局核准签发的阿尼芬净原料药的《审批意见通知件》及注射用阿尼芬净的《药物临床试验批件》。

目前中国是全球最大的新兴市场，各大企业的新产品越来越快地进入国内。而棘白菌素类药面临的最大问题是尚无口服剂型，患者使用颇为不便；其次是棘白菌素类药的价格昂贵。目前国内许多企业十分看好棘白菌素类抗真菌药市场，正在加紧布局。截至 2020 年 8 月，注射用醋酸卡泊芬净国内已有 11 家企业在申报，主要有海思科、江苏恒瑞、正大天晴、信泰制药、江苏奥赛康等，其中正大天晴、海思科、江苏恒瑞和博瑞制药 4 家获批上市；注射用米卡芬净钠国内有多家企业申报，主要有江苏豪森药业、浙江海正药业、上海天伟生物制药、信泰制药、华东医药；注射用阿尼芬净国内有 4 家企业申报，其中进口企业为辉瑞公司 1 家，国内企业 3 家，分别是华北制药、正大天晴和康恩贝。

两性霉素 B 是深度真菌感染的首选药，但具有较强的肾毒性。两性霉素 B 脂质体很大程度上解决了这一问题，两性霉素 B 脂质体最早由 Nexstar 公司开发，商品名为 Ambisome，后来 Nexstar 公司被吉利德公司收购，产品归入吉利德公司。市场方面，两性霉素 B 脂质体主要由安斯泰来、住友和吉利德共同销售，2009—2020 年销售额都维持在 4 亿美元以上（2020 年 4.36 亿美元，2019 年 4.07 亿美元，2018 年 4.2 亿美元）。国内方面，仅上海上药新亚药业有限公司获批，商品名为锋克松。

2. 抗癫痫药物

癫痫是人类中枢神经系统三大疾病之一，其发病率甚至高于老年痴呆。近年来，随着抗病毒新药治疗市场和免疫疫苗市场的增长，传染性疾病得到了有效的控制，而神经系统和精神类药物市场呈现出逐年增长的趋势。世界卫生组织（WHO）报告显示，全球活动性癫痫患者约占世界总人口的 8.2%，总数约 5000 万人以上，每年新增 200 万癫痫患者。我国癫痫的发病率相对略低，总体患病率约为 7‰。需要获得合理治疗的癫痫患者已近 1000 万人，每年新增癫痫患者有 40 多万人，加强抗癫痫药物的开发仍是国内外的重要课题之一。

据米内网数据，2017年公立医疗机构及药店零售终端抗癫痫化药终端销售额49.6亿元，逼近50亿元市场规模。2017年国内16个重点城市400多家公立医院抗癫痫病用药市场已超过80亿元，同比上一年增长了8.33%。

2020年抗癫痫药物市场前十名的品种中丙戊酸钠占45%、左乙拉西坦占22%、奥卡西平占13%，形成鼎足之势。

丙戊酸钠是由法国赛诺菲获批进入中国市场，由雅培公司开发的脂肪酸衍生物药物。丙戊酸钠已载入2017年《国家医保药品目录》。作为传统抗癫痫药物，丙戊酸钠临床应用时间较长，医生对其适应证和不良反应比较熟悉，并且具有价格低廉的优势。2001年，CFDA已批准15家国产丙戊酸钠上市。丙戊酸钠对治疗多种类型的癫痫有效，包括复杂部分性发作、全身强直-阵挛性发作、肌阵挛发作和癫痫持续发作，是临床治疗癫痫的一线治疗药。

据《医药经济报》数据，2016—2020年，国内公立医院丙戊酸钠用药从11.87亿元增长至21.09亿元，年均复合增长率达15.4%（图3-20）。

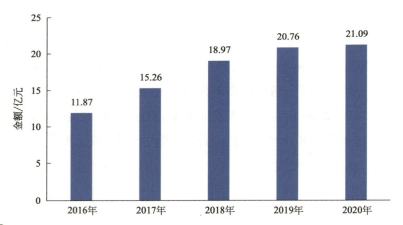

图3-20
2016—2020年国内公立医院丙戊酸钠用药情况

左乙拉西坦由比利时优时比公司开发，2006年进入中国市场，商品名开浦兰。左乙拉西坦在全球上市的剂型包括注射剂、口服溶液、片剂等，国内仅引进片剂和口服溶液。左乙拉西坦专利到期后，目前国内已有4家企业获批生产，2017年首次进入《国家医保药品目录》。左乙拉西坦被认作全球治疗癫痫的金标准药物，2019年比利时优时比公司的左乙拉西坦在全世界市场占比 96.62%，销售额 24.18 亿美元，稳居第一。左乙拉西坦在我国临床应用上保持较快的增长。据华经产业研究院整理数据显示，2019年国内重点省市公立医疗机构左乙拉西坦用药 10.39 亿元。国内生产药企中浙江京新药业占 1.53%，深圳信立泰药业 0.08%，重庆圣华曦药业占 1.77%（图 3-21）。2020 年浙江京新药业的左乙拉西坦片通过一致性评价后，带动了终端消费。

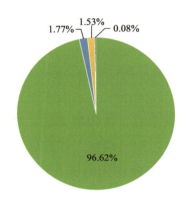

图 3-21
2019 年我国重点省市公立医疗机构左乙拉西坦品牌分布情况

奥卡西平商品名为曲莱（Trileptal），2000 年 FDA 批准诺华公司奥卡西平上市，2015 年其全球市场 1.76 亿美元，于 2004 年进入中国市场。国内由北京四环和武汉人福药业生产上市，与诺华形成三足鼎立之势。自 2012 年以来，奥卡西平在抗癫痫类用药领域销售额位居第 3 位，之后其销售一直保持平缓上升趋势。据米内网数据，2020 年我国国内公立医院奥卡西平用药已近 6 亿元。北京四环制药的仁澳占 5.13%，武汉人福药业的万仪占 3.95%，诺华的曲莱占 90.02%（图 3-22）。

据米内网数据，2019 年进入国内重点城市公立医院的抗癫痫药物有 21 个，前 10 强药物占据 99% 的市场份额。分析显示，前 10 强药物中 70% 的品种由外资、合资药品所把持，仅丙戊酸镁、氯硝西泮和加巴喷丁 3 个品种的主要生产商是本土厂商。中国公立医疗机构终端加巴喷丁胶囊剂销售情况见图 3-23。近两年，抗癫痫新药上市较少。国内公立医院的抗癫痫

图 3-22
2020 年我国重点省市公立医疗机构奥卡西平品牌分布情况

药物市场第一梯队是葛兰素史克、法国赛诺菲、瑞士诺华、比利时优比时等，第二梯队中国内企业有四川科瑞德、江苏恩华、深圳信立泰、沈阳新马、湖南湘中、西安杨森等。癫痫病患者人群分布广泛且需要长期服药，因此加强一致性评价是主线，药物剂型创新也是重要环节。

图 3-23
2015—2019 年中国公立医疗机构终端加巴喷丁胶囊剂销售情况

3. 降血糖、降血脂类药物

心脑血管疾病发病急、病情重、死亡率高、并发症多，已成为人类健康的"头号杀手"。我国心脑血管疾病患者超过 2.9 亿人，数量世界第一。典型的心脑血管疾病治疗药物包括阿司匹林、β-受体阻滞剂、他汀类、血管紧张素转换酶抑制剂等，其中他汀类药物在降脂类药物市场占有率近90%，市场需求量极大。他汀药物是 3-羟基-3-甲基戊二酰辅酶 A（HMG-CoA）还原酶抑制剂，能有效抑制内源性低密度脂蛋白胆固醇的合成。

1976 年，美伐他汀被著名日本生物化学家远藤章（Akira Endo）在橘青霉的发酵液中发现，这是人类所找到的第一个对付胆固醇的天然化学武器（图 3-24）。紧接着，1978 年，高尔斯坦和布朗证实美伐他汀的降血脂作用机理在于阻止了胆固醇的体内生成。它能有效抑制 HMG-CoA 还原酶活性。同年，远藤章和大阪大学医院的山本亨合作，将美伐他汀用于治疗家族性高胆固醇血症的患者，疗效显著。但它的副作用在于治疗两周后，患者血液中转氨酶的水平升高，患者出现肌营养不良现象。1980 年，日本第一三共制药公司的内部消息显示，在为期 15 周的动物安评实验中，长期服用超高剂量［100 mg/(kg·d) 或 200 mg/(kg·d)］美伐他汀的实验用狗患恶性淋巴肿瘤的比例升高（第一三共制药公司从未公布具体数据）。于是第一三共制药公司终止了临床试验，美伐他汀最终未能上市。虽然美伐他汀最终未能成功上市，但它的发现激励了科学家们去探索其他他汀类药物。洛伐他汀就是在这样的背景下被发现的。

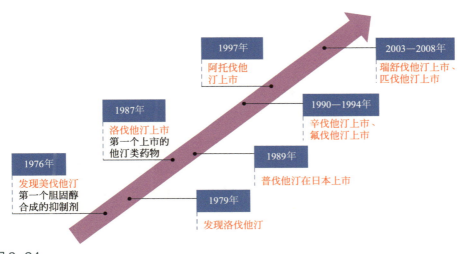

图 3-24
他汀类药物发展情况

阿托伐他汀钙最初由美国辉瑞公司研发，是全球心血管病防治的重大药物，能显著降低心血管病的发病率和死亡率。辉瑞阿托伐他汀钙片剂以商品名"立普妥"上市后，创造了一系列伟大的纪录，是人类制药工业史上第一个销售额突破 100 亿美元的药物，是全球最畅销的处方药。

由于含有复杂的双手性二醇结构部分，传统阿托伐他汀钙化学法合成工艺存在反应条件苛刻、废液处理难度大、生产安全性低、收率低、产物光学纯度低等缺陷。浙江工业大学郑裕国院士团队攻克了酶法合成双手性二醇生产关键技术，结合化学合成技术创新，成功实现了阿托伐他汀钙生物制造。

1999 年该药物于进入中国市场，并获得行政保护，嘉林药业同类产品"阿乐"作为国内首仿药获批上市，并享受了 8 年的行政保护期，期间没有其他同类仿制药获批上市。

从全球来看，在降血脂药市场之中，他汀类降脂药仍然占据了主流地位。根据统计数据，2014 年德国、日本、法国、美国、意大利、英国、西班牙七个国家降血脂药销售额达到了 166.3 亿美元。他汀类降脂药销售额高达 108 亿美元。智研咨询发布的《2021—2027 年中国降血脂药行业市场研究分析及发展规模预测报告》的数据显示，中国是全球最具潜力的降血脂药市场，2019 年中国降血脂药市场规模为 332.6 亿元，同比增长 9.99%。其中阿托伐他汀钙占到了整个降血脂药物市场的近 50%。市场份额最大，在增速方面，近年来在样本医院阿托伐他汀钙销售额的增速处在持续的下滑趋势之中，这一方面可能与药品在招标之中不断降价有关，另一方面则是由于厂家销售渠道不断下沉，药品逐步进入中小城市、基本医疗卫生机构和零售药店销售，这一部分市场成为推动销售额增长的重要动力。

从全国终端销售数据来看，降血脂药物的整体销售额仍然在不断上涨之中。在全国医疗终端市场降血脂药物近 3 年的复合增速维持在 20% 左右，2019 年降血脂药物的市场规模达到了 270 亿元。由于他汀类药物在降血脂药物市场中的突出地位，预计未来数年内阿托伐他汀仍能维持 15%～20% 左右的复合增速。由于样本医院主要集中在大型城市，未来阿托伐他汀销售额的增长将主要得益于其余地区的市场拓展。

阿卡波糖（又名卡博平，商品名拜糖平），是德国拜耳公司 20 世纪 70 年代中期研发的第一个用于临床的 α-葡萄糖苷酶抑制剂，是复杂的低聚糖，其结构类似寡糖，这种非寡糖的"假寡糖"可在小肠上部细胞与 α-葡萄糖苷酶可逆地结合，抑制各种 α-葡萄糖苷酶如异麦芽糖酶、麦芽糖酶、蔗糖酶的活性，也可抑制葡萄糖淀粉酶活性，使淀粉分解成寡糖如麦芽糖、麦芽三糖及糊精（低聚糖）进而分解成葡萄糖的速度降低，使蔗糖分解成葡萄糖和果糖的速度降低，造成肠道葡萄糖的吸收减缓，从而缓解餐后高血糖，达到降低血糖的作用。长期服用可降低空腹血糖和糖化血红蛋白的浓度。该药在 1990 年首先于德国上市，1996 年获 FDA 批准在美国上市，阿卡波糖是治疗Ⅱ型糖尿病的一种新药，还用于治疗代谢紊乱病如高血糖和肥胖多脂症。阿卡波糖的糖化学结构比较复杂，目前工业规模生产都是通过改良的犹他游动放线菌菌株大规模的多级分批发酵。

目前，国内获得阿卡波糖制剂批文有华东医药、拜耳、绿叶制药以及北京福元医药 4 家，其中，拜耳、华东医药、北京福元的是片剂，绿叶制药的为胶囊剂。华东医药（浙江杭州）的阿卡波糖首仿药于 2002 年获批，商品名为卡博平，规格为 100 mg、50 mg；咀嚼片于 2015 年获批上市。北京福元的阿卡波糖片（50 mg）于 2019 年 12 月获批上市。绿叶制药（50 mg）、华东医药（50 mg、100 mg）、北京福元（50 mg）均通过一致性评价。

2018 年之前，华东医药卡博平在质量上与拜糖平无明显差异，但性价比远高于拜糖平。以 50 mg 规格为例，2018 年第一季度拜糖平各省市的单片平均中标价为 2.09 元左右，而华东医药的卡博平仅为 1.46 元/片，比原研药低 30%。根据 PDB 数据，卡博平在全国重点医院的市占率由 2012 年的 15.8% 上升至 2018 年一季度的 29.1%。原研药厂商拜耳的市场份额逐渐被蚕食，进口替代趋势明显。然而，2020 年卡博平因在带量采购中落选以及受疫情影响，销量下滑，增长率同比下降了 6.09%。

根据中康 CMH 数据显示，2020 年阿卡波糖国内销售额超 80 亿元，其中，67% 来自原研拜耳，28% 来自华东医药，剩下的来自绿叶制药的胶囊剂型（图 3-25）。

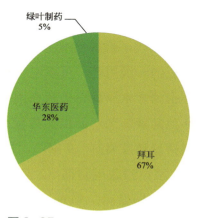

图 3-25
阿卡波糖主要生产企业市场份额

米格列醇是德国拜耳20世纪90年代初研究开发的一种新型降糖药，是一种新的小肠 α-葡萄糖苷酶抑制剂。米格列醇是蔗糖酶的高效抑制剂，而不抑制 α-淀粉酶的活性。由于作用机制为可逆竞争性抑制，该化合物并不完全抑制葡萄糖的吸收，而是延缓了葡萄糖的吸收过程，使消化道各区域对葡萄糖的吸收更均匀，从而延缓了餐后碳水化合物消化吸收所产生的尖锐血糖峰的出现。

目前生产上大多采用生物合成来制备米格列醇。据文献报道米格列醇的生物合成路线大致有两条：途径一是先由野霉素或1-脱氧野尻霉素产生菌发酵制备野尻霉素或1-脱氧野尻霉素，然后经过化学合成方法获得米格列醇；途径二主要是通过化学合成-生物转化-化学合成的方法来制备，应用氧化葡糖酸菌制备米格列醇关键中间体 N-1-脱氧野尻霉素。

米格列醇（口服常释剂型）已列入2019年国家医保目录，是医保乙类药品。Insight数据库显示，2020年国内已获批上市且文号有效的企业共有3家，分别是四川维奥、浙江医药和山东新时代，均通过药效一致性评价。公开数据显示，国内米格列醇市场由上述3家国内企业占据，其中山东新时代约占10%，浙江医药约占30%，四川维奥约占60%。

4. 免疫抑制剂

环孢菌素A（Cyclosporine A, CsA）在20世纪80年代被作为一种免疫抑制剂引入，迅速成为器官移植的一线治疗药物。其主要成分是从雪白白僵菌发酵液中分离出的环状十一肽，具有强大的免疫抑制活性。

环孢菌素A最早由诺华制药研发，1995年7月获FDA批准上市，CsA取代了抗淋巴细胞球蛋白，是目前世界上器官移植后预防移植物排斥反应的一线用药，可以说它开创了器官移植的新纪元。1996年华东医药的环孢菌素软胶囊首仿药在国内上市。Insight数据库显示，截至目前，国内环孢菌素制剂产品批文共有106条（在使用的有52条），涉及34家企业，包括普通胶囊剂（9家）、注射剂（3家）、口服液体制剂（7家）、软胶囊（13家）和眼用制剂（2家），其中86%的市场份额是环孢菌素胶囊剂型。公开数据显示，华东医药、环孢菌素市场份额在2015年就超过原研药，至今仍然位居榜首，占国内市场份额近44.73%（图3-26）。

他克莫司也被称作FK506，是一种二十三元大环内酯类化合物，具有多种生理活性，包括免疫抑制、抗真菌、神经保护和使神经再生等作用，目前已经作为一种有效的免疫抑制剂用于器官移植。FK506 是日本藤泽制药（Fujisawa Pharmaceutical）公司于 1984 年首先在筑波链霉菌中发现的，经后续基因组测序和基因簇功能解析确定其基因簇组成成分及调控机理。在后来的研究中发现，与在当时主要用来预防移植器官排斥反应的药

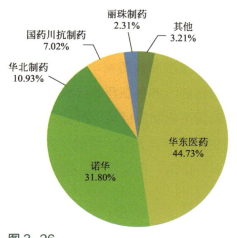

图 3-26
2019 年各企业环孢菌素市场份额

物环孢菌素相比，FK506 的免疫抑制能力几乎是环孢菌素的 10~100 倍。批准上市后，这种有效且毒性较低的免疫抑制剂已经被广泛用于防止肾、胰腺、心脏、肺、肠等器官移植的免疫排斥反应。经过多轮诱变育种，目前他克莫司生产菌株的发酵产率为 3~3.5 g/L，提取收率 60%~70%，发酵周期 14 d。

我国的免疫抑制剂主要以吗替麦考酚酯、环孢菌素以及他克莫司为主，华东医药在这三大类品种的销售中均处于绝对优势地位，占有国内免疫抑制剂市场 27% 的市场份额，与三大原研药厂商合计市场份额超过 80%。

5. 抗肿瘤类药物

当前，恶性肿瘤等疾病已成为中国人死亡的主要原因，癌症死亡率居高不下成为人们关注的重大社会问题。在此背景下，全球抗癌药市场急速增长，短短 5 年内，全球抗癌药销售额翻了一番，远超其他药物的增长速度，2020 年全球抗肿瘤药市场规模已超过 2000 亿美元，预计到 2024 年抗肿瘤类药物占全球市场份额的 20%。

据统计，2020 年全球癌症死亡人数约 1036 万人，发病人数约 1650 万人，预计中国 2030 年癌症发病人数 500 万人，死亡人数 386 万人。据 IMS 数据，2016—2020 年抗肿瘤药物的市场规模从 1250 亿元增长至 2074 亿元，其市场份额也由 9.4% 增至 12.1%。未来几年中国抗肿瘤药物将呈

现快速上升态势,预计 2021 年其市场规模将会达到 2406 亿元,抗肿瘤药的市场份额将达到 13.2%。

我国抗肿瘤药物市场竞争格外激烈,参与者主要分为三类,第一类是恒瑞医药、齐鲁制药等传统大型制药企业,第二类是罗氏、诺华、阿斯利康等跨国生物制药巨头,第三类是创新药新锐企业如百济神州、信达生物、君实生物等(表 3-7)。目前,我国抗肿瘤药生产企业主要分布在上海、浙江、江苏、山东、广东等地,抗肿瘤药种类已发展到七大类 160 多个品种。

表3-7 2017—2019年中国部分抗肿瘤药行业企业经营情况

企业名称		恒瑞医药	海正药业	神奇制药	誉衡药业
抗肿瘤药种类		甲磺酸阿帕替尼片、多西他赛注射液、注射用环磷酰胺、注射用盐酸伊立替康、替吉奥胶囊、注射用奥沙利铂、来曲唑片	注射用盐酸表柔比星和部分原料药产品、注射用甲泼尼龙琥珀酸钠、甲泼尼龙片、帕布昔利布胶囊	斑蝥酸钠系列产品,包括斑蝥酸钠维生素 B_6 注射液、斑蝥酸钠注射液	注射用盐酸吉西他滨
企业销售收入 / 亿元	2017 年	138.36	105.72	17.36	30.42
	2018 年	174.18	101.87	18.53	54.81
	2019 年	232.89	110.72	19.28	50.54
肿瘤药销售 / 亿元	2017 年	57.22	7.62	6.17	0.34
	2018 年	73.94	8.72	6.87	1.3
	2019 年	105.76	8.25	7.64	2.07
肿瘤药毛利率 /%	2017 年	91.86	73.26	90.48	75.82
	2018 年	93.35	73.41	95.98	89.55
	2019 年	93.96	72.06	93.77	92.47

目前我国抗肿瘤药品类繁多,包括单抗类、植物药类、烷化剂类、铂类、抗肿瘤抗生素类、代谢类、激素类、蛋白激酶抑制剂类、免疫调节类、中药制剂等。除了免疫调节类之外,代谢类的市场份额最大,增长较为稳健。植物药类制剂市场规模排名第三,未来仍可保持较快增长。铂类药物、抗肿瘤抗生素类、烷化剂类近年增长趋缓;单抗类药物将是未来最大增长亮点;中药制剂在肿瘤辅助用药领域的增长潜力较大。

国内抗肿瘤药市场与全球相比相对保守。在国外,单抗类药物已主导整个市场,而国内还是传统药物一统天下,抗代谢类、植物药类和烷化剂类药物总占比超过 50%。国内外市场另外一个巨大差异是，国内市场植物药类占比高，达到 19.3%，主要有替吉奥、培美曲塞、多西他赛、紫杉醇等大产品，这也是国内整个药物市场特色之一。

小分子药物关乎人类生命健康的方方面面。从肿瘤到免疫，从抗真菌到抗细菌，已占领市场的代表性小分子药物 80% 以上的生产核心技术都由国外龙头公司垄断，国内以仿制药为主，并且技术手段和生产水平都落后于国外。传统的化学小分子生产方式始终存在污染严重、副产物积累多等问题，随着生物药制造技术的不断进步，研究者不断探索生物法替代化学法，并已经在典型药物品种中成功应用生物法，未来相关市场还会不断扩大。

浙江省医药生物制造产业政策

生物经济已经逐渐成为浙江省经济领域新的增长点，《浙江省生物经济发展行动计划（2019—2022 年)》设定了总体目标，基本建成生物科技创新中心、生物经济制造中心和生物数字服务中心，远期力争成为有竞争力的世界级生物经济产业集群、全国生物经济先导区和生物数字融合示范省。

其中主要建设任务包括以下几部分。

(1) 实施创新能力提升工程：①攻克标志性技术；②加强开放协同创新；③建设生物经济重点创新平台，包括高校科研平台、新型研发平台、公共服务平台。

(2) 实施产业结构升级工程：①聚焦发展生物医药重点领域；②加快生物经济与数字经济融合发展；③加快培育"生物+"相关产业。

(3) 实施空间布局优化工程，建设"一核四基地及特色园区"。

(4) 实施创新企业集聚工程，培育千家科技型中小企业。

(5) 实施高端人才汇聚工程，包括企业家、应用型人才、生物经济领军人才。

（6）实施生物技术应用工程，包括新生物技术惠民应用、产品推广应用。

（7）实施生物资源保护工程，包括海洋生物资源养护、农业种质资源保护、特色中药资源保护开发。

根据以上总任务，浙江省立足各行政单位的实际情况，制定了详细的生物医药产业发展政策。

2021年，为进一步推动浙江山区26县加快发展生物科技产业，浙江省又推出了《浙江省山区26县生物科技产业发展行动计划（2021—2025年）》（以下简称《行动计划》）。《行动计划》提出，浙江山区26县生物科技产业的创新能力、发展方式、社会效益全面升级，产业规模持续扩大，到2025年，山区26县生物产业总产值力争突破500亿元，到2030年超过千亿元。

一、杭州市生物医药产业政策

近年来，杭州市生物医药产业规模保持高速增长，根据《杭州市生物医药产业创新发展的实施意见》，到2022年，将杭州打造成为具有全球影响力的生物医药创新城市。杭州市将初步建成国内领先的生物医药研发及产业化高地，主营业务收入达到1000亿元以上。杭州市将生物医药产业作为"1+6"产业集群的重要组成部分，不断加大产业布局力度。

目前，杭州市确定了以杭州经济技术开发区为核心，以高新区、大江东产业集聚区、余杭区为重点，以富阳药谷小镇、中国智慧健康谷（萧山）桐庐富春山健康城、临安天目医药港、淳安县文昌健康食品小镇、建德高新技术产业园为多个集聚点的"一核三园多点"生物医药产业空间格局。

杭州经济技术开发区： 为加速推动生物医药产业集聚和重点项目建设，杭州经济技术开发区依托区内高校资源集聚优势，全力打造杭州市生物医药产业核心研发集聚区，旨在将杭州医药港打造成为杭州市环节最完备、要素最齐全、发展速度最快的生物医药高端产品研发集聚区。在巴黎、东京等海外城市设立8个招才引智点，并在波士顿设立3000万美元的海外生物医药基金，在硅谷建立杭州协同创新中心，助力人才招引。目前，生物医药从业人才超过2万名。杭州经济技术开发区已集聚了国家千人计划、浙江省千人计划、市"521"等高层次人才100名以上。杭州医药港内有国家级高新技术企业15家，建成省、市级研发（技术）中心40个，其中，九源基因等课题合作单位研发投入占比高达8%，远高于行业平均水平。规上药企研发投入占比达4%以上。

高新区：杭州高新区发挥创新人才、金融资本、科技服务等资源优势，全面推进"互联网+医疗"战略以及区域智慧医疗产业建设，建立覆盖全生命周期、特色鲜明、结构合理的生命健康产业体系，形成了以智慧医疗为核心，健康医疗服务、高端医疗器械、药品制剂为特色的生物医药智慧创新高地。2019年，高新区拥有医药、诊断试剂、医疗器械、药械流通公司共425家，上市公司及新三板挂牌企业达12家；形成了智慧医疗、生物医药、高净值医疗器械、诊断试剂四大产业集群，其中智慧医疗全国领先。

大江东产业集聚区：大江东产业集聚区依托生物产业国家高新技术产业基地，集中建设符合国际标准、设施一流的创新药物生产基地，完善产业生态链，力争建成创新药、高端医疗器械的智能制造中心。大江东产业集聚区以原创新药、智能医疗设备、器械、高端健康食品为重点发展方向，构建"生物医药、健康食品"二合一的智慧健康产业体系。在生物医药方面，以苏泊尔南洋药业、华东医药、泰华医药等为龙头，重点发展生物制药、生物诊断试剂等相关产业领域。

余杭区：余杭区重点发展网络化、智能化现代医疗设备产品和生物制药，在可穿戴设备、基因诊断（生物芯片）、植（介）入材料、干细胞及再生医学、基因检测等领域形成优势聚集，旨在将园区打造成以现代医疗器械为主、创新药物并行的孵化和产业化基地。余杭生物医药高新技术产业园区总规划面积20.76 km^2，主打创新药物和医疗器械，已拥有生物医药企业达70余家，集聚了赛诺菲、葛兰素史克、安进、礼来等多个世界500强企业以及贝达药业、民生药业、胡庆余堂、中翰盛泰等大批"医药航母"企业；拥有浙江省医疗器械检验院余杭分院、浙江医疗器械评审中心宇航医疗器械评审服务中心、浙江省食品药品监督管理局行政审批余杭分中心三大服务平台；已拥有生物医药及医疗器械企业100余家，集聚"国千""省千"人才9名，高技能人才1000多名，获得生物医药领域专利324件。有享受国务院特殊津贴人才等国家级专家10余名。

二、宁波市生物医药产业政策

2018年，宁波市制定出台了《宁波市加快推进生物医药产业发展若干政策措施》，为生物医药产业培育奠定了前期基础。2019年以来，在《宁波市"246"万千亿级产业集群培育工程实施意见》出台基础上，宁波市先后印发了《宁波市生物医药产业集群发展专项规划（2018—2025年）》《宁波市生物医药产业集群培育三年行动计划（2020—2022年）》，加快推动生物医药产业培育发展。此外，结合当前生物医药产业发展的机遇期，宁波市在2020年又发布了《宁波市加快推进生物医药产业发展的意见》，包括创新药械生产模式、招引优质企业和项目、支持企业研发创新、鼓励提升质量水平、支持园区平台建设、合力构建培育环境等方面内容。

三、台州市生物医药产业政策

台州市将以台州临海医化园区、椒江绿色药都为重点，依托化学药、无菌医疗器械制造等优势，大力发展生物制造、生物服务、生物医药及生物医学工程等领域，推进台州耶大基因与细胞治疗研究院、台州生物医化产业研究院等创新平台建设升级，打造世界级高端医药产业制造中心和"中国绿色药都"。2016年，台州市发布了《台州湾集聚区椒江分区"十三五"发展规划》，按照此规划，"十三五"期间将以医药产业为一大龙头产业，以研发为核心，以制剂、成品药为基本产品定位，提高台州医药产业的国际竞争力，大力培育发展生物制药产业，争创省级科技创业服务中心和国家级生物医药产业基地。而在2021年发布的《台州市健康产业发展"十四五"规划》中再次指出需要聚焦"药"板块，大力发展生物药、现代中药、创新药等。目前，台州生物医药产业已经打造出华海药业、海正药业等全国乃至全世界知名的药企，生物医药获得长足发展。资本与生物医药科技紧密结合推动技术的发展和应用，成为台州医药界共同的课题。

四、绍兴市生物医药产业政策

绍兴市 2020 年依托高新区健康装备和医用新材料产业基地、滨海新城生物医药产业园、新昌生物医药产业基地，以生物发酵、生物医药等优势领域为重点，大力发展生物医药、生物医学工程和生物制造产业。绍兴市市监局为生物医药投资项目审批开辟"绿色通道"，推动了绍兴市生物医药的发展。目前，滨海新区已引进培育各类生物医药相关企业 138 家，其中规上企业 27 家，包括浙江震元、浙江医药、歌礼制药、德琪医药、振德医疗等一批行业领先企业，构建了以化学原料药和医疗器械制造为基础、生物医药和创新化学药研发生产为重点、中药和流通服务为协同的生物医药产业体系。另外，《绍兴滨海新区发展规划》提出，到 2025 年，滨海新区将力争建成浙江省标志性的"万亩千亿"新产业平台，在基因工程药物、疫苗、高端化学制剂、诊断试剂等方面培育出具有较强竞争力的优势产品，生物医药总产值将达到 1000 亿元。

五、金华市生物医药产业政策

2017 年，金华市颁布了《金华市"五个一百"重大项目三年行动计划（2017—2019 年）》，提出全面提升、积极推进企业兼并重组，坚持重点突破，推动生物医药领域关键应用技术联合攻关，建成浙中特色生物医药产业基地，重点发展生物制品和化学药品、高端医疗器械、现代中药和大健康产品等产业。以金华市区、兰溪市、东阳市、武义县、磐安县为重点发展区域，加快磐安江南药镇、金华开发区健康生物医药产业园、东阳生物医药产业基地、兰溪天然药物产业基地、武义有机国药生产基地等建设。2019 年，金华市出台了《金华开发区促进生物医药产业招商实施办法（试行）》，明确了项目用地保障、厂房租赁奖励、新产品产业化奖励、贷款贴息奖励、设立生物医药产业化促进基金等六条扶持政策，推动了金华市生物医药的发展。2021年，金华市又颁布了《关于加快推动生物医药产业高质量集聚发展的七条意见》，鼓励药品生产企业创新研发，并给予一定金额奖励；同时，支持药品生产企业开展国际认证。目前，金华的健康生物产业园已经聚集了花园生物、康恩贝、尖峰、普洛药业等一批生物医药企业，正朝着"万亩千亿"大平台迈进。

六、丽水市生物医药产业政策

2017年，丽水市颁布了《关于加快市区生物医药产业发展的实施意见》，对生物医药企业实施财政奖励政策和研发费用补助，推动了丽水市生物医药产业的发展。丽水市依托丽水"六养"以及"丽九味"资源优势，加快华东药用植物园、食用菌精深加工孵化园等产业园建设，引导中药材种植和加工、生物活性物质提取等集约高效利用。重点发展药品制造、制药装备及配套服务、医药销售、健康食（用）品、医疗服务、健康管理等产业。目前，已建成以国镜、众益（华润三九）为代表的生物制药产业；以维康、康恩贝为代表的现代中药产业；以胡庆余堂方格药业、五养堂为代表的食用菌多糖保健产业；以原能细胞为代表的细胞基因产业。另外，丽水市形成了以景宁畲药为特色，以世界500强肖特为代表的医疗器械产业。

七、湖州市生物医药产业政策

2018年湖州市经济与信息化局（中小企业局）发布了《湖州市2018年工业和信息化工作要点》，明确指出要大力培育新兴产业，以生物技术医药、生命技术、医疗器械等为重点，加快推动天士力、青春宝、佐力、海王生物等一大批重大项目建设，加快德清县生物医药产业园、南太湖生物医药产业园和安吉县健康产业园建设，打造具有区域特色生物医药产业聚集区。2021年湖州市经济与信息化局（中小企业局）发布《湖州市推动制造业高质量赶超发展实施意见（2020—2022年）》政策，鼓励生物医药企业研发新药，对生产设备（含软件，下同）投资500万元（含）以上的"零土地"技改项目及生产设备投资2000万元（含）以上的独立供地项目，按设备投资额（不含税，下同）的 8% 给予奖励，单个项目最高奖励 2000 万。对获得药品注册证书并在湖州市产业化的创新药、改良型新药，每个品种分别奖励 800 万元、300 万元。对通过仿制药一致性评价或新取得仿制药注册证书的品种，每个奖励 300 万元。鼓励企业加大设备投资。

八、嘉兴市生物医药产业政策

2021 年，嘉兴市人民政府办公室发布《关于加快生物医药产业高质量发展意见》。在支持重大项目招引方面，对国际行业领先企业、引进的世界 500 强、总部经济或对区域经济发展有重大推动作用或贡献特别大的产业项目建设，按照项目总投资的 10%～30% 比例给予补助。在鼓励企业研发创新方面，对开展临床试验并在嘉兴市转化的新药，分阶段分类别按实际研发费用的 20%～40% 给予补助。在支持科研成果产业化方面，对于在嘉兴市取得药品注册证书且实施产业化的项目，对项目总投资给予补助，单个项目补助最高不超过 4000 万元。鼓励嘉兴市生物医药企业积极承接市外药品上市许可持有人或者医疗器械注册人的生产委托。最终力争到 2023 年，培育建成 4～5 个生物医药特色园区，引进、培育生物医药头部企业总数达到 10 个以上，生物医药产业产值在 2020 年的基础上翻一番；到 2025 年，形成 3～4 个具有一定竞争力的细分领域，培育 2～3 个百亿级产业集群，产业规模与影响力大幅提升，为打造长三角"千亿产能、万亿市值"生物医药产业高地奠定坚实基础。

第三节

浙江省医药生物制造产业发展方向

生物医药是生物产业的重点产业，是目前创新最活跃、对社会影响最深远的产业之一。为进一步促进、加快浙江省医药生物制造产业的发展，推动浙江省抢占新一轮科技革命的战略制高点，对杭州、金华、宁波、温州、湖州、丽水、绍兴、台州等多个重点城市进行了深入调研。从产业发展现状来看，虽然"十三五"期间浙江生物医药制造产业在政策支持下取得了不错的发展，但是存在一些不足和短板。如与江苏、广东、上海等地相比，医药生物制造产业存在总量规模较小、创新能力不足等缺陷。1999年浙江省生物医药曾经位居全国首位，而近年来周围兄弟省市也大力发展生物医药产业，浙江省已滑落至第二梯队。缺乏具有国际知名度的行业龙头企业，主营业务收入超百亿元的生物医药企业较少，与药明康德、恒瑞医药等知名龙头企业差距较大。虽然特色园区聚集发展，但是对标张江药谷、苏州生物医药产业园等园区，浙江园区在创业孵化、技术研发、成果转化等方面仍有不小的差距。

针对以上问题，我们对浙江省生物医药产业发展提出了一些建议：

（一）升级转型　构建产业融合发展体系

把握"一带一路"机遇，大力推动医药产业绿色发展示范区建设，持续支持绿色环保、节能减排的新技术、新工艺和新设备在医药工业中的应用，严格环保准入和排放标准，推动生物医药产业健康发展。提升生物医药全产业链的核心竞争力，优化生物医药产业发展布局，提升生物医药现代化和大健康产品创新能力，实现生物医药企业规模化、经营规范化和生产现代化。

（二）研发创新　打造高层次产业集群

抓住国家发布实施"健康中国2030"规划纲要、发布《关于促进中医药传承创新发展的意见》和扶持生物医药创新发展的战略机遇，围绕大力推动医药企业技术创新、质量提升、投资并购和国际化发展进一步聚集研发力量，增强创新能力，加快打造高层次产业集群。

（三）加快智能制造　推动产业发展引领示范

推动新型原料药、生物药、中药的智能制造，加强信息支撑，引进上下游优势互补产品和资源配套产业，提升医药产业园区聚集效应。完善技术创新战略联盟体系功能，建设"互联网+"智能医药工厂，提高药品研发与工程设计、制药设备自动化和医疗器械产品数字化的智能制造水平。积极打造研发、小试、中试、产业化一体融合的加速器平台。加大生物医药智能制造产业专项扶持力度，提供充分利于规模以上药企智慧制造发展的专项政策体系支撑，促进产业健康、高效、有序发展。

（四）加速国际合作

完善医药贸易国际化平台，加快健全国际合作模式，搭建优质医药联合研发、推广、出口国际平台。依托国际合作平台，打造特色医药生物制造研发体系，加快互认，提升"一带一路"特色核心竞争力。抓住医药市场国际竞争国内化、国内竞争国际化的新机会，加强国际技术合作与国际产能合作，支持制药企业开展全球收购兼并和产能转移建设。提高特色化学原料药深加工比重，全面推进医药质量体系与国际高端市场接轨，加速实施制剂国际化营销战略。扩大医疗设备出口规模，培育医药工业新增长点。加大引进和培养国际化人才力度，完善相关配套政策，提高研发、注册、生产、销售各环节的国际化经营能力。

参考文献

[1] 赵娣，陈西敬. 生物大分子药物的药代动力学研究进展 [J]. 药学进展，2018, 42(8):592-598.

[2] 王颖，陆赟，张小平，等. 上海生物医药产业发展报告 (2018 年度)[J]. 上海医药，2020, 41(7):4.

[3] 独活. 2019 中国医药工业 100 强 [J]. 互联网周刊，2019(23):3.

[4] 徐越，孙国君. 浙江省生物医药产业技术创新战略联盟发展成效及存在问题分析 [J]. 产业与科技论坛，2020(4):3.

[5] 周元. 浙江省生物医药产业链创新发展特征研究 [J]. 全球科技经济瞭望，2019, 34(5):7.

[6] Lu R M, Hwang Y C, Liu I J, et al. Development of therapeutic antibodies for the treatment of diseases[J]. Biomed Sci, 2020, 27:1.

[7] 阿达木单抗原研药在华再扩适应症"药王"市场争夺激烈 [EB/OL]. [2021-04-23]. https://baijiahao.baidu.com/s?id=1697833870768913067.

[8] Sur D, Havasi A, Cainap C, et al. Chimeric antigen receptor T-cell therapy for Colorectal cancer[J]. Journal of Clinical Medicine, 2020, 9(1):182.

[9] 2020—2025 年中国抗体行业市场前景及投资机会研究报告 [EB/OL]. [2020-07-03]. https://baijiahao.baidu.com/s?id=1671195917896919772.

[10] Rodgers K R, Chou R C. Therapeutic monoclonal antibodies andderivatives: Historical perspectives and future directio[J]. Biotechnol Adv, 2016, 34(6):1149-1158.

[11] 高倩，江洪，叶茂，等. 全球单克隆抗体药物研发现状及发展趋势 [J]. 中国生物工程杂志 , 2019, 39(3): 111-119.

[12] Vargason A M, Anselmo A C, Mitragotri S. The evolution of commercial drug delivery technologies[J]. Nature Biomedical Engineering, 2021, 5:951-967.

[13] 常见的多肽类药物种类大盘点 [EB/OL]. [2021-06-16]. https://wenku.baidu.com/view/4ef0092f497302768e9951e79b89680203d86b78.html.

[14] Cytotoxic payloads for antibody–drug conjugates[M]. New Jersy: Wiley, 2019.

[15] Beck A, Goetsch L, Dumontet C, et al. Strategies and challenges for the next generation of antibody-drug conjugates[J]. Nature Reviews Drug Discovery, 2017, 16(5):315-337.

[16] Mullard A. Maturing antibody–drug conjugate pipeline hits 30[J]. Nature Reviews Drug Discovery, 2013, 12(5):329.

[17] 杨跃梅，沈倍奋 . 抗体 - 药物偶联物药物用抗体研究进展 [J]. 国际药学研究杂志，2014, 6:617-622.

[18] Sau S, Alsaab H O, Kashaw S K, et al. Advances in antibody–drug conjugates: a new era of targeted cancer therapy[J]. Drug Discovery Today, 2017, 22(10):1547-1556.

[19] Malik P, Phipps C, Edginton A, et al. Pharmacokinetic considerations for antibody-drug conjugates against cancer[J]. Pharmaceutical Research, 2017, 34(12):2579-2595.

[20] Diamantis N, Banerji U. Antibody-drug conjugates—an emerging class of cancer treatment[J]. British Journal of Cancer, 2016,4(114): 362-367.

[21] Peters C, Brown S. Antibody-drug conjugates as novel anti-cancer chemotherapeutics[J]. Bioscience Reports, 2015, 35(4):20.

[22] Perrino E, Steiner M, Krall N, et al. Curative properties of noninternalizing antibody-drug conjugates based on maytansinoids[J]. Cancer Research, 2014, 74(9):2569.

[23] "生物导弹" ADC 药物迎来黄金时代，挑战下一个千亿市场！ [EB/OL]. [2021-01-20]. https://baijiahao.baidu.com/s?id=1689375211821653382.

[24] 中国医疗行业生物科技系列报告（一）：ADC 抗体偶联药物 [EB/OL]. [2021-09-06]. https://download.csdn.net/download/Poorest/21987932.

[25] Wang F D, Zuroske T, Watts J K. RNA therapeutics on the rise[J]. Nature Reviews Drug Discovery, 2020, 19(7):441-442.

[26] RNA 药物前途无限，递送系统成研发瓶颈 [EB/OL]. [2020-05-06]. https://baijiahao.baidu.com/s?id=1665884276232685669.

[27] Benteyn D, Heirman C, Bonehill A, et al. mRNA-based dendritic cell vaccines[J].

Expert Rev Vaccines,2015, 14(2):161-176.

[28] Jirikowski G F, Sanna P P, Macieiewski-Lenoir D, et al. Reversal of diabetes insipidus in Brattleboro rats: intrahypothalamic injection of vasopressin mRNA [J]. Science, 1992, 255(5047):996-998.

[29] 医药行业研究报告：RNA 靶向药物，后单抗时代新浪潮 [EB/OL]. [2021-04-13]. https://baijiahao.baidu.com/s?id=1696907558360270305.

[30] 前瞻产业研究院. 2020—2026 年中国 CRO 产业运营现状及发展前景分析报告 [EB/OL]. [2022-05-19]. https://bg.qianzhan.com/trends/detail/506/200408-2135f5a6.html.

[31] 医药生物行业深度报告：医药高端制造系列报告一，中国制造崛起，特色原料药受益显著 [EB/OL]. [2021-01-03]. https://data.eastmoney.com/report/zw_strategy.jshtml.

[32] 医药生物行业定期策略：医改政策加速推进，行业创新提速 [EB/OL]. [2021-01-05]. https://data.eastmoney.com/report/zw_strategy.jshtml.

[33] 医药生物行业 2021 年度策略：坚守"创新"核心，拥抱"消费"景气 [EB/OL]. [2021-01-11]. http://www.yjcf360.com/ticaigainian/18596248.htm.

[34] 医药行业 2021 年度策略：后疫情时代，医药发展新动力 [EB/OL]. [2021-01-15]. https://med.sina.com/article_detail_103_2_94927.html.

[35] 医药生物行业：重点关注品牌中药，继续把握消费、创新两大核心赛道 [EB/OL]. [2021-01-11]. https://data.eastmoney.com/report/zw_industry.jshtml.

[36] 医药生物业跟踪周报：创新药公司出路在哪里？全球专利体系 [EB/OL]. [2020-12-08]. https://download.csdn.net/download/u013883025/20275827.

[37] 医药生物行业周观点：医药谈判结果落地，国产创新大有可为 [EB/OL]. [2020-12-22]. https://download.csdn.net/download/u013883025/20275804.

[38] 邓心安，李嵘，郭源. 生物经济对可持续发展的影响 [J]. 科技促进发展，2019,9(15): 997-1002.

[39] Mullard A. FDA approves 100th monoclonal antibody product[J]. Nature Reviews Drug Discovery,2021, 20(7): 491-495.

[40] 朱雪亚，李泽运，田鑫，等. 单克隆抗体药物药代动力学特征、分析方法以及体内分析方法学研究进展 [J]. 中国临床药理学与治疗学，2021, 26:113-120.

[41] 秦治伟，董文婷，任晓蕾，等. 多糖与小分子活性成分药动学及药效学协同作用的研究进展 [J]. 中国医药导报，2021, 18: 63-66.

第四章 农业生物制造

第一节 浙江省农业生物制造产业发展现状

一、农业产业是浙江省社会经济发展的重要基础行业

浙江是我国农、林、牧、渔全面发展的综合性农区,素有"鱼米之乡,丝绸之府,文物之邦,旅游之地"之称,历史上孕育了以河姆渡文化、良渚文化为代表的农业文化。浙江全省陆地总面积10.18万平方公里,约占全国的1.06%,是面积较少的一个省份。其中:山地和丘陵占70.4%,平原和盆地占23.2%,河流和湖泊占6.4%,省内主要农业产业包含了粮油、畜禽、蔬菜、茶叶、果品、茧丝绸、食用菌、花卉、中药材等。2021年浙江省农业农村厅统计数据显示,当年浙江省共有农村人口1788万人,农业产业总体发展态势稳步上升(图4-1)。浙江省内农业产业特色鲜明,近年灾害频发但产业基本稳定,高效经济作物开发有力,具有十分明显的沿海省份经济特色。

浙江省积极推进农业农村改革，致力于农业全面升级、农村全面进步、农民全面发展，加快农业农村现代化，深入实施乡村振兴战略，农业农村经济呈现了持续快速发展态势。一直以来，浙江省致力于采用多种手段提升农业生产效率，如2021年提出实施以科技强农、机械强农为内涵的"双强"行动，以促进农业高质量发展。其中，以农药、肥料、疫苗及兽药为代表的农业制造产业是推进农业改革、实施乡村振兴的重要支柱产业。

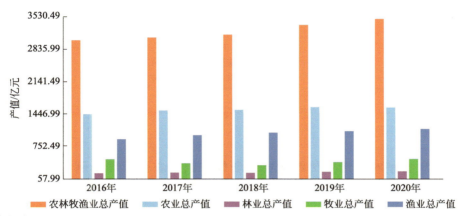

图4-1
2016—2020年浙江省农林牧渔业产值变迁
数据来源：国家统计局

二、产业特色与现状

浙江省在农业制造领域有足够的科技及产业积累，代表性企业部分产品行业领先，但部分行业也面临着技术创新力不足、经济效益下滑等问题。据查证浙江省省内在农业相关领域的上市企业共计12家，其中林业种植业及农业服务类目前尚无上市企业。从数量上看，养殖业与农产品加工企业在全国范围内占比优势不大；主要优势集中在农药、乳制品、肉制品加工领域（表4-1）。数据显示在农药领域浙江省的发展优势为借助了绿色生物制造与研发能力的先进性，经营方向集中在农药及中间体、精细化学品、制剂产品的开发与生产，而乳制品、肉制品加工领域则主要依仗于传统工艺的传承开发。

表4-1 浙江省省内农业及相关领域上市企业情况

所属领域	上市企业	占比
养殖业	天邦食品股份有限公司	3.7%
农产品加工	佩蒂动物营养科技股份有限公司 祖名豆制品股份有限公司	5.9%
农药	联化科技股份有限公司 浙江新农化工股份有限公司 绍兴贝斯美化工股份有限公司 钱江生化股份有限公司	13.8%
肉制品加工	金字火腿股份有限公司 浙江华统肉制品股份有限公司	25%
乳制品加工	浙江贝因美集团 熊猫乳品集团股份有限公司 浙江一鸣食品股份有限公司	16.7%

（一）农药

浙江省是农药产业传统大省，新修订的《农药管理条例》实施以后，浙江省着力做好农药生产许可管理，强化事前、事中、事后监管，不断推进农药行业转型升级。至2021年3月底，浙江省有农药登记产品2282个，已核发农药生产许可证81个（不包括已注销的2个），核准农药原药（母药）167个，通过率为89.3%；制剂425个，通过率为92.4%。

浙江省现有农药生产企业81家，其中涉及大田农药的59家，涉及卫生杀虫剂的24家（包括3家大田农药和卫生杀虫剂均生产的企业），涉及杀鼠剂生产的3家（包括2家大杀鼠剂和卫生杀虫剂均生产的企业）。根据浙江省农药企业的生产调度数据，2020年浙江省生产农药原药10.83万吨、制剂37.04万吨，销售原药7.23万吨、制剂37.09万吨，农药销售收入为215.92亿元。受新冠疫情、中美贸易摩擦、原材料成本和海运费用上涨等因素影响，尽管销售收入同比2019年上涨6.4%，但利润下降17.4%，为14.23亿元。

原药产品中，除草剂占据了"半壁江山"，产量达7.28万吨，占原药总产量的67.2%；杀菌剂后来居上，原药产量1.98万吨，占18.3%；杀虫剂和植物生长调节剂产量差异不大，均占7%左右。

制剂产品中主要是除草剂，产量达21.98万吨，占59.3%。卫生杀虫剂是第二大类制剂产品，产量达 7.49 万吨，占 20.2%。杀虫剂和杀菌剂并驾齐驱，分别为 3.37 万吨和 2.99 万吨，各占 9.1% 和 8.1%。植物生长调节剂制剂 1.13 万吨，仅占 3.1%（图 4-2）。

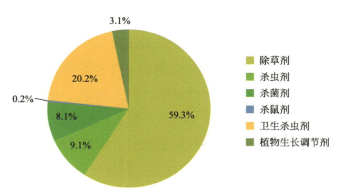

图 4-2
各类农药制剂产量分布

在所有农药类别中，草铵膦是一种广谱触杀型灭生性除草剂，具有广谱、低毒、活性高和环境相容性好等特点。一直以来，其生产工艺均使用化学法（盖布瑞尔 - 丙二酸二乙酯合成法等）进行合成。浙江工业大学通过生物催化剂的创制、制备和反应条件优化等，自主研发了精草铵膦生物合成工艺，在合作企业实现了万吨级精草铵膦的制备。此外，近年来同类产品草甘膦生产企业浙江新安化工集团表现十分突出，新安化工为该产品在国内的龙头企业之一，而草甘膦也是该企业的主导性产品。尤其在 2020 年 9 月底到 2021 年底间，草甘膦市场价格从 2.475 万元 /t 涨至 8 万元 /t，新安化工 2021 年净利润达到了近 27 亿元。导致该现象的一部分原因是国内草甘膦产能的增长缓慢，数据显示，2017—2021 年国内草甘膦的产能年均复合增长率仅为 1.2%，导致市场库存低位运行。2021 年数据显示，新安化工的草甘膦产能在 10 万吨 / 年左右，产能利用率达到 106.83%，已达上限。以国内草甘膦总有效产能 65 万吨 / 年计，新安化工在我国草甘膦市场的份额接近 20%。

（二）肥料

一直以来，化肥在农业生产中都发挥着举足轻重的作用。化肥是建设现代化农业的重要支撑，是关系国计民生的重要基础产业，对于保障粮食安全和促进农民增收具有十分重要的作用。化肥的施用决定着农作物的产量，直接影响着农民的收成。化肥是用化学和（或）物理方法制成的含有一种或几种农作物生长需要的营养元素的肥料，也称无机肥料，包括氮肥、磷肥、钾肥、复合肥料等，是当前农业发展中使用率最高的肥料。化肥最为突出的优点是它的养分含量高、见效快、增产效果好。

进入 21 世纪后，我国的化肥行业得到了飞速发展。中国与俄罗斯、美国、印度是全球主要的尿素及合成氨生产国，同时，中国的磷肥产能约占全球 40%，产量占全球磷肥产量 35%，产能、产量均位列世界首位。

2015 年，农业部发布《到 2020 年化肥使用量零增长行动方案》，推动化肥产业转型升级。化肥行业发展回归理性，行业经营主体开始转型升级。由于产能过剩、优惠政策退出、煤炭等原材料价格上行等不利因素影响，化肥行业产量下降。2020 年，中国化肥产量 5496.0 万吨，下降 4.1%（图 4-3）。

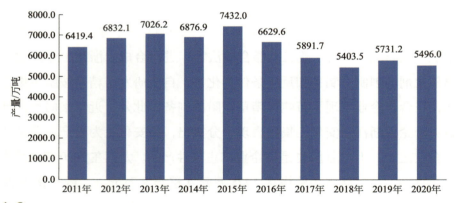

图 4-3
2011—2020 年中国化肥产量

浙江省化肥企业数量较多，但规模较小，包括丰球化肥有限公司、浙北化肥农药有限公司、科农复合肥有限公司、兰溪市复合肥厂等。

除化肥外，有机肥也常用于农业生产，主要包括农家肥、人粪尿、堆肥、农作物秸秆等。有机肥营养全面，通常包含多种有机酸、肽类以及氮、磷、钾等养分。2015—2020 年，受益于政策红利，有机肥企业数量迅速增加，行业产能及各类新型产品不断涌现，中国有机肥行业市场规模由

658.2亿元提升至978.7亿元。

2021年，中国有机肥和微生物肥生产企业共计3500多家。由于有机肥原料资源分布较为分散、利用不便及商品化有机肥投产资本要求较高等，中国有机肥生产企业的生产规模较小。浙江省有机肥生产企业数量较少。

（三）饲料

中国饲料行业整体较为分散，行业集中度不高。近年来，行业集中度不断提高，但离发达国家水平还有相当差距。中国饲料产量连续九年居世界第一，2019年达22885万吨，近年来全行业增长放缓，进入稳定发展和结构化调整阶段，饲料企业数量由2010年的10000多家减少到2019年的5000多家，大型企业多利用行业整合机遇及规模优势，通过兼并和新建扩大产能、进行产业链的延伸或发展多元化的业务；面对资本、人才、技术和服务能力等发展瓶颈，中小企业将逐步被优势企业整合并购或退出市场。与德国、日本的行业集中度相比，中国饲料行业集中度还有较大提升空间。此外，中国主要饲料企业产品类型和销售区域存在一定差异，竞争相对不激烈（表4-2）。

表4-2 主要饲料企业及产品

公司	主要产品类型
新希望	禽饲料为主
大北农	猪饲料为主
海大集团	水产饲料为主
双胞胎	猪饲料为主
正大集团	猪饲料为主
正邦	猪饲料为主
天邦	禽饲料为主
通威股份	水产饲料为主
金新农	猪饲料为主
唐人神	猪饲料为主
天康生物	猪饲料为主
禾丰牧业	禽饲料为主

中国饲料产量逐年递增：1990—2010 年，中国饲料产量从 3194 万吨增长至 16202 万吨，年均复合增长率达 8.46%；2010—2019 年，中国饲料工业产量增速有所放缓，全国饲料产量年均复合增长率为 3.91%，2021 年中国工业饲料总产量达 29344.3 万吨。从饲料品种结构看，肉禽饲料和猪饲料一直是中国产量最大的两个饲料品种。浙江省省内饲料生产企业较少，尤其缺少大型饲料企业，且带有一定的沿海省份特色。浙江省省内在册的中小型饲料企业在 500 家左右，以粮食作物类为原料的大宗饲料生产企业较少，多为浓缩饲料、配合饲料、精料补充料及添加剂预混饲料生产企业。同时，浙江省内水系及海洋资源较为丰富，出现了一批以舟山及其他沿海县市为代表的鱼粉等渔业类饲料企业。

三、生物制造是推动绿色农业的重要手段

近年来，浙江省全面贯彻创新、协调、绿色、开放、共享发展理念，坚持绿水青山就是金山银山，以实施乡村振兴战略为统领，结合"千村示范、万村整治""五水共治""四边三化"重大行动，以省为单元，全域推进农业绿色发展，高起点定位产业、资源、产品、乡村、制度、增收"六个绿色"，着力打造农业绿色发展的"浙江样本"。大力推行清洁化标准化生产，加大绿色技术应用，开发绿色产品，打造绿水青山。

生物制造利用酶或完整的细胞进行物质转化，具有绿色、高效、成本低等优点，完全符合绿色农业的战略需求。生物制造在农业领域被广泛应用于生物农药、生物肥料、生物饲料、动物疫苗及兽药的开发等，并取得了显著成效。

（一）农药生物制造

农药生物制造具体体现在生物农药的开发制造以及传统化学农药的生物酶法制备。

1. 生物农药

生物农药包括微生物农药、植物源农药、生物化学农药（生化农药）（图 4-4），具有有效、对生态和环境安全等优点，能完全或部分替代化学

农药。生物农药作为农药工业和高新生物技术产业的重要技术领域之一，已经成为食品安全、人类健康、生态平衡、农业可持续发展的重要保障，具有广阔的发展空间。

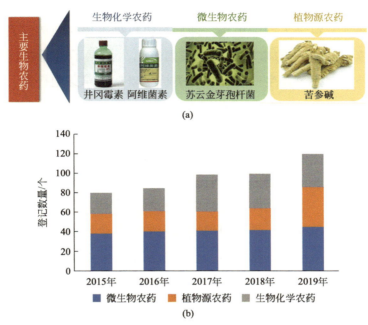

图 4-4
生物农药的主要种类（a）及发展情况（b）

全球农药市场分析数据显示，2020 年全球作物用农药销售额（按出厂水平计）为 620.36 亿美元，生物农药销售额增幅显著。预计到 2025 年全球生物农药销售额将达到 95 亿美元左右。国外生物农药研发经费投入约为每年 2 亿～3 亿美元，与全球化学合成农药创制或转基因植物研究开发投入的强度相比，仍有较大差距。

在全国范围内，登记的微生物农药产品中，苏云金芽孢杆菌登记产品数量最大，为 176 个，其次是枯草芽孢杆菌 73 个、球孢白僵菌 24 个；生化农药登记产品中，赤霉酸登记数量最大，达到 142 个，其次是萘乙酸 58 个、芸苔素内酯 53 个；植物源农药登记的产品中，苦参碱登记数量最大，达 116 个，其次是鱼藤酮 22 个；生化农药中，以阿维菌素、多杀霉素、嘧啶核苷类抗生素为主。

浙江省内生物农药以阿维菌素、井冈霉素、苦参碱、枯草芽孢杆菌、苏云金芽孢杆菌、芸苔素内酯为主（表4-3）。其中，浙江省桐庐汇丰生物科技有限公司是国内首家井冈霉素生产企业，保持了较好的技术传承与发展，产品生产能力常年位居全国首位，生产技术始终处于国内领先、国际先进水平，全国市场占有率在70%以上，产品出口欧美及东南亚，并作为医药中间体原料进入国际市场，除原料供应外，该企业的"富春牌"系列井冈霉素制剂产品的市场份额也较为突出，占据了市场总份额的40%左右。此外，该公司还生产嘧啶核苷类抗生素、枯草芽孢杆菌、苏云金芽孢杆菌等生物农药产品。阿维菌素发展至今已30多年，出现了数以百计的生产企业及数千种登记在册的单剂及复配产品，由于其在农业应用中的广泛性和有效性使得该产品到目前仍旧长盛不衰。浙江省是我国阿维菌素的主要产地，发展过程中出现了包括升华拜克、海正药业和钱江生化在内的几家龙头企业。浙江钱江生物化学股份有限公司是中国生物农药行业和浙北地区首家上市公司，是国内规模最大的新型生物农药、兽药生产企业之一。其主要产品包括生物农药（包括杀菌剂、杀虫剂、植物生长调节剂等）、生物兽药、生物医药中间体、饲料添加剂等四大系列30多个产品，是井冈霉素、阿维菌素、赤霉素的主要生产厂家。浙江世佳科技股份有限公司拥有全系列植物生长调节剂产品，是目前拥有植调剂登记证资源最多的厂家之一，作为国内芸苔素内酯原药生产企业参与了4个芸苔素系列产品国家行业标准的制定，产品远销美洲、欧洲、东南亚等地。

表4-3 浙江省主要生物农药及生产企业

生物农药	制造企业
阿维菌素	浙江海正药业有限公司，浙江升华拜克股份有限公司，浙江世佳科技股份有限公司，浙江钱江生物化学股份有限公司，宁波三江益农化学有限公司
甲氨基阿维菌素苯甲酸盐	浙江中山化工集团股份有限公司
井冈霉素	浙江省桐庐汇丰生物科技有限公司，浙江钱江生物化学股份有限公司
苦参碱	丽水市绿谷生物药业有限公司
嘧啶核苷类抗生素	浙江省桐庐汇丰生物科技有限公司
枯草芽孢杆菌	浙江省桐庐汇丰生物科技有限公司，浙江泰达作物科技有限公司

续表

生物农药	制造企业
斜纹夜蛾诱集性信息素	宁波纽康生物技术有限公司
苏云金芽孢杆菌	浙江省桐庐汇丰生物科技有限公司
24-表芸苔素内酯	浙江世佳科技股份有限公司
芸苔素内酯	浙江省义乌市皇嘉生化有限公司，浙江来益生物技术有限公司

2. 化学农药的生物酶法制备

化学农药常采用化学法进行生产，生产过程常需要高温高压环境，能耗较大。同时，生产过程产生的三废较大，对环境污染严重。因此，采用酶法转化部分或全部替代化学农药生产过程符合绿色、环保的要求，具有广阔的应用前景。

2002 年以来，浙江工业大学积极开发生物酶法合成草铵膦的技术路线，成功开发出利用生物多酶偶联法制备 L-草铵膦（精草铵膦）的方法，实现了化学农药的生物制造，降低了三废排放、原料使用，该方法是农药生物制造的典型代表。

（二）生物肥料生物制造

国家提出的 2020 年主要农作物化肥使用量实现零增长，是推动化肥产业转型升级的最大力量。产业内部和外部正在协同发力，推动中国农业、农资行业向绿色转型。现阶段，全球化肥工业进入发展的调整期，绿色发展、节能减排、资源循环利用和配合生态农业可持续发展已成为共识。根据发达国家和地区的经验，随着农业现代化进程的逐步推进，对肥料等主要农业投入品的品质要求也会越来越高。当前，我国农业生产与资源环境之间的矛盾日益突出，化肥产业面临着巨大的能源、资源、环保硬约束。与此同时，随着人民生活水平的提高和对高品质农产品消费需求的提升，现有肥料品种结构与市场需求逐步脱节，难以适应农业高质量发展的节奏。

微生物肥料在提高养分转化利用率、维护土壤和植物健康、增产增效、减肥增效、提质增效、保证可持续生产能力和农业绿色发展等方面具有不可替代的作用，具有显著的经济效益、社会效益和生态效益。因此，微生物肥料已成为我国绿色农业的首选投入品，得到了国家全方位的支持。我国微生物肥料产业近 20 年总体处于快速稳定的发展阶段，产业规模已经形成。近年来，微生物肥料产业迎来转型升级的新阶段，以跨入新业态、研发新技术与新产品、推出新品牌、提出新方案与新模式、拓展产品应用范围与面积、实现产业高质量和高效能发展为特色，必将在更高水平上促进我国微生物肥料产业的跨越式发展。

与其他国家相比，我国的微生物肥料具有以下三方面特点。一是产品种类多，尤其是在研制开发微生物与有机营养物质、微生物与无机营养物质的复合新产品方面，处于领先地位。目前在农业农村部登记的产品种类有农用微生物菌剂、生物有机肥和复合微生物肥料 3 大类 12 个品种。微生物菌剂类产品包括固氮菌剂、根瘤菌菌剂、硅酸盐菌剂、溶磷菌剂等。截至 2020 年 12 月底，获得农业农村部登记的微生物肥料产品有 9200 余个，有效登记证 8385 个，其中微生物菌剂类产品 4335 个，生物有机肥 246 个，复合微生物肥料 1590 个；使用的功能菌种已达到 200 余种，年产量超过 3000 万吨。二是应用面积广，几乎在所有作物上都有应用，应用面积超 5 亿亩以上，包括蔬菜、果树、中草药、烟草等作物，年产值能达 400 亿元以上，在提高化肥利用率、降低化肥使用量、减少化肥过量使用、净化和维护土壤健康、提升作物品质等方面已取得了较好的效果。三是生产规模大，全国微生物肥料企业约有 2800 多家，遍布我国的 30 个省、自治区、直辖市，全国从事微生物肥料生产的人数有 15 万人。这些数据较 2015 年增加了一倍左右。虽然我国微生物肥料的研发应用近 20 年来取得了长足发展，但是仍存在整体水平参差不齐、功能机理不明、菌株与产品同质化严重、生产工艺欠合理、技术创新不足、效果稳定性差、菌种产品产权保护不力等制约我国微生物肥料行业发展的问题。

当前，浙江省生物肥料相关企业数量较少且规模较小。其中，原起科技有限公司通过筛选获得优质菌株作为生物肥料，在江浙沪地区数个基地不同作物上进行小试及中试，实现化肥减量 10%～20%，并且证实其在茶叶、葡萄、柑橘、茄果、杨梅等作物上均能起到有效促进作物生长、抑制病虫害、显著提升农产品品质、提高产量等作用。2015 年至今已获得农业农村部颁发的微生物肥料登记证近10项，菌种发明专利3项。其产品包括微生物菌剂和生物有机肥。

（三）生物饲料生物制造

近年来，我国饲料工业取得了一些成就，但仍然面临着饲料总量缺口较大、蛋白饲料资源严重短缺、饲料转化利用效率低和饲料质量安全等问题。而生物饲料是解决饲料资源短缺问题、提高饲料转化利用率的有效解决途径。

生物饲料是以国家相关法规允许使用的饲料原料和饲料添加剂为对象，通过发酵工程、酶工程、蛋白质工程和基因工程等生物工程技术开发的饲料产品的总称，包括发酵饲料、酶解饲料、菌酶协同发酵饲料和微生物饲料添加剂。

随着生物技术的飞速发展及其在多领域中的应用，生物饲料已成为世界各国尤其是发达国家饲料创新的重要武器与手段。不论是开发新的饲料资源，还是提高现有饲料资源的利用率；不论是降低饲料成本，还是解决饲料相关产业的环境污染问题；不论是着眼于提高动物产品产量，还是改善动物产品质量，为人类生产天然无污染的动物产品，都越来越多地依赖生物饲料。

2020年1—11月，我国饲料总产量22870万吨，同比增长9.5%。在整个饲料产量中，生物饲料生产量比重较小，与实际需求量有较大的差距，缺口较大。目前生物饲料的市场份额达到每年30亿美元，并在以年均20%的速度递增，发展潜力巨大。2020年，我国生物饲料行业规模达到205亿元。目前我国生物饲料产量在2500万吨左右，预计2023年，我国生物饲料产量将达到3000万吨，在饲料市场的占比将达到18%左右。近年来，我国生物饲料企业数量快速增加，从事相关领域的企业达到1000家以上。随着生物饲料系列行业标准的发布、农业农村部生物安全防控体系和生物饲料评价体系的建立，生物发酵饲料表现出巨大的发展前景。

近年来，浙江省积极推进生物饲料的研发与产业化进程。浙江大学和生物饲料安全与污染防控国家工程实验室于2019年共同建立了生物饲料研发与安全浙江省国际科技合作基地，围绕生物饲料的开发与利用进行合作与研究。浙江科峰生物技术有限公司从高效工程菌中筛选获得抗菌活性肽，用于杀灭有害细菌，并通过酵母菌发酵植物蛋白获得高活性蛋白粉，其氨基酸含量与秘鲁鱼粉接近，而消化吸收率超过秘鲁鱼粉，被用作良好的生物饲料。嘉兴科瑞生物科技有限公司研发出具有高效抗菌效果、无生物及细胞毒性的抗菌性阳离子型壳聚糖产品，被用作饲料添加剂。

（四）动物疫苗及兽药生物制造

使用疫苗预防动物传染病是动物疾病防控主要的手段。由于许多病原细菌会对大多数抗生素产生耐药性，开发疫苗预防细菌性传染病已成为重要的发展趋势。兽药在世界各国动物疾病防治中占有重要地位。我国每年因动物发病死亡造成的直接损失近400亿元。动物重大疫病在全球范围内的暴发和流行，给国内外畜牧业造成了重大的损失，更对人类的公共卫生安全构成了威胁。

国际上，近年来在全球人口及其对食物需求的持续增长的驱动下，国外兽药产业市场规模稳步增长。2010—2020年，全球兽药产业市场规模从201亿美元增长到338亿美元。其中，化学药品所占的份额最大，生物制品销售额占29.5%，与我国情况类似。国外食品动物用兽药市场规模207.7亿美元，占总体市场规模的62%；全球宠物用药市场规模约127.3亿美元，占总体市场规模的38%。其中，硕腾（Zoetis）、默沙东（MSD）、拜耳（Bayer）等企业为2020年全球销售额靠前的兽药企业。

截至2020年，全国共有兽药GMP生产企业1718家，以中小企业为主，山东、河南最多，有200家以上企业。我国规模较大的动保企业主要有中牧股份、金河生物、易邦生物等。兽药生产企业研发资金投入逐渐增长，由2010年的14.78亿元上升到2019年的44.97亿元，且企业自主研发逐步占据主导地位。

目前浙江省有64家兽药生产企业，以中小企业为主。其中，浙江康牧药业建有省级农业科技研发中心和绍兴市企业研发中心，研发生产高效、低毒、低残留兽用原料药、中间体及制剂类产品，主导产品氟苯尼考原料药被列为国家火炬计划项目（表4-4）。海正药业积极进行新型兽药研制及耐药性控制技术研发，2020年共有7个制剂和1个原料药兽药品种获得生产批件。

表4-4 浙江省主要兽药生产企业及主要产品

制造企业	兽药产品
浙江康牧药业有限公司	氟苯尼考
浙江海翔药业股份有限公司	氟苯尼考
海正药业（杭州）有限公司	朵拉克汀

第二节 浙江省农业生物制造产业政策

农业制造产业是浙江省社会经济发展的重要基础。为鼓励生物制造在农业中的应用，《"十四五"全国农业绿色发展规划》《2020年种植业工作要点》《浙江省山区26县生物科技产业发展行动计划（2021—2025年）》等均对农业生物制造做出了部署。

1. 大力推广应用生物农药，创制农药、兽药新品种

农业农村部印发《到2020年农药使用量零增长行动方案》提出初步建立资源节约型、环境友好型病虫害可持续治理技术体系，大力推广应用生物农药、高效低毒低残留农药，替代高毒高残留农药。

加快创制品种的产业化进程，进一步调整产业布局和产品结构，发展新品种、新助剂和新剂型，支持生物农药发展。

《浙江省农业生物技术科技专题方案（2011—2015年）》提出研制针对重要农作物病虫草害的新型高效杀菌剂、广谱高效杀虫剂、新型特效生物除草剂、农用抗生素；针对浙江省多发的畜禽重大疾病，研制安全、低残留、高效的新型疫苗和生物兽药以及对畜禽有防病促生长作用且低毒低残留的天然饲料添加药物；以水产与畜禽健康养殖为目标，开发基因工程疫苗及抗菌肽药物；研制开发防控水产病害及净化水体的益生菌剂和微生物

免疫增强剂以及提高饲料利用率的酶制剂及代替或减少抗生素使用的绿色饲料添加剂；研究开发不同类型菌肥、菌根剂和生长调节剂；研究扩大微生物肥料的原料来源；开发利用来源于各种生产生活废料生长的菌肥及土壤改良剂；推动实现资源可持续利用及产品产业化。

2. 加快生物农药登记，减免相关税率

在保障安全、有效的前提下，根据不同种类生物农药的特性，减少试验内容、缩短试验周期，加快生物农药登记步伐，鼓励农药企业研发、登记高效低毒生物农药。微生物农药、植物源农药制剂和性引诱剂（一种生物化学农药）免农药残留试验，性引诱剂可免环境试验，生物化学农药、微生物农药、植物源农药制剂分别比化学农药减少多项环境试验。生物农药药效试验可在1年内完成，比化学农药缩短1年。

《2020年种植业工作要点》提出优化行政许可审批，即完善农药登记审批"绿色通道"政策，为生物农药、高毒农药替代产品、特色小宗作物用药登记和企业兼并管理创造良好环境。

推进专业化统防统治，优先使用生物源农药；果菜茶等方面先行推广使用生物源农药；对农民使用生物源农药给予补贴。

持续下调增值税税率，农药税率已由13%下调至9%。此外，为了鼓励企业技术创新，企业所得税政策规定企业研发费用在税前据实扣除基础上，允许再加计扣除75%。

3. 开展农业生物制造相关机制研究，开发快速检测技术

发展农业生物制造，以生物农药、生物肥料、生物饲料为重点，开展作用机理、靶标设计、合成生物学、病原作用机制、养分控制释放机制等研究，创制新型基因工程疫苗技术和分子诊断技术，创制生物农药、生物饲料、生物肥料、植物生长调节剂、生物能源、生物基材料等农业生物制品并实现产业化。

《浙江省农业生物技术科技专题方案（2011—2015年）》提出以水产与畜禽健康养殖为目标，系统开展疫病病原学、致病机制、免疫干预调控机制的研究，开发疫病快速诊断与检测技术、基因工程疫苗及抗菌肽药物；研制开发防控水产病害及净化水体的益生菌剂和微生物免疫增强剂，开展

疫病病原学、致病机制、免疫干预调控机制的研究，开发疫病快速诊断与检测技术；以促进植物生长、培植地力和减轻作物土传病害为目标，系统研究根际土壤微生物与植物根系间相互作用的机理。研究开发生物"三药""五剂"生产的新工艺和后处理技术，突破生物"三药""五剂"新产品产业化的技术瓶颈。

4. 推进农业绿色发展，推动产业化进程

为加快构建资源节约型、环境友好型病虫害可持续治理技术体系，推进农业绿色发展，制定了农药减量行动实施方案，促进了生物农药广泛应用。

加快推动以生物农业等领域为重点的生物经济发展，促进新旧动能转换。加快生物技术和产品在工业、农业等领域应用，开展生物制品绿色替代等的应用示范，形成一批可借鉴、可复制的应用示范案例。

《2020年种植业工作要点》提出深入开展农药减量增效活动，确保农药利用率提高到40%以上。推行化肥农药实名制购买、定额制施用，健全农业绿色发展科技创新体系。以农业科技园区为平台，以农业领域省级重点研发项目为引领，深化政产学研融合，增强"肥药两制"改革配套技术支撑。加大多抗种苗、新型肥料、生物农药、替抗兽药、环保型饲料等绿色投入品研发力度，加速推动农业科技成果转化和产业化进程。优化基层农技人才配置结构，建立"肥药两制"改革专家团队，加强与产业技术团队、农技推广体系有机衔接，推广应用高效节约、生态循环的绿色生产技术。

《"十四五"全国农业绿色发展规划》提出推行绿色防控，在园艺作物重点区域，推广生物防治、物理防治等绿色防控技术。在产业布局、结构调整、绿色生产、科技创新等方面优先考虑、重点发展，推动生产要素向生物源农药集聚，做优做强生物源农药产业，促进农药产业转型升级和可持续健康发展。

《浙江省山区26县生物科技产业发展行动计划（2021—2025年）》提出鼓励生物农业创新发展，探索发展先进生物制造，支持开展生物农药与兽药、生物饲料与肥料等技术领域创新应用。

第三节

浙江省农业生物制造产业发展方向

一、农药生物制造的发展方向

当前，氨基酸、杀虫剂、菌落、乳酸菌等的生物研究在不断减少，而节肢动物习性、诱导抗性、苏云金杆菌的研究在持续增加。种药肥一体化、转基因植物、新型药剂成为生物农药的研究新方向。在诱导性和自然免疫抗性等方面，我国已经取得了巨大成果，很多产品都已经注册和推广，例如枯草芽孢杆菌、蛋白激发子、脱落酸等，这些产品优势为不直接杀死病原菌，而是利用调控新陈代谢，激活植物的免疫能力，提升植物抗逆能力和抗病能力，降低化学农药使用量，起到病害防治作用。同时，我国科研队伍还加大了对种植环境的研究，通过改变土壤微生物的种类和数量，提升土壤性质，更好地抑制病原菌，保证农作物的健康生长。生物农药混合剂是未来行业的主要研究方向，并且随着技术的不断发展与成熟，市场涌现了大量的药剂产品。肥料、种子与生物农药协同开发是当前种肥料药一体的研究新方向，复合物、处理种子、释放、控制、聚合物、植物繁殖等词汇的频繁出现，说明种药肥一体化已经成为行业关注的新技术。

农药生物制造的重点发展方向包括农药相关合成机制、互作机制的解析及相关技术创新，具体体现在如下方面：

（1）重要生防基因分离、克隆与活性研究

从放线菌、真菌等资源微生物中重筛选、分离、克隆具有自主知识产权的新基因，用于转基因植物和微生物研制。

（2）结构/功能与代谢网络以及活性产物的合成机制

采用最新的分子生物学研究手段，解析生防基因的结构与功能，结合宿主、外部环境等研究解析生防组分的代谢网络，阐明生物活性物质的合成与调节机制。

(3) 生防微生物制剂及其活性物质作用的分子机制

揭示生防微生物的分子作用机制，定向改造生防微生物制剂，提高特异性和生物活性，降低毒副作用，拓展杀虫与防病谱。

(4) 生防微生物及其活性物质与靶标病原、昆虫互作的分子机制

通过研究生防微生物与靶标的相互作用，揭示杀虫防病动态变化规律，为避免和延缓耐药性产生提供理论基础。从分子层面设计和合成新的先导蛋白、次生代谢物分子，开发新一代生物农药。

其中，RNA干扰精准控害技术应用潜力大。这种策略是通过在植物中表达病虫基因的双链RNA，诱导产生小分子干扰RNA，干扰或沉默病虫害关键基因，从而抑制病虫的生长、发育及致病性，实现作物对病虫害产生抗性。此外，也可以体外合成和喷洒病虫基因小分子RNA，干扰或沉默病虫关键基因，达到控制植物病虫危害的目的。该技术被广泛用于研究各种生物基因功能，控制动物疾病和植物病毒、病虫的危害，由于具有靶标多和高度特异性的优点，在植物病毒和病虫害防治中显示出了广阔的应用前景。应用RNAi精准控害技术平台有可能对农业病虫害的控制起到巨大的推动作用。因此，筛选高效安全的重要农业害虫RNA干扰靶标基因并阐明作用机理、研发相应的RNA干扰制剂是新一代生物农药的开发方向之一。

(5) 生防微生物制剂的定向改造与性能优化

采用组合生物合成、代谢工程、基因（组）重组、剂型匹配等先进分子生物学手段，优化生防微生物制剂的杀虫、防病性能，建立基础研究成果向商品化转化的关键技术。

二、肥料生物制造的发展方向

开发我国农业生产急需的新型生物肥料产品，改变长期以来生物肥料品种变化迟缓的局面，重点突破困扰我国农业生产所需生物肥料的技术瓶颈问题，解决生物肥料效率不高的技术难题。注重生物肥料解决作物营养的研究，同时，重视生物肥料在解决农田土壤环境保护、土壤结构改善与肥力提升、土壤增产潜力培育、连作障碍和土传病害防治、土壤胁迫条件

调节等问题方面的研究。

(1) 通过技术手段改善氮磷钾肥的利用率

通过常规技术和分子手段结合，全面、大幅度改进和提高微生物肥料固氮能力，提高我国微生物固定氮元素的比例，大幅度减少全国的氮肥消费总量。利用高效溶磷微生物肥料，显著提高磷肥的利用率，促进作物对磷元素的吸收。利用硅酸盐细菌（解钾菌）生物肥料高效溶解土壤难溶钾矿物，促进作物对钾元素的吸收，减少土壤黏土矿物对钾肥的固定，将土壤对钾元素和钾肥的利用率提高至10%～30%。

(2) 加强用于土壤修复及荒漠化治理的生物肥料研究

我国农田土壤受到重金属、多环芳烃、石油、抗生素、农药、塑料污染的面积达10亿亩，严重威胁农产品安全和人民健康，从根本上治理土壤污染已经刻不容缓。可通过利用专用型生物肥料，降解土壤中的有机有毒物质，钝化重金属，确保农田生态和农产品安全。充分利用微生物加速荒漠化土壤结构改善、肥力提高、生产力恢复，提高土壤的增产潜力。利用微生物肥料产品，加速荒漠化土壤表层的治理恢复，加速风化成土过程，提高土壤颗粒黏结力，快速形成土壤结构和抗风蚀能力，恢复荒漠化土壤生产力，为我国粮食安全提供支撑。

(3) 加强对促进土壤微生物多样性发育的生物肥料研究

加强防治连作、抑制土传病害、提高作物产量、促进土壤微生物多样性发育的生物肥料研究。作物连作导致土传病害加重、作物产量和品质下降，这给我国粮食安全带来巨大隐患。研究、开发和生产防治主要作物连作障碍的生物肥料，对于我国粮食增产、农产品安全作用巨大。

(4) 加强可降解农药残留和多环芳烃广谱型的生物肥料研究

主要研究土壤农药残留，持久性有机污染物的微生物降解，快速、高效、彻底修复农药和多环芳烃污染的土壤，恢复土壤的生产力。

(5) 加强微生物肥料保活材料筛选和创制

提高生物肥料中菌株的存活能力和作用效果。

(6) 加强多功能微生物肥料研究

研发提供植物营养、修复污染土壤、拮抗土传病害、降解农药残留、培肥与恢复土壤生产能力为一体的新型微生物肥料。

三、饲料生物制造的发展方向

饲料作为动物性产品生产的源头，不仅影响养殖业的生产效率和动物产品风味品质，也与动物性食品安全、生态环境安全和人民身体健康密切相关。发展生物饲料产业是保障我国粮食供应和饲料安全、动物性食品安全和生态环境安全的迫切需要，对社会主义新农村建设和构建和谐社会具有非常重要的意义。

目前我国生物饲料产业还处于以产品和技术引进为主、向自主开发发展的初期阶段，整体研究与产业化水平落后于发达国家。但由于生物饲料在国内外都是新兴领域，只要能抓住机遇，有望在短时间内达到国际先进水平。

(1) 资源评估与发掘

针对生物饲料产品的特性要求，开展相关微生物和基因的筛选、分离和功能验证，尤其要注重特殊环境微生物和未培养微生物中的基因资源的开发，利用最新发展起来的分子生物学技术，建立基因资源直接分离的高通量技术方法及快速有效的功能评估系统，获得一批有自主知识产权、有应用价值的新基因资源。

(2) 生物饲料基因工程技术平台的建立

利用现代分子生物学技术和各种不断更新的基因工程技术，构建高效生物反应器技术平台和多功能菌株改良技术平台，提高工程菌的应用效率，降低生产成本，以期规模化生产低价生物饲料。

(3) 生物饲料蛋白质工程技术平台的建立

根据蛋白质的结构与功能之间的关系，利用蛋白质工程的手段，对天然蛋白质的基因进行改造，定向改造天然蛋白质，甚至创造新的具有优良特性的蛋白质分子，提高重组蛋白的活性，改善制品的稳定性。

(4) 生物饲料发酵工程技术平台的建立

针对5～7种饲用安全微生物反应器，建立高效的高密度发酵技术平台，并开发高效稳定的产品加工技术，提高生物饲料产品的稳定性、实用性和高效性，并加快生物饲料产业化的步伐。

(5) 生物饲料产业化技术的系统集成

生物饲料的系统集成是生物饲料工程化研究的重点之一，一种生物饲料产品的研发往往需要应用几种生物技术，需要进行集成创新和重点突破，研究其使用方法和标准、建立相应的应用技术体系。

(6) 新型生物能量饲料和蛋白质饲料的开发

如采用有益微生物菌种与酶制剂等结合，通过生物生化的作用将秸秆里的粗纤维、木质素、长分子链转化成可吸收利用的低分子碳水化合物，即能量饲料；利用微生物发酵或酶解方法对大豆饼粕、棉籽饼粕、菜籽饼粕等进行生物改性，使其中的抗营养因子和有毒有害物质如豆粕中的胰蛋白酶抑制剂、棉籽粕中的棉酚和菜籽饼粕中的硫苷含量降低到安全剂量以内或更低，从而提高动物对这些蛋白源营养成分的利用，改善其营养品质，提高饲料利用效率。

(7) 生物饲料产品的饲用价值与安全性评价

检测生物饲料产品关键成分如营养成分、抗营养因子、天然毒素以及其他由于生物技术而产生的新物质的表达量、功能和稳定性等。生物饲料产品的饲用价值与安全性评价包括饲后对动物的健康状况和畜产品的影响。需要建立合适的方法对这方面进行安全性评价。

(8) 生物饲料产品的高效应用配套技术

生物饲料产品的高效应用配套技术可提高饲料工业的技术水平和企业的生产水平。针对我国存在人畜争粮、饲料利用率低、大量秸秆浪费、饲料安全卫生质量差、饲料发酵工业技术落后、产品少等问题，通过高效、优质新产品的选择，发酵工程新技术、新工艺的研究，有效提高我国饲料生物饲料产品及其生产企业的整体水平，提高饲料的利用效率，增强我国饲料行业和畜禽产品的市场竞争力。

四、动物疫苗及新型兽药生物制造的发展方向

（一）动物疫苗

(1) 传统疫苗的质量和生产工艺改进研究

改进传统灭活疫苗和减毒疫苗的设计、产业化生产技术；改造生产工艺和技术路线，以适应自动化、标准化、规模化生产模式；提高疫苗质

量。针对我国新出现的疫病，以典型毒株为疫苗制苗毒株进行传统疫苗的研制，以应对突发疫病事件。

（2）基因工程疫苗的研究

利用基因工程技术，开展活载体疫苗、亚单位疫苗、合成肽疫苗、核酸疫苗及其产业化技术的研究，研制安全、高效、可以区分疫苗和病原体的新型基因工程标记疫苗，这些疫苗包括鸡痘病毒和伪狂犬病病毒等病毒活载体疫苗，基于反向遗传操作研究高度变异病原疫苗，基于细菌人工染色体技术构建病毒载体疫苗、新型 DNA 疫苗、细菌基因缺失疫苗、细菌载体疫苗、亚单位疫苗等。

（3）疫苗佐剂和免疫增强剂的研究

研究和改进矿物油佐剂、植物油佐剂和化学佐剂，研制细胞因子等新型免疫增强剂和调节剂。

（二）新型兽药

（1）动物专用高效安全原料药创制

重点研发广谱，无耐药性，高效、安全、抗菌、抗寄生虫以及抗复杂感染性疾病的药物。

（2）新制剂和给药新途径的研究

重点研发纳米制剂、微囊制剂、靶向给药制剂、长效给药制剂、透皮吸收制剂等药物新剂型。

（3）药物筛选和安全评估技术的创建

构建高效高通量筛选模型，以化学实体为来源搭建药物筛选技术平台。其中包括模型的构建、药理毒理学分子机制研究、安全性评价研究、代谢及动力学研究、残留检测和控制研究等。

（4）安全、无交叉耐药性的兽药和生物药物的研制

进行抗菌、抗病毒药物兽药的研究，促生长剂及新剂型兽药的研究。利用生物技术开展活菌制剂、酶制剂、抗菌肽等的研究开发也是一大趋势。

五、未来发展建议

（一）健全现代农业科技创新推广体系，大力应用先进科技

在国家鼓励发展生物农药的各项政策的支持下，特别要推进建立企业为主体、科研院所为支撑、市场为导向、技术为核心、产学研相结合的生物农药科技创新体系。对企业自主研发的生物农药给予必要的支持，降低企业研发和生产成本，加快建立现代农业科技创新体系、科技成果转化体系、推广和应用体系。针对我国的生物农药研究开发与生产存在脱节现象和中小企业技术创新能力不强的现状，提倡开展有实力的研究单位与龙头生产企业的产业联合，加大对产业联合的资助力度。整合科研资源，针对生物农药产品开发应用中的问题，集中优势力量解决，以研究单位的技术实力弥补生产企业的欠缺，强化产品开发中核心共性技术的研究，让生物农药产业联盟真正引领行业的发展，共同改善生物农药研发中的发展不平衡，促进我国生物农药产业的可持续快速发展。

此外，充分发挥相关协会等组织的作用，积极引导相关产业健康发展。同时，鼓励从事相关产品生产的企业通过兼并重组、股份制改造加快调整企业组织结构，推动企业向大规模、多品种、国际化方向发展，提高与国际企业的抗衡能力和市场竞争力。

（二）优化产业结构，提高产业竞争力

加快发展现代农业，努力提高农业竞争力；加快农业发展方式转变和农业结构调整。通过调整法律和政策逐步取消对农业的直接补贴，转而加大对农业经营主体在市场领域的支持力度，以提高其竞争力、推动农业市场化进程。尽快补齐农业短板，努力提高我国农业竞争力。加快改变依赖资源消耗的粗放经营方式，强化农业科技创新驱动，走产出高效、产品安全、资源节约、环境友好的农业现代化道路。在稳定粮食生产的基础上，科学提升主要农产品自给水平，合理安排农业产业发展优先顺序，充分发挥各个地区、各类产业、各种经营模式的比较优势，促进第一、二、三产业融合互动，实现农业生产由生产导向向消费导向转变，推动农业发展质量和效益提升。

（三）以示范带动推广应用

加大生物农药、生物肥料、生物饲料等推广力度，建立相关示范区，助推产业发展。相关职能部门、农技推广部门等采取各种方式广泛宣传生物农药、生物肥料在农业病虫害防治中作用，提高农民拒绝高毒农药、自觉使用生物农药的意识，促进我国生物农药提速发展。

参考文献

[1] 浙江省实施科技强农机械强农行动大力提升农业生产效率行动计划（2021—2025年）[J]. 新农村, 2022(2):3-4,8.

[2] Hoerlein G. Glufosinate (phosphinothricin), a natural amino acid with unexpected herbicidal properties[J]. Reviews of Environmental Contamination and Toxicology, 1994, 138: 73-145.

[3] 陈国强, 吕武华, 邓畅, 等. 草铵膦合成技术的研究进展[J]. 化学世界, 2021, 62(2):65-70.

[4] 楼亿圆, 林志坚, 郑仁朝, 等. 生物法合成L-草铵膦的研究进展[J]. 现代农药, 2009, 8(3):1-4,10.

[5] Cheng F, Li H, Wu D Y, et al. Light-driven deracemization of phosphinothricin by engineered fatty acid photodecarboxylase on a gram scale[J]. Green Chemistry, 2020, 22(20): 6815-6818.

[6] Cheng F, Li J M, Zhou S P, et al. A single - transaminase - catalyzed biocatalytic cascade for efficient asymmetric synthesis of l- Phosphinothricin[J]. ChembioChem, 2021, 22(2): 345-348.

[7] Lv S Z, Guo Y X, Xue Y P, et al. Efficient separation of L-phosphinothricin from enzymatic reaction solution using cation-exchange resin[J]. Separation Science and Technology, 2020, 55(4): 779-787.

[8] Cheng F, Li Q H, Zhang H Y, et al. Simultaneous directed evolution of coupled enzymes for efficient asymmetric synthesis of L-phosphinothricin[J]. Applied and Environmental Microbiology, 2020, 87(5): e02563-20.

[9] Clomburg J M, Crumbley A M, Gonzalez R. Industrial biomanufacturing: the future of chemical production[J]. Science, 2017, 355(6320): aag0804.

[10] Copping L G, Menn J J. Biopesticides: a review of their action, applications and efficacy[J]. Pest Management Science, 2000, 56(8): 651-676.

第五章 食品生物制造

第一节 浙江省食品生物制造产业发展现状

一、食品产业是浙江省社会经济发展的重要基础行业

1. 食品产业高水平发展需求十分迫切

营养与健康食品是指不仅具有食品的功能,还含有生物活性成分或其他的营养元素,可以强化生理功效,对营养进行改善,促进人体健康的食品。近年来,随着经济、民生和科学技术的发展,营养与健康食品产业不仅仅是满足人们对温饱和品类多样化需求的产业,更是集第一、第二和第三产业于一体的战略性新兴产业,并担负着人类健康、民生保障、经济发展转型、资源环境保护、社会可持续发展等新的历史使命。浙江省正面临着食品产业转型升级和健康持续发展的新挑战,开展营养与健康食品产业发展战略研究,分析并明确产业科技创新的重点,是保障食品产业转型升

级和健康持续发展的重要科技支撑。

近年来，对营养与健康食品产业发展的研究十分必要和迫切。首先，营养健康问题日益凸显，由于膳食结构不合理而引起的心脑血管疾病、糖尿病、肥胖症等慢性非传染性疾病数量剧增。

其次，资源、能源以及环境等要素的约束日益增强，食品产业的可持续发展受到严峻挑战。近年来，食品行业快速发展，伴随而来的环境污染、能源与资源高消耗问题日益严重，严重制约了食品产业的可持续发展。

再次，食物结构的变革推进了经济社会的快速转型，这已成为营养健康食品产业创新的新机遇。经济社会的快速发展极大影响了居民的食品消费结构，也为食品产业发展提供了巨大空间。食品产业的发展表现为由最初的保障供给向多样化供给发展，进而追求质量安全和营养健康。

最后，世界食品产业竞争异常激烈，高新技术及其引领的新兴产业成为世界各国争夺的制高点。食品与人口、环境、能源一起被列为当今国际经济和社会发展的四大战略研究主题，食品产业作为全球最大的制造业在世界农产品贸易中占有重要地位，食品产业在国民经济中占有着重要的地位，是世界各国激烈竞争的重要领域之一。

营养与食品产业贯穿第一、第二和第三产业，具有产业链长、行业跨度大的特点，是一个覆盖了从田间到餐桌全产业链的产业。以农业产业为基础的营养健康食品原料产业，与食品加工业、食品装备制造业、食品物流服务业以及支撑全产业链的营养与健康食品质量安全监控体系，共同构建成了现代营养与健康食品产业体系。浙江省是我国的经济大省之一，其营养与健康食品产业发展处于国内的前列，但也存在不足，与国际先进水平相比还存在一定差距。

2. 传统食品产业发展现状

在科技创新方面，"十一五"期间，浙江省农产品精深加工技术重大专项主要围绕构建精深加工产品研制、农产品储藏保鲜流通、加工设备研发等农产品加工产业科技链进行，主要内容包括农产品精深加工关键技术及新产品中试、动植物功能性食品的创制与中试、农产品发酵工程关键技术研究及产业化、农产品精深加工设备研究及应用、农产品精深加工产业集群和产业基地建设,为改善浙江省人民的膳食结构和食品工业发展、延长农业产业链、增加农民收入提供技术保障。

在产业发展方面,一是农产品加工产业持续快速发展,在国民经济的地位稳步提高,果蔬、水产、畜产品是浙江省主要的农业产品;二是产业集群式发展的格局逐渐形成,区域经济特色明显,出现了以台州为主的果品加工产业集群,宁波的柑橘罐头出口基地,金华衢州一带的畜牧、柑橘加工集群,慈溪的蔬菜加工集群,余姚、萧山、桐乡的腌制蔬菜加工集群;三是生产技术不断改进,新产品开发前景喜人,真空冻干生产技术、微波干燥技术和远红外干燥技术在高档脱水蔬菜生产企业中得到应用;四是初步建立了食品的物流平台,为进一步国际化奠定基础;五是食品机械研发和生产蓬勃发展,数量和质量全国领先,已经生产出了可以替代进口的灌装机、制袋充填封口包装机、热收缩包装机等,初步形成宁波、绍兴、温州的综合食品加工机械基地,杭州的乳制品、肉制品加工机械基地。

3. 绿色食品发展现状

近年来,浙江省通过大力发展绿色食品产业,高效生态农业迈出实质性步伐。随着城乡居民对农产品质量安全的要求越来越高和消费结构向多元化、优质化、特色化发展,探索有效的绿色食品发展之路,已成为需要解决的重大课题。

绿色食品（green food）在中国是指由农业农村部绿色食品发展中心认证的食品。它是指遵循可持续发展原则,按照特定的生产方式生产,经专门机构认定,许可使用绿色食品商标标志的无污染的安全、优质、营养类食品。其他国家将类似的食品称为"有机食品""生态食品"或"天然食品",其本质上与"绿色食品"是一样的。通常在食品生产加工过程中会有农药、放射性物质、重金属、有害细菌等污染物的残留,因此需要经过一系列严密的监测与控制,以确保食品的洁净及无污染。绿色食品不仅仅是产品外包装水平高、内在品质优良,营养价值和卫生安全指标要求也同样高。

21世纪是一个"绿色"世纪,随着环境和资源问题日益严重,世界各国在实施可持续发展战略的基础上积极采取大规模实质性行动,促进食品行业的绿色发展。目前,发达国家的绿色食品工业产值已相当于种植业产值的3～5倍,但由于绿色食品的生产属于劳动密集型,并且需要多种经营方式，因此部分发达国家绿色食品的生产受到了一定的限制，如德国和英国需要通过大量进口才能解决绿色食品短缺问题。无论在国内还是国外，人们对绿色食品需求的增长速度呈上升趋势，日本有91.6%的消费者对有机蔬菜感兴趣，77%的美国人和40%的欧洲人喜爱绿色食品。据调查结果显示，浙江省有86.2%消费者在购买食品时会优先考虑绿色食品。《中国绿色食品行业发展监测分析与市场前景预测报告（2017—2022年）》提到，权威机构预测全国绿色食品的消费需求和利润都将以每年20%的速度增长。自2016年起，中国绿色食品行业当年获证单位数量逐年增加，2021年中国绿色食品行业当年获证单位数量达10492家，较2020年增加了2417家，同此增长29.93%。其中，有效期内浙江省绿色食品产品数量1446个，位居全国前列。大力推进发展绿色经济、绿色产品及服务业，建立健全绿色低碳循环发展的经济体系，成为食品企业发展的重要趋势。

依靠绿色食品品牌优势，通过优质优价，大多数企业不同程度地提高了经济效益。根据相关数据显示，2021年中国绿色食品国内销售额达到5218.63亿元（图5-1）。

图5-1
2015—2021年我国绿色食品市场规模

浙江省政府对绿色食品的发展也给予了极大的支持。近年来，"绿色浙江"以及"绿色浙江农业"等战略决策为浙江省绿色食品的发展指明了方向，并且带来了更大的发展机遇，同时为绿色食品产业的快速发展打下了坚实的基础。在"生态立省、建设绿色浙江"和"接轨大上海，融入长三角"两大战略决策的推动下，浙江省绿色食品的发展空间得到大大提升，也推动了绿色食品产业的进步。绿色食品标准化生产水平不断提升，为浙江省绿色食品影响力的提高做出巨大贡献。

浙江省拥有"世界第一大市场"——义乌，又聚集了杭州、宁波、绍兴、金华等众多旅游城市，具有广大的国内外市场。如今互联网飞速发展，各行各业都已逐步建立了以网络为主的推广渠道，食品行业也凭借网络信息化平台达到了较好的营销效果。而杭州作为全国"互联网+"程度最高的城市，对引导浙江省各个城市绿色食品的发展起到了非常重要的作用。近年来，随着浙江省经济发展水平的不断提高和"互联网+"的不断发展，人们消费方式日益多元化、休闲化。在"互联网+"大背景下，移动互联网、大数据、云计算、物联网等新一代的信息技术与绿色食品产业实现了跨界融合，这给绿色食品产业的发展带来了良好的促进作用。在C2C、B2C、O2O等电商模式盛行的时代，创新驱动成为绿色食品产业发展的重要动力。

在我国农业加快转型背景下，高质量发展成为我国农业现代化发展、实施乡村振兴战略、全面建成小康社会的迫切要求。作为引领绿色生产、绿色消费的优质农产品主导品牌，绿色食品是助力脱贫攻坚、乡村振兴，推进质量兴农，实现农业现代化的重要力量，要率先在促进农业高质量发展中发挥"排头兵"作用。

二、生物制造是食品产业发展的重要途径

1. 食品生物制造的主要领域

随着现代食品工业的发展，日益紧张的化石能源和不断加剧的环境污染导致传统食品制造模式迫切需要革新。生物技术促进了食品生物制造的不断发展、有助于改良食品原料的品质、优化传统加工工艺、改善食品制造所用酶制剂和微生物的性能、提高能效、减少污染物排放，从而有效改造传统食品制造模式。

食品生物制造利用生物体机能进行大规模物质加工与物质转化，为社

会提供工业化食品，是以微生物细胞/酶蛋白为催化剂或以经过改造的新型生物质为原料制造食品。

近年来，生物科技的进步为食品生物制造领域的可持续发展提供了源源不断的动力支撑，主要体现在以下方面。

(1) 食品资源品质改造

利用基因工程和细胞工程技术可对作为食品资源的动物、植物等进行品质改良，主要体现在提高动植物抗逆增产性能、营养品质和加工性能等，有利于降低食品原料成本、提高食品品质。

(2) 食品生物制造加工过程设计与工艺优化

利用优良微生物和酶制剂，采用控制性发酵技术、代谢调控技术和在线检测技术等，对食品生物制造过程进行设计与工艺优化，可以改善食品的色泽、质构、风味及营养品质，生产功能性食品，提高产率，降低能耗。

(3) 食品酶制剂与微生物资源的发掘与改良

作为食品制造的重要生物工具，食品酶制剂的改造和优良微生物资源的发掘，可以提高食品加工效率，改善食品的风味和营养等品质，延长食品贮藏时间。

从自然界分离得到的天然酶，其特异性和稳定性往往达不到工业生产用酶的要求。从极端微生物中筛选产酶菌株、克隆并异源表达酶合成基因，可获得具有优良热稳定性的工业酶制剂。生物技术已广泛应用于具有特定功能微生物的筛选和改造，例如工业用酵母菌。利用基因工程技术，还可提高面包酵母中麦芽糖透性酶及麦芽糖酶的含量，在面包发酵过程中产生更多的二氧化碳气体，提高面包的膨发性能。

(4) 功能性食品添加剂生物制造

食品添加剂在现代食品工业中占有重要地位，不仅保证了食品的色、香、味，延长了保质期，同时改善了食品品质，提高了加工效率。目前生物催化技术在食品添加剂的生产中发挥着越来越大的作用，其中微生物与酶起着不可替代的作用。利用生物技术能够实现多种食品添加剂的生产，包括抗氧化剂（维生素C、异抗坏血酸钠、维生素E）、食品防腐剂、食用色素（红曲色素、类胡萝卜素等）、调味剂等。

2. 食品生物制造的特点与趋势

随着科技的进步和社会的发展，人们对于食品的营养和健康需求不断增加，营养与食品产业的发展近年来呈现出许多新的特点和趋势。

首先，食品营养学研究已经由传统宏观营养学转向现代分子营养学。以基因组学、分子生物学、营养组学和代谢组学为基础发展起来的分子营养学已成为营养学研究的重要内容，通过营养素-基因-环境相互作用的系统研究，不仅能深刻认识营养素对身体健康的影响，而且能进一步认识到个体基因对营养素的不同反应，从而真正实现个体营养，有效预防疾病和提高健康水平。

其次，食品生物制造技术已成为世界营养与健康食品产业的新特征。以酶工程技术、基因工程技术、细胞工程技术以及现代发酵工程技术为基础的食品生物制造技术引领现代营养与食品技术发展进入全新阶段。酶工程技术正成为食品生物制造技术中影响最大、涉及面最广和发展最为迅速的技术。

第三，高新技术不断向食品加工业渗透和融合。近年来，与高新技术不断渗透融合的食品加工业正从追逐产量走向高品质、高营养、高技术含量产品的研发和制造。已经开发出许多食品加工新技术和新装置。

第四，装备制造业已成为推动食品加工产业创新发展的重要领域。近年来，我国食品加工装备制造业在实用技术上加强了机、电、光、液、气等一体化技术的集成，在产品结构上采用模块化、智能化、信息化的先进设计，产业经济连续实现高速增长。

最后，食用新兴健康功能食品已成为促进人类营养健康的重要手段。随着社会进步和经济发展，人类对自身的健康日益关注，许多国家营养学的观念已转为利用食品促进和保持营养健康。新兴健康功能食品备受推崇，以功能食品为代表的健康产业在世界范围内呈现良好的发展势头。

三、浙江省食品生物制造重点发展方向

健康、安全、可持续的食品制造是人类健康和社会可持续发展的关键

要素。由于环境污染、气候变化、人口增长和资源面临枯竭，保障安全、营养和健康的食品供给面临巨大挑战。

随着生物技术的不断升级，基因工程、细胞工程、蛋白质工程、酶工程、发酵工程等越来越被广泛应用于食品生产和加工过程中。其中酶工程是指利用酶、含酶细胞器或细胞作为生物催化剂来完成重要化学反应，并将相应底物转化成有用物质的应用型生物高新技术，是一种现代酶学理论与传统化工技术结合的技术，目前它的应用主要集中于食品工业、轻工业和医药工业等领域。生物酶不仅可以应用于生产过程，还可以用于食品危害物的高效降解，如可降解有机磷农药残留物的有机磷水解酶，降解兽药残留物的漆酶。生物信息库可以帮助我们在未来寻找到更多新型且高效的有害物降解酶，同时利用蛋白质工程、计算机模拟辅助设计和基于蛋白结构的功能改造，可进一步改善这些降解酶的天然属性，提高"从农田到餐桌"全链条的食品安全。

利用细胞工厂制造替代传统食品获取方式，建立可持续的食品制造新模式，将大幅降低食品生产对资源和能源的需求，减少温室气体的排放，并且提升食品生产与制造的可控性，有效避免潜在的食品安全风险和健康风险。利用合成生物学技术创建细胞工厂，提升重要食品组分、功能性食品添加剂和营养化学品的合成效率，是解决目前食品制造面临的问题和主动应对未来挑战的重要研究方向。

1. 功能食品

功能食品是指具有营养功能、感觉功能和调节生理活动功能的食品。我国功能食品产业经过多年快速发展，已经逐渐壮大，2018 年中国功能食品市场规模达到 427.09 亿美元，2020 年达到 454.27 亿美元。虽然行业发展仍面临诸多挑战，但是随着公民健康意识的增强，未来市场需求将会快速增长，市场前景较好。从其细分产品来看，维生素及膳食补充剂占据了市场最大份额，运动营养品近年来增速较大。

目前，慢性病、老年病等患病人口比例增多，并且患病人群趋于年轻化。根据国家统计局数据显示，近年来我国居民人均医疗保健消费支出占总体消费支出比例呈现波动增长的态势（图 5-2）。

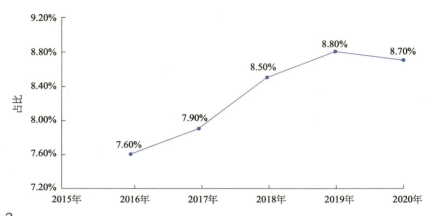

图 5-2
2015—2020 年我国居民人均医疗保健消费支出占比情况
资料来源：国家统计局

对功能食品行业来说，庞大的亚健康人群是巨大的待深度开发的市场。《2019 国民健康洞察报告》显示，45% 被调研公众购买过营养品、营养补充剂、保健品等（图 5-3）。

图 5-3
近年来公众购买健康产品的类型一览
资料来源：健康报移动健康研究院

我国功能食品行业在 20 世纪 80 年代就开始了大规模发展，行业历经起步期、快速成长期、信任危机期和复兴时期，当前功能食品行业正处于行业复兴阶段。近年来随着亚健康问题日益凸显，患慢性病的人数在不断增加。而"健康中国"战略的提出,将促进健康产业快速发展,功能食品行业将步入发展的黄金时期。

(1) 我国功能食品发展现状分析

随着经济的发展,人们解决了温饱问题,生活水平提高,膳食结构发生变化,"富贵病"增多,老年病增多。发达地区人们生活节奏加快,工作压力加大,亚健康人群增多,人们开始注重保健。功能食品受到人们的关注。功能食品的功能保健性是采用严格的科学试验充分证明的,这是人们信任功能食品的基础,国内外功能食品都是在这样背景下发展起来的。近年来,我国功能食品市场规模整体呈现逐年增长的态势(图5-4)。

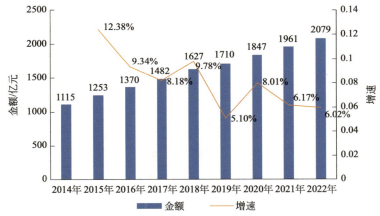

图 5-4
2014—2022 年中国功能食品市场规模变化情况
资料来源:Euromonitor 前瞻产业研究院整理

目前我国比较规范的保健食品厂家有 4000 多家,其中 2/3 以上属于中小企业,上市公司不超过 6 家,年销售额达到 1 亿元的不超过 18 家。在 4000 多种保健食品中,90% 以上属于第一代、第二代产品,2/3 的产品功能集中在免疫调节、抗疲劳和血脂调节,在一定程度上造成了产品的低水平重复和恶性竞争的加剧。另外,假冒伪劣产品、虚假广告的泛滥,使国内保健品面临整体信誉危机。而安利、宝洁、美国全球健康联盟、杜邦等一批保健品跨国公司在中国设厂、推出产品。据统计,近 5 年来"洋品牌"在中国市场上的销售量以每年 12% 以上的速度增长。我国保健品市场空间巨大，但我国在功能食品的研发上必须抓紧，迎头赶上。2014—2020年中国功能品市场规模持续增长。2020年，对于功能食品行业来说，是不平凡的一年，新冠疫情的突然暴发让消费者深刻意识到健康的重要性，这大大推动了功能食品行业的发展，功能食品市场规模高达2503亿元，同比增长12%。中国消费者在功能食品消费理念和消费意愿上都发生了根本性的转变，功能食品在消费属性上将逐渐从可选消费品向必选消费品转变。功能食品逐步转变为膳食营养补充的必选品。

根据Euromonitor数据显示，我国功能食品中运动营养品年均复合增长率达28.57%，近年来增长速度亮眼，未来提升空间广阔（图5-5）。

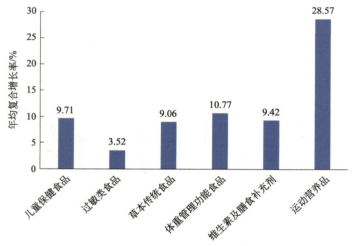

图 5-5
2012—2020年功能食品年均复合增长率
资料来源：Euromonitor 前瞻产业研究院整理

（2）浙江省功能食品行业状况分析（以功能性糖醇为例）

随着社会整体消费观念的改变和生活水平的提高，人们的饮食消费类型逐渐由温饱型向营养型、保健型转变。在这种背景下，功能性糖醇作为低热量、不致龋齿、对人体健康有益的甜味剂，越来越受到人们的喜爱，被广泛用于食品、饮料、医药、日化等领域，直接推动了功能性糖醇产业的持续发展。

以上市公司浙江华康药业股份有限公司为例，该公司是一家主要从事木糖醇、山梨糖醇、麦芽糖醇、果葡糖浆等多种功能性糖醇、淀粉糖产品研发、生产、销售的高新技术企业，所属行业为农副食品加工业。公司生产规模与综合实力位居行业前列（图 5-6），现已成为全球主要的木糖醇和晶体山梨糖醇生产企业之一。作为重要的无糖、低热量食品原料，功能性糖醇有望进一步走进大众生活。而随着功能性糖醇生产规模的不断扩大及对功能性糖醇功能研究的不断深入，功能性糖醇的应用领域逐渐增多。例如，山梨糖醇过去主要作为保湿剂及用于维生素 C 的生产，目前其已在药片赋形剂方面得到应用；木糖醇由于不易引起体内葡萄糖水平的变化，对于调节人体血糖水平、提升葡萄糖耐量等有帮助，被开发为保健食品，用于改善Ⅱ型糖尿病所引发的肥胖症、新陈代谢失调等。

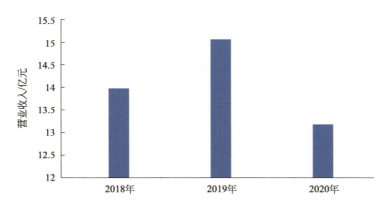

图 5-6
2018—2020 年浙江华康药业股份有限公司营业收入情况
数据来源：浙江华康药业股份有限公司

2. 传统食品

（1）黄酒行业发展现状分析

中国经济社会的平稳运行，产业政策的不断完善，为中国酒业的高质量发展厚植沃土，保驾护航。"十三五"期间，中国酒业经历行业变革阵痛，而 2020 年经历新冠肺炎疫情大考，中国酒业坚韧地成长。

黄酒是世界上最古老的酒类之一，酵母曲种质量决定酒质。源于中国，且唯中国有之，黄酒与啤酒、葡萄酒并称世界三大古酒。约在三千多年前的商周时代，中国人独创酒曲复式发酵法，开始大量酿制黄酒。黄酒产地分布较广，品种众多，著名的有：九江封缸酒、绍兴老酒、即墨老酒、女儿红等。我国黄酒产量总体较为平稳，据国家统计局数据显示，2020 年，我国黄酒产量为 185.71 万千升（图 5-7）。

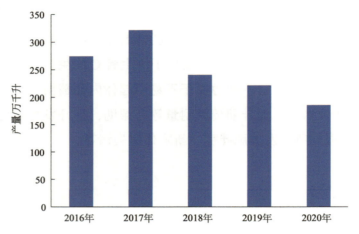

图 5-7
2016—2020 年中国黄酒产量及预测情况
数据来源：国家统计局

虽然黄酒是中国最古老的酒种，但是曾有数据统计显示，黄酒消费的 70% 集中在占全国人口比重 10.6% 的上海、浙江和江苏，区域性消费十分明显。数据显示，2020 年我国黄酒需求量略有降低（图 5-8）。

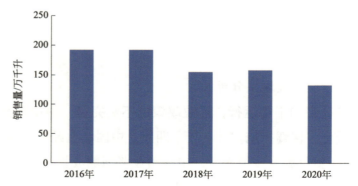

图 5-8
2016—2020 年中国黄酒需求量及预测情况
数据来源：国家统计局

从规上企业销售情况来看：2019 年我国黄酒行业规上企业销售收入为 173.3 亿元，同比增长 3.46% 2020 年受新冠疫情影响，我国黄酒行业规上企业销售收入为 134.68 亿元，同比下降 20.18%（图 5-9）。

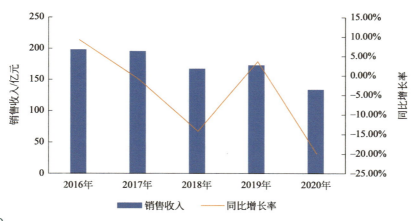

图 5-9
2016—2020 年中国黄酒规上企业销售收入及同比增长率
数据来源：国家统计局

从利润总额来看，2019 年我国黄酒行业规上企业利润总额为 19.3 亿元，同比增长 12.21% 2020 年受新冠疫情影响，我国黄酒行业规上企业利润总额为 17.04 亿元，同比下降 11.71%（图 5-10）。

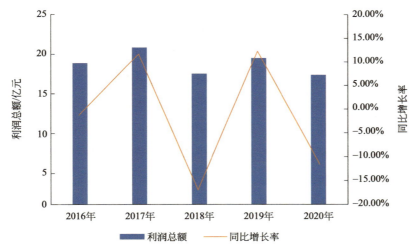

图 5-10
2016—2020 年中国黄酒规上企业利润总额及同比增长率
数据来源：国家统计局

(2) 火腿行业发展现状分析

火腿是经过盐渍、烟熏、发酵和干燥处理的动物后腿，是中国传统特色美食。火腿原产于浙江金华，现在以浙江金华、江苏如皋、江西安福与云南宣威出产的火腿最有名。

金华火腿又称火瞳，兴于宋，迄今已有1200余年的历史，主要产于金华市所辖的婺城区、金东区、兰溪、永康、义乌、东阳、武义、浦江等。传统的金华火腿原料采用的是当地特色两头乌猪后腿，但近年两头乌猪品种混杂，产量降低，影响了金华火腿的质量、风味与声誉，为了保护传统金华火腿的特色，规范生产加工过程，国家有关部门先后出台"原产地域产品金华火腿"（GB 19088—2003）、"地理标志产品金华火腿"（GB/T 19088—2008）等标准。依据以上标准，金华火腿是指在地理标志保护范围内采用金华猪及以其为母本的杂交商品猪的后腿为原料，经传统加工而成的形似竹叶、爪小骨细、肉质细腻、皮薄黄亮、肉色似火、香郁味美的火腿，是极具地方特色的传统肉制品，具有肉色鲜艳、香气浓郁、口味鲜美、色香味俱全的特点。

传统金华火腿的加工包括材料腌制、洗腿、风干、发酵、下架评级、后熟储藏等主要工段。一般从每年11月中旬到次年8月中旬，整个过程耗时10个月。传统火腿加工过程的环境较为粗放，耗时长，跨冬、春、夏三个季节，温度、湿度波动大，且产品上市时间集中，不符合现代食品加工工业的需求。近年来随着现代化生物工程装备与技术的发展，浙江省金华火腿生产企业开始了技术革新、设备升级，生产工艺得到改进，基于金华火腿传统加工工艺，借鉴国内外火腿加工的现代化技术，加强原料检验检疫、建立了包括解冻、盐渍、低温预制、温水清洗、风干、发酵等操作的现代化金华火腿加工技术，制作周期缩短至6个月。新技术对环境中温度、湿度等进行精确控制，实现了金华火腿的清洁安全生产，摆脱了自然环境的束缚，可根据市场需要，全年规模化、连续化生产。

近年来，金华火腿产业发展迅速，金华市目前共有火腿生产企业74家，规上企业18家，现代化大型火腿生产企业3家，2020年金华火腿产量300万只，产值达16亿元。金华火腿产业产值占金华市工业总产值0.5%，产量占浙江省火腿份额98%以上。

金华火腿作为传统地方特色肉制品，加工工艺复杂，生产周期长，在满足新的食品安全要求、健康风味需求等方面，面临一些问题，这限制了金华火腿行业的绿色健康发展。

① 金华火腿含盐量高

传统金华火腿的加工会利用寒冷低温环境，并使用大量食盐，抑制杂菌生长，保证火腿的品质。而当气温出现异常波动与升高时，食盐用量会进一步提高，以避免出现腐烂变质的质量问题。金华火腿产品的含盐量一般控制在12%左右，口感偏咸香，在食品烹调过程中多作为佐料起到增香调味的作用，而作为主菜面临盐度过高、口味难以接受的问题。并且高盐食品的长期大量摄入，易引起包括心脑血管疾病在内的多种疾病，不符合"三减三健"，不能满足人民群众营养健康的长期需求。

② 金华火腿加工工序复杂，工艺过程不统一，标准化程度低

金华火腿的传统加工工艺主要采用手工形式，腌制、浸泡、风干、发酵等主要工艺都是由加工技师手动加工完成，严重依赖技师的经验技巧，标准化程度低，不利于自动化生产，且消耗大量的人力，不能工厂化大量生产，这成为金华火腿加工工艺进步的一个重要阻碍。

③ 工艺周期长，生产成本高

金华火腿从腌制到发酵完成，过程长达8个月，生产周期比较长，因此需要大量的储存空间和流动资金，而且过程中还存在难以预测的市场等因素，导致产品市场竞争力下降。

④ 脂肪氧化严重

金华火腿发酵过程达6个月，肉制品需长期与空气接触，通过自然发酵的形式积累大量风味物质，而在此过程中，一方面肉类中脂肪氧化形成金华火腿的重要风味物质，另一方面脂肪的过度氧化会产生异味，影响火腿口感，且氧化产物不利于身体健康，人长期食用存在患多种代谢疾病、心脑血管疾病等慢性疾病的风险，发酵过程中脂肪氧化的精确控制已成为重要研究课题。

3. 水产食品

随着经济社会不断发展和城乡居民生活水平的不断提高，居民消费逐渐向营养型、健康型转变，水产品因高蛋白、低脂肪、富含多种维生素等优点，深受百姓喜爱，在许多国家水产品是人们餐桌上常见的食品。中国

是水产品生产大国，产量占全球总产量30%左右，连续27年居世界首位。作为渔业生产的延伸，水产品加工业发展迅猛，在优化我国渔业结构、实现产业增值增效方面发挥着日益重要的作用。水产制品味道鲜美、营养丰富，一直深受人们的青睐。尤其是现在，消费者越来越追求便利、多样、营养的食品，这对于我国水产品加工业的发展既是机遇也是挑战。我国是一个渔业捕捞和养殖大国，水产品加工业起步较晚，改革开放后才开始兴起，经过几十年的发展，我国已跻身为世界水产大国，2018—2020年水产养殖产量保持稳定增长，初步统计2021年水产养殖产量接近5400万吨，预计2022年将进一步增长至5630万吨。目前，我国水产加工业已经形成了水产冷冻品、鱼糜制品、干腌制品、藻类加工品、罐头制品、水产饲料（鱼粉）、鱼油制品等较为齐全的产品门类。目前，中国水产冷冻品的加工量为1532.3万吨，占比达到了71%；其次是干腌制品，加工量为152.1万吨，占比达到了7%。从区域来看，我国水产品加工业发展主要集中于沿海，如山东、浙江、福建、广东、广西等省市。另外，除少量种苗外，几乎所有的出口水产品都是加工品。

  水产冷冻品是指为使水产品保存鲜度而将水产品进行冷冻加工得到的产品，主要分为冷冻品和冷冻加工品两大类。水产品冷冻加工业是我国水产加工业的重要组成部分。鱼糜制品是将鱼、虾、蟹、贝等的肉绞碎、进行一系列的加工制成稠而富有黏性的鱼肉浆，再做成一定形状，之后进行水煮等加热或干燥处理而制成的，包括鱼糕、鱼圆、鱼卷、鱼饼等。鱼糜制品营养丰富，高蛋白、低脂肪、食用方便、美味可口，近年来市场需求逐步增大，我国鱼糜制品的产量约为139万吨，约占总量的6.4%。罐头制品是指以水产品为原料经分选、修整、装罐、密封、杀菌、冷却制成的真空的食品，包括硬包装罐头和软包装罐头。随着人们对生鲜水产品需求量的扩大，罐头制品的热度逐渐降低。藻类加工品是指藻类和以藻类为原料添加或不添加辅料，经相应工艺加工制成的干制品，包括淡干海带、盐干海带、熟干海带、调味熟干海带、紫菜、裙带菜、石花菜、江蓠、麒麟菜、马尾藻以及其他藻类干制品，其产量约占水产加工总产量的5%左右，以海带和紫菜的产量最高，也是人们日常食用较多的产品。水产加工作为捕捞和养殖生产的延续和深化，起着连接水产品原料生产与市场消费的纽带和桥梁作用，具有高附加值、高技术含量、高市场占有率、高出口创汇"四高"特点，具有较高经济效益和社会效益。随着我国水产品加工行业不断发展，我国水产品加工行业总产值呈现逐年增长的态势。2020年我国水产品加工行业产值达 4354.19 亿元，比 2019 年下降 2.50%（图 5-11）。

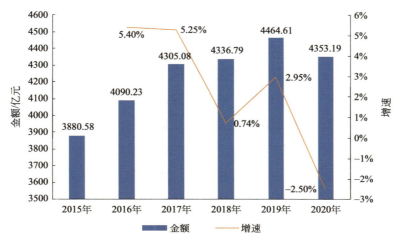

图 5-11
2015—2020 年我国水产品加工行业总产值变化趋势

水产品具有脂肪含量低、蛋白质含量高、富含多种微量元素等特点，迎合了目前市场对健康食品的需求。数据显示，2015—2020 年，我国水产加工总量呈稳定增长态势（图 5-12）。

图 5-12
2015—2020 年我国水产品加工总量变化趋势

在广泛吸收现代加工科技的基础上，浙江省水产加工业实现了从传统产业向现代产业的华丽转变，水产加工业取得长足进步，产品日益丰富，产业结构持续优化，综合实力稳步提高，产品地域特色明显。据浙江省渔业统计年鉴数据显示，2019年浙江省水产加工企业1902家，水产品加工能力250.42万吨，加工总量达到198.82万吨，加工年产值达到453.74亿元，水产品出口量为25.72万吨，出口创汇额11.04亿美元。随着加工技术与设备水平提高，现已形成虾类、蟹类、鱿鱼、鳗鱼、章鱼、贝类、藻类、鱼子酱、无骨鱼、烟熏海产品、干腌制品、小包装休闲食品、水产罐头制品、海洋药物、海洋保健食品、海洋调味料等的产品系列，产品朝多样化、系列化、高值化方向发展。水产品流通日趋活跃，主要通过水产批发市场、水产品专卖店、水产精品商场、大型超市、水产品专业合作社营销、网络电子商务营销等，将水产品生产者与消费者紧密联系在一起。随着国际贸易市场环境的改善，在政府扩大内需引导和市场需求的驱动下，浙江省水产品加工业得以快速发展。

近年来，浙江省水产品加工能力、加工总量和加工总产值均呈现出前期快速发展、后期逐渐回落的稳定趋势，仅次于山东、福建和辽宁，位居全国第四。根据统计数据，从2019年的1902家水产加工企业在浙江省的分布情况来看，绍兴、舟山、台州、宁波和温州的企业数量位居前列，分别达到750家、321家、312家、304家、142家，这5个地级市的企业数量占2019年浙江省水产品加工企业总数的96.2%。其中，绍兴市的水产加工企业数量最多，大多数为淡水水产品加工企业；其余4个地级市基本上以海水产品加工企业为主。

据不完全统计，目前仅舟山就有鱿鱼加工企业百余家，其中骨干加工企业20余家，鱿鱼制品产量逾10万吨，产值20多亿元，鱿鱼制品包括冻鱿鱼片、冻鱿鱼胴体、鱿鱼丝、烤鱿鱼仔、手撕鱿鱼片、烟熏鱿鱼圈等。舟山有远洋鱿钓船200多艘，远洋鱿鱼产量近30万吨，年鱿鱼加工能力逾30万吨，浙江省鱿鱼加工技术水平和产值全国领先。宁波有腌制品加工企业80余家，产值近45亿元，形成养殖、捕捞、加工、销售等全产业链，相关产业带动约10万人就业，市场腌制品产量与销售额占全国70%以上，腌制的泥螺、蟹糊、炝蟹等产品深受上海、南京等周边大中城市的青睐。此外，宁波有大黄鱼加工企业80余家，产量2万吨左右，其中，宁波金宏水产品有限公司生产的鲜卤（脱脂）大黄鱼年产量超过4000 t。浙江省甲壳素生产全国领先，浙江省玉环县是我国最早的甲壳素生产基地，早在20世纪60年代初就实现甲壳素工业化生产，甲壳素相关产品出口量占全国的60%，主要出口美国、欧盟、日本、韩国、澳大利亚等30多个国家和地区。浙江金壳生物化学有限公司是最早进入甲壳素加工产业的企业之一，也是国内规模最大的企业。目前规模较大的相关企业有台州市丰润生物化学有限公司、浙江新复大医药化工有限公司、浙江中科立德新材料有限公司等。浙江宁波和舟山两地早在"十三五"期间已经建成我国的金枪鱼加工产业集群基地，两地围绕金枪鱼建成了一套流程顺畅的金枪鱼加工产业链，金枪鱼加工产业发展风生水起。浙江平太荣远洋渔业集团有37艘远洋金枪鱼延绳钓船和2艘6000 t远洋超低温运输船（仓储温度达到-60℃），构建了成年鱼货捕捞量1.5万吨、运输量近3万吨的具有国际一流水准的大型专业化远洋船队，金枪鱼捕捞规模在全国位居第一。浙江大洋世家公司依托宁波保税区独有的保税功能和区位优势开展金枪鱼远洋捕捞和加工从2018年至2021年（6月），每年分别实现营业收入32亿元、31亿元、33亿元、19亿元，净利润分别为2.4亿元、2.6亿元、2亿元和1.7亿元。

第二节 浙江省食品生物制造产业政策

食品工业是"为耕者谋利、为食者造福"的传统民生产业，在实施制造强国战略和推进健康中国建设中具有重要地位，产业发展历来受到国家与浙江省政府的高度重视。"十三五"以来，围绕食品产业的规划发展、科技创新与食品安全，国务院在《"健康中国2030"规划纲要》《健康中国行动（2019—2030年）》《国民营养计划（2017—2030年）》《"十三五"生物产业发展规划》与《"十三五"食品科技创新专项规划》中，做出相关规划，明确了加快食品行业发展，推动食品工业转型升级，满足城乡居民安全、多样、健康、营养、方便的食品消费需求，促进农业增效、农民增收、农村发展，培育形成经济发展新动能的产业发展方向。并于2018年制定《中华人民共和国食品安全法（2018修正）》，加强食品安全监管，完善食品安全标准体系，健全从源头到消费全过程的监管格局，严守从农田到餐桌的每一道防线，让人民群众吃得安全、吃得放心。浙江省政府结合省内食品产业发展现状与趋势，制定了《浙江省生物产业发展规划》，出台了《关于依法规范食品加工企业的指导意见》《浙江省人民政府全国人大常委会办公厅关于开展浙江省食品安全市、县（市、区）创建工作的指导意见》等，着力发展健康营养食品制造与安全技术，推动食品产业发展达到国内领先水平。

一、引领行业可持续发展，满足国民营养健康需求

我国食品产业科技发展迅速，支撑能力明显增强，取得了一批重大科技成果，制订了一批新标准，建设了一批创新基地，培育了一批优秀人才，组建了一批产业技术创新联盟，食品科技创新能力不断增强，食品装备行业整体技术水平显著提高，食品安全保障能力稳步提升，有力支撑了食品产业持续健康发展。我国在公众营养健康上面临着营养过剩和营养缺乏双重问题，特别是体重超标与肥胖症、糖尿病、高血压、高血脂等代谢综合征类问题突显。积极推进公众营养健康的全面改善，不断增强健康食品精准制造技术水平与开发能力，在营养均衡靶向设计与健康干预定向调控、功能保健型营养健康食品与特殊膳食食品开发等方面迫切需要科技引领。浙江省的食品产业发展需牢固树立新发展理念、以保障食品安全和改善公众营养健康水平为目标，按照"问题导向、整体设计、科学布局、分类实施、突出重点、突破关键、防范风险、支撑发展"的总体要求，建立从食品生产源头到餐桌全产业链的食品质量安全控制技术体系。着力建设创新型人才队伍和基地平台，积极扩大食品科技国内、国际交流与合作，为全面推进浙江省乃至我国食品产业供给侧结构性改革，实现产业转型升级和可持续发展提供科技支撑。

1. 改善供给结构，提高供给质量

优化产品结构。积极推进传统主食及中式菜肴工业化、规模化生产，深入发掘地方特色食品和中华传统食品。开展食品健康功效评价，加快发展婴幼儿配方食品、老年食品和满足特定人群需求的功能性食品，支持发展养生保健食品，研究开发功能性蛋白、功能性膳食纤维、功能性糖原、功能性油脂、益生菌类、生物活性肽等保健和健康食品，并开展应用示范。

提升产品品质。进一步健全标准体系，加快推进食品安全国家标准的清理整合，开展重点品种和领域的标准制（修）订，推动食品添加剂等标准与国际标准接轨。鼓励地方根据实际需要完善地方特色食品标准，引导企业建立和完善标准自我声明制度。强化食品生产经营者主体责任，推动建立自身食品安全制度规范。引导企业建立食品安全可追溯制度，搭建基于标识解析等技术的质量追溯信息化平台，形成上下游产业食品质量安全可查询、可控制、可追究的追溯体系和责任机制。鼓励企业按照良好生产经营规范组织生产，实施危害分析与关键控制点等食品安全管理体系。建立健全食品安全诚信自律制度，探索建立食品工业企业诚信档案，引导食品工业企业依法诚信经营。

强化品牌建设。引导企业增强品牌意识，鼓励食品企业加强品牌建设，夯实品牌发展基础，提升产品附加值和软实力，打造百年食品品牌。创新商业模式，加强与大型电商品牌对接，拓宽销售渠道。推动中华老字号及地方老字号食品传承升级，开发适应市场需求变化的新产品。鼓励知名食品品牌企业开展国际交流活动，建设海外营销渠道，支持品牌企业参加国际展览展销，开拓海外市场。积极挖掘新的品牌资源，逐步形成一批具有较强品牌影响力的产品和知名企业。

2. 优化产业结构，促进转型升级

完善产业组织体系。支持大型企业做优做强，鼓励企业兼并重组，建立海外原料和加工基地，重点培育具有国际竞争力的大型食品工业企业集团；引导中小型企业做优做精，鼓励小型企业采用先进适用技术和设备，形成大型骨干企业支撑力强、中小型企业特色鲜明的协调发展格局。

推动特色食品加工示范基地建设。在原料资源富集地区，选择一批已初具规模、地方特色突出的食品产业园区，以知名品牌和龙头企业为引领，开展集食品研发创新、检测认证、包装印刷、冷链物流、人才培训、工业旅游、集中供热、污水集中处理等为一体的现代食品工业示范基地建设，提高基础设施和公共服务水平，使关联企业集聚发展、土地集约使用、产品质量集中监管，促进食品产业转型升级。

推进绿色制造。探索资源节约和环境友好的食品工业可持续发展模式，支持食品加工园区的循环化改造，引导企业建设绿色工厂，加快应用节水、节能、节粮等高效节能环保技术装备。强化资源循环利用，鼓励企业加强副产物二次开发利用，提高资源综合利用水平。严格落实国家"去产能"有关政策，依法加快淘汰污染严重、能耗水耗超标的落后产能。

加强产业链建设。支持骨干食品企业延伸产业链条，推进原料生产、加工物流、市场营销等环节融合发展。鼓励食品企业发展订单农业，推进原料专业化、标准化、规模化、优质化生产，建立稳定的食品原料生产基地。健全食品冷链物流建设和运行标准，提高冷链物流效率和水平。

3. 强化创新驱动，加快"两化"融合

强化企业创新主体地位。健全技术创新的市场导向机制，突出食品企业创新主体地位和主导作用，打造一批具有国际竞争力的创新型食品领军企业。健全有利于企业创新的资助机制，支持有条件的企业设立高水平研发机构，构建以企业为主体、产学研用一体的技术创新体系，引导各类创新要素向企业集聚，不断增强企业创新动力、创新活力、创新实力，提高协同创新水平。

推动产业科技发展。重点围绕食品加工制造、机械装备、质量安全、冷链物流、营养健康等主要领域，通过实施国家重点研发计划等，从基础前沿、重大关键共性技术到应用示范全链条创新设计，强化原始创新能力，依靠科技创新推动食品产业持续健康发展。

完善创新服务体系。围绕食品基础研究、重大技术应用、关键装备自主化、创新成果产业化开发等，加强技术攻关，加快突破食品制造、流通等领域关键共性技术。构建以国家级创新平台为龙头，以地方和企业等各类食品技术创新中心为基础的资源共享、开放合作创新平台体系。依托现

有交易场所开展食品技术和知识产权交易，完善食品工业创业创新服务体系。搭建面向中小微企业的低成本、便利化、开放式创新服务平台，打造创业创新服务与投资相结合的开放式服务载体。

推进"两化"深度融合。加快工业云、大数据、物联网等新一代信息技术在食品工业研发设计、生产制造、流通消费等领域的应用。加快推进个性化定制和柔性化制造，鼓励重点行业企业建设数字化车间，开展食品制造智能工厂建设试点示范，提高智能化水平。支持骨干食品企业扩大追溯体系覆盖面，实现食品"从农田到餐桌"全过程可追溯。

培育发展新业态新模式。推动食品工业与教育文化、健康养生深度融合，鼓励发展食品工业旅游、制造工艺体验、产品创意设计等新业态。规范发展电子商务，推广在线交易、电子支付及线上线下的一体化集成，创新电子商务与食品工业的集成应用模式。要围绕食品产业发展重大任务，推动社会力量发展多层次多样化生产性服务，为食品产业发展提供有力支撑。

4. 统筹国内国外，扩大开放合作

健全对外开放新体制。完善外商投资国家安全审查制度。积极参与国际标准制（修）订，推动我国食品标准与国际先进标准接轨，积极开展食品农产品认证国际互认合作。发挥贸易投资促进机构、行业协（商）会等作用，提高我国企业在国际食品贸易中的地位和影响。

增强"走出去"能力。紧密结合"一带一路"倡议，鼓励食品企业采取设立境外办事处和技术中心等多种方式"走出去"，支持加工企业到海外建立粮油、乳制品、肉制品等重要食品原料基地。鼓励开展对目标国法律、政策、标准、贸易规则等的研究，支持有实力的企业通过并购、合资等方式进入海外食品加工和研发领域，拓展营销网络，深度融入全球食品产业链。

提高"引进来"水平。结合食品工业转型升级，支持企业引进国外食品工业智能化、集约化绿色制造技术和装备，鼓励外资进入营养健康食品制造、天然食品添加剂开发生产、食品加工副产物综合利用等领域，合作研发新技术、新产品、新装备。适度扩大优质食品进口，优化食品及原料进口结构，满足不断升级的食品消费需求。

5. 增强监管能力，提高安全水平

强化食品产业链全程监管。建立统一权威的食品安全监管体制，加强部门联动、协调配合，提高监管工作的系统性、协调性和一致性。强化食用农产品质量安全源头治理，实施专项治理工程，推进农业投入品的规范化管理和安全使用，健全食用农产品产地环境质量监测和评价机制，保护食用农产品产地环境。规范加工制造、仓储物流、批发零售、进出口等各环节的生产经营行为。实施食品安全监管行动计划，全面加强现场检查，实现食品安全抽检品种全覆盖，强化食品安全治理整顿，全面保障食品质量安全。

提升食品安全监管和技术支撑能力。推动食品安全检验检测资源整合，构建科学高效的食品安全检测体系。健全食品安全风险交流制度，提升风险监测和风险评估水平。强化食品安全应急处置能力，完善突发事件应急处理和追究机制。加强基层监管能力建设，提高食品安全监管基层机构执法装备标准化配备率，有效改善基层基础设施条件。健全基层食品安全监管执法规范化、标准化的管理制度，规范监管职责、任务、程序、标准，提升食品安全监管规范化管理水平。

二、致力科技创新，推动食品产业转型升级

面对全球食品科技的迅猛发展和世界性的食品产业转型升级，科技创新驱动产业升级和可持续成为迫切任务。当前，浙江省食品科技研发投入强度不足，与食品制造大省的地位尚不匹配。食品科学基础性研究相对薄弱。面对食品产业供给侧结构性改革的新需求，企业自主研发和创新能力明显不足，产品低值化和同质化问题严重，国际竞争力仍然较弱。

浙江省食品加工制造在资源利用、高效转化、智能控制、工程优化、清洁生产和技术标准等方面相对落后，特别是在食品加工制造过程中的能耗、水耗、物耗、排放及环境污染等问题尤为突出。深入研究与集成开发食品绿色加工与低碳制造技术，提升产业整体技术水平，推动食品生产方式的根本转变，实现转型升级和可持续发展迫切需要科技创新。

针对食品科技创新发展所面临的新挑战和新需求，全面统筹规划，整

体部署实施。重点发展食品高新技术产业，提升食品产业竞争力；优化食品科技创新平台布局，培养食品科技人才，提升食品科技创新能力；推进食品产业科技发展，构筑食品科技创新先发优势；加强全链条过程控制，提高食品安全保障水平；全面提升国际合作交流水平，增强自主研发能力与国际竞争力；强化技术成果转化服务，实现科研成果产业化。

1. 加快食品高新技术产业发展，推进科技和产业深度融合

着力推进以食品加工制造为特色的科技园区建设，培育一批具有国际竞争力的食品领域高新技术企业，形成特色鲜明、带动性强的食品领域高新技术产业，支撑产业转型升级。加快大数据、云计算、物联网等高新技术在食品产业中的应用，提高信息化、智能化水平。重点培育若干食品企业，提高产品质量效益，进入全球食品产业价值链中高端。

2. 增强食品科技创新，培育食品新业态和新兴产业

为全面促进养老、旅游、互联网、健身休闲、食品五大融合，催生更多健康新业态、新模式和新产业提供科技支撑。推动食品产业与教育、文化、健康等民生产业的融合发展，鼓励发展食品工业旅游、制造工艺体验等新业态；大力发展电子商务、线上线下一体化集成等"互联网+"新模式，为食品新业态、新模式和新兴产业健康发展提供技术保障。

三、加强食品安全监管，保障居民食品安全

食品安全是关乎国计民生和国际声誉的热点问题。我国在食品原料生产、加工与物流的过程管控、市场监控、质量安全检测、品质识别鉴伪以及产品技术标准等方面尚存在明显不足，食品安全风险评估与预警以及食品"从农田到餐桌"全产业链监控与溯源等工作刚刚起步，进一步增强食品质量安全的全产业链综合监控能力迫切需要新技术保障。

我国食品产业在食品安全监测检测、风险评估、追溯预警、安全控制等方面取得了系列突破，全面加强了食品质量安全标准体系建设，发布了683项食品安全国家标准，涵盖1.2万余项指标，初步构建起符合我国国情的食品安全国家标准体系，为保障食品安全、提升产品质量、规范食品

进出口贸易秩序提供了坚实的基础和良好的环境。我国食品安全形势总体稳定并保持向好趋势，2010 年食品质量抽查合格率 94.6%，2015 年合格率 96.8%，其中，蔬菜及其制品合格率为 95.6%，调味品合格率为 96.9%，茶叶及其相关制品合格率为 99.3%，酒类合格率为 97.0%，食品总体合格率稳步提升。

食品危害物形成规律与控制机制研究、食品加工制造与物流配送全过程质量安全控制技术开发成为国际食品安全科技领域的研发热点。食品品质变化新型评价和货架期预测、快速精确和标准化的食品质量安全检测、食源性致病微生物高通量精准鉴别与监控、简捷高效的溯源技术及全产业链食品质量安全追溯体系构建等成为保障食品安全的关键。

浙江省制定《浙江省人民政府全国人大常委会办公厅关于开展浙江省食品安全市、县（市、区）创建工作的指导意见》与《浙江省人民政府全国人大常委会办公厅关于印发浙江省食品安全工作评议考核办法的通知》，发布《关于依法规范食品加工企业的指导意见》，进一步规范与加强浙江省食品安全监管工作，强调开展食源性致病菌耐药机制及传播规律、食品安全危害识别与毒性机制等基础研究，开展食品药品安全检验检测、监测评估、过程控制等技术研究，开展药品不良反应监测和评估研究，加强食品药品标准研制，建设食品药品安全防控技术体系，通过转化、应用、集成研究，针对食品加工和药品生产过程安全控制、食品药品安全应急保障、网络食品药品安全监管等重点领域，从产业发展和监管支撑两个维度研究提出食品药品安全解决方案，提升食品药品安全风险防控能力。以保障公众食品安全为出发点和落脚点，全面开展创建工作，落实各级政府属地责任，督促监管部门依法履职，企业守法诚信经营，引导社会各界广泛参与，加快形成"上下统一、责任明晰，运行高效、保障有力，无缝衔接、全程监管，符合实情、科学合理"的食品安全治理体系，推动浙江省食品安全整体水平、食品安全治理能力、食品产业健康发展水平和群众满意度"四个明显提升"。力争通过 5 年努力，浙江省建成国家食品安全示范城市 2 个以上，各市、县（市、区）全部达到浙江省食品安全市、县（市、区）标准，并形成浙江省上下机制完善、管理科学、实效显著的创建工作体系。

第三节
浙江省食品生物制造产业发展方向

食品工业是"为耕者谋利、为食者造福"的传统民生产业,在实施制造强国战略和推进健康中国建设中具有重要地位。本节以国家食品产业发展趋势为出发点,以生物产业为基础,从产业战略布局、销售模式、消费需求、食品生产技术、食品安全、商业模式、产业链一体化等方面进行讨论,衍生至浙江省的食品产业发展现状,以期能够全面展现浙江省食品产业的加速发展。

针对食品科技创新发展所面临的新挑战和新需求,浙江省全面统筹规划,整体部署实施。重点发展食品高新技术产业,提升食品产业竞争力;优化食品科技创新平台布局,培养食品科技人才,提升食品科技创新能力;推进食品产业科技发展,构筑食品科技创新先发优势;加强全链条过程控制,提高食品安全保障水平;全面提升国际合作交流水平,增强自主研发能力与国际竞争力;强化技术成果转化服务,实现科研成果产业化。

一、我国食品产业发展形势与需求

1. 我国食品产业科技发展迅速,支撑能力明显增强

"十二五"期间,我国对食品科技研发的支持力度明显增强,取得了一批重大科技成果,制订了一批新标准,建设了一批创新基地,培育了一批优秀人才,组建了一批产业技术创新联盟,食品科技创新能力不断增强,食品装备行业整体技术水平显著提高,食品安全保障能力稳步提升,有力支撑了食品产业持续健康发展。2015年我国食品产业结构不断优化,效益持续增长,投资规模进一步扩大。规模以上食品工业企业主营业务收入达11.35万亿元,比2010年增长了87.3%,年均增长13.4%。食品工业企业主营业务收入占全国工业企业主营业务收入的10.3%,利润总额占12.6%,上缴税金占19.3%。食品工业与农林牧渔业的总产值之比达1.11∶1。食品

产业不仅大量转化了大宗农产品，也大幅度增加了农民收入和农业效益，带动了农民脱贫致富和农村经济的健康发展。

2. 食品产业战略布局与产业升级的迫切性凸显

目前，全球经济增长缓慢且伴随风险，人民币汇率波动将给中国食品产业的战略布局提出更高要求。虽然中国经济增长平稳，但是同样面临债务风险，同时，还可能受到来自美国、欧洲经济和政治的负面影响。外部环境的不确定性进一步加大了国内消费对于经济可持续增长的重要性，而人民币汇率波动在农产品进口需求、原材料成本、境内外融资与海外并购等诸多方面，将对中国食品及农业的未来发展产生不同程度的影响。

与此同时，人民币延续较以往更为剧烈的波动趋势，对日益纳入全球一体化的中国农业食品企业全方位控制风险、捕捉机会、加紧全球化布局提出了更高的要求。以乳业为例，国内需求量中20%～25%（按液奶当量计）为进口的乳制品大宗商品和最终产品。对于乳制品加工企业而言，除了国际市场价格波动之外，以美元计价的进口乳制品大宗商品的成本亦与人民币汇率息息相关。我们估计，在其他条件保持不变的情况下，人民币兑美元汇率出现10%的贬值导致进口乳制品大宗商品人民币价格上升所带来的成本增加，有可能使得整个乳制品加工行业的利润出现约15%的下降。当然，动态而言，企业可以利用调整产品价格、调整产品结构、锁定汇率等手段至少部分消化这些压力。与此同时，对于国内乳业企业而言，考虑国内市场的放缓以及中国乳业与国际市场的较高的相关性进行国际战略布局的迫切性越来越大。

3. 食品产业转型升级任务艰巨，创新驱动需求迫切

面对全球食品科技的迅猛发展和世界性的食品产业转型升级，科技创新驱动产业升级和可持续发展成为迫切任务。当前，我国食品科技研发投入强度不足，与世界第一食品制造大国的地位尚不匹配。食品科学基础性研究相对薄弱，产业核心技术与装备尚处于"跟跑"和"并跑"阶段。面对食品产业供给侧结构性改革的新需求，企业自主研发和创新能力明显不足，产品低值化和同质化问题严重，国际竞争力仍然较弱。

(1) 加工制造转型升级迫切需要科技创新

我国食品加工制造在资源利用、高效转化、智能控制、工程优化、清洁生产和技术标准等方面相对落后，特别是在食品加工制造过程中的能耗、水耗、物耗、排放及环境污染等方面问题尤为突出。深入研究与集成开发食品绿色加工与低碳制造技术，提升产业整体技术水平，推动食品生产方式的根本转变，实现转型升级和可持续发展迫切需要科技创新。

(2) 机械装备更新换代迫切需要自主研发

我国食品机械装备制造技术创新能力明显不足，国产设备的智能化、规模化和连续化能力相对较低，成套装备长期依赖高价进口，食品工程装备的设计水平、稳定可靠性及加工设备的质量等与发达国家相比存在较大差距。全面提升我国食品机械装备制造的整体技术水平，打破国外的技术垄断，实现食品机械装备的更新换代迫切需要提升自主研发能力。

(3) 质量安全综合监控迫切需要技术保障

食品安全是关乎国计民生和国际声誉的热点问题。我国在食品原料生产、加工、物流的过程管控，市场监控，质量安全检测，品质识别鉴伪，产品技术标准等方面尚存在明显不足，食品安全风险评估与预警，食品"从农田到餐桌"全产业链监控与溯源等工作刚刚起步，进一步增强食品质量安全的全产业链综合监控能力迫切需要新技术保障。

(4) 冷链物流品质保障迫切需要技术支撑

我国食品冷链物流产业环节多，物流过程产品品质劣变和腐烂损耗严重、物流能耗偏高、标准化和可溯化程度低等问题突出。特别是"互联网+"等新业态下的技术研发滞后，智能控制技术与装备不完善，物流成本大幅度提高。全面推进食品物流产业向绿色低碳、安全高效、标准化、智能化和可溯化方向发展迫切需要新技术支撑。

(5) 营养健康全面改善迫切需要科技引领

我国在公众营养健康上面临着营养过剩和营养缺乏双重问题，特别是体重超标与肥胖症、糖尿病、高血压、高血脂等代谢综合征类问题突显。积极推进公众营养健康的全面改善，不断增强健康食品精准制造技术水平与开发能力，在营养均衡靶向设计、健康干预定向调控、功能保健型营养健康食品与特殊膳食食品开发等方面迫切需要科技引领。

二、浙江省食品产业发展面临的挑战

浙江省营养与健康食品产业发展存在以下问题：一是加工企业的科技创新能力有待进一步提高，与科研院校合作还不深入，企业整体的科技水平有待进一步提高，产品科技含量普遍较低，低水平重复现象较为严重；二是产品精深加工程度有待进一步提高，目前大部分仍以粗加工为主，精深加工产品的比例不高，不能满足人民日益增长的物质文化需求；三是传统加工业的机械化程度还较低，有待开发新的加工生产线；四是节水减排技术和节能降耗技术体系远未形成，集成度低，离低碳经济还有很大差距；五是综合利用还不能起到带动产品增值和降低环境污染的作用；六是加工品的质量安全检测技术与生产过程中质量安全控制技术亟待提高。

多年来，浙江省始终坚定不移走生态优先、绿色发展之路，通过大力发展绿色食品，推进了生态文明建设，提高了农业质量效益，增强了农产品市场竞争力，促进了农民增收，不仅对农业农村全局发展发挥了积极作用，而且为绿色食品高质量发展打造了成功"样板"。但不可忽视的是，浙江省绿色食品发展过程存在不平衡、不充分等方面的问题，绿色食品高质量发展面临挑战。

（1）规模化程度低，整体质量还不高

浙江省人多地少，农业规模化程度相对偏低，而绿色食品生产过程涉及的环节多、市场主体多、质量管理难度大，加上优胜劣汰机制不健全、市场倒逼追溯不畅，导致标准化生产动力不足，经营管理粗放，农药超标现象时有发生，影响了绿色食品的整体质量。绿色食品认知度不高，将其培育为国内、国际知名品牌的市场化基础不够。部分地区本身具有发展"三品"的良好生态环境和产业优势，但由于当地政府重视程度不够、措施落实不力，"三品"产业发展滞后。如杭州、宁波、台州3市绿色食品占了浙江省总数的55.6%，而其他地区的绿色食品数量不到总数的一半。

（2）体系建设滞后，应用推广还不够

绿色食品产业中农技队伍不够健全，农技人员的知识结构不能适应绿色产业快速发展的要求，绿色食品推广后继乏人。有些地方申报绿色食品时存在为了完成上级下达的指标或为享受财政补贴而申报的现象，农业主体对发展绿色食品积极性不高。大部分绿色产品加工企业设备较为陈旧，新产品开发能力不强，科技含量不高。

（3）生产成本上升，竞争优势减弱

随着经济发展，劳动力价格提高，浙江省农业劳动力价格比周边省份高出不少，生产绿色食品需要人工劳动较多，而替代的手段不足，节约成本的办法不多。如浙江省80%的大宗茶和100%的名优茶的采摘仍需手工，竞争优势弱化。

（4）规划指导作用不强

绿色食品作为政府主导的公共品牌，其发展模式推广应依托于政府整体规划。当前，浙江省级层面未针对绿色食品编制统一的产业发展规划，导致绿色食品发展导向不突出，发展阶段和发展目标不明确，对典型发展模式推广缺少总结，也未形成长期稳定的政策措施，不能满足5年甚至更长一段时期绿色食品高质量、协调发展要求。区域规划也由于各地资源、产业基础、经济发展等的差异，以一次性补贴为主，存在政策单一和对绿色食品产业融合发展、转型升级、协调发展及可持续发展指导作用不强的问题，导致不同地区绿色食品发展存在不平衡。

（5）技术水平存在差距

目前，绿色食品投入品管理、农药残留、产品品质等方面的很多标准已与国外发达国家接轨。但由于浙江省内绿色食品生产经营主体在生产规模、技术研发推广能力、质量管控水平等方面与发达国家存在实际差距，绿色食品技术优势在实际生产中未得到充分体现。获证主体长期执行绿色食品标准的积极性不高，落实绿色食品标准不到位，产品品质存在不稳定风险。

随着经济社会的不断发展，不但浙江饮料制造企业的集聚效应已经引起相关职能部门密切关注，而且科技界对于浙江省功能食品制造企业集聚的内在基础、特征优势、科学内涵等问题的研讨不断深入。浙江省饮料产量多年雄踞前列。如同美国西雅图的飞机制造与硅谷的电子产品制造一样，闻名全球的西子湖畔逐渐形成了以饮料制造企业集聚为特征的饮料产业发展态势。我国功能饮料行业在国民消费升级的推动下，将不断创新发展，也将推动消费群体、消费场景、产品种类及品种向着更加全面的方向发展。

① 市场增长潜力巨大

当前，各种功能饮料品牌陆续在主流媒体上、在音乐节、体育赛事中进行推广，加之国民体育运动的习惯逐渐养成，使功能饮料的市场认可度不断提升。虽然宏观上，我国功能饮料的市场规模逐年扩大，但是与欧美日等海外市场相比，在人均饮用量和人均消费金额方面仍有很大差距。欧睿数据显示，我国的人均饮用量（2.2 L）与美国（24.6 L）、日本（13.9 L）、英国（11.2 L）相差很大，而我国的人均消费金额（6.2 美元）与美国（72.1 美元）、日本（42.8 美元）、英国（35.1 美元）相比，提升空间则更大。

② 健康化理念提升促进市场增量

一方面，伴随生活品质的提升，我国国民的运动热情愈发高涨，也更加重视运动过程中能量和水分的补给，因此与运动相关的特殊用途的功能饮料受到消费者青睐，功能饮料的市场空间逐渐显现。国家《"健康中国2030"规划纲要》的出台，也为中国功能饮料的发展带来了机遇。我国各类马拉松赛由2011年的22场增长到2017年的1102场。到2025年，中国体育产业的总规模预计达到5万亿元。包括运动饮料和能量饮料在内的功能饮料的需求量将不断提升，这也对各品牌提出了更高的要求。另一方面，我国人口老龄化程度加重，人们生活工作节奏加快、压力加大，肥胖、冠心病、糖尿病等增加，大众在日常生活中更加关注自己的健康状况。当前我国符合世界卫生组织（WHO）健康定义的人口占总人口数量的15%。因此，健康必然是人们关注的焦点。近年来，"大健康"已经成为主流趋势，健康化、功能化、个性化将成为未来功能饮料的主要发展需求，成为促进市场增长的驱动因子。

③ 消费群体多层级发展

功能饮料市场的目标消费群体分布广泛，既有司机、医务工作者，也有运动员、健身运动爱好者，并逐渐延伸至白领、学生等更多群体。据Ipsos报告，我国一二线城市34%的消费者经常跑步，其中51%的人会经常饮用运动功能饮料。同时，喜欢各种运动挑战、热衷电子产品的新生代00后，也将逐渐成为功能饮料的消费者。由此可见，凭借提升活力、抗疲劳等功效，功能饮料的消费群体将向年轻化、多层级发展。

④ 消费场景多元化发展

功能饮料的传统消费场景主要是各类疲劳场景，如运动健身、加班、熬夜等，而更多的休闲消费场景也不断出现，如旅行、聚会、日常保健等。当前，为了推动消费年轻化和场景多元化，各品牌功能饮料都积极在电子竞技、音乐节等创新场景中进行推广和营销，并在口感和包装等方面进行突破，以期增加产品的购买频次、培养目标群体消费习惯。

⑤ 产品配方天然化、健康化发展

随着消费升级，饮料行业也在不断尝试推出各种新品，同时结合多种不同元素进行产品创新，以多样化的新品满足更丰富的消费需求。

三、浙江省食品生物制造重点领域发展规律

1. 黄酒行业发展规律与趋势分析

（1）消费升级与品牌效应将带来黄酒发展的新机遇

目前，黄酒行业缺乏"标准化"，需进一步加强顶层设计。而从局部来说，很多黄酒企业的产品系列比较杂乱，没有形成清晰的品牌定位，黄酒主流产品的核心价值没有被挖掘出来，整个行业的价值定位没有引起共鸣。而聚焦到黄酒行业的市场层面，价值定位、消费群体认知、主流消费区域形成了一个个"包围圈"，限制着黄酒行业的发展。但伴随着消费升级浪潮的加速到来，有很多黄酒企业力破黄酒桎梏，不断在传承与创新方面引领行业发展。行业呈现逐渐趋好的发展态势。

（2）高端化趋势

高端化已经成为黄酒行业发展新趋势。近年来，许多黄酒企业推出了二十年陈、三十年陈产品，售价都在 400～900 元。未来，随着人们生活水平的不断提高、消费升级以及消费观念的转变，高端化黄酒成为未来消费趋势。

（3）消费群体年轻化趋势

消费群体年轻化将成为黄酒产业的未来发展趋势之一。吸引年轻消费者进入黄酒市场是黄酒企业正在研究的课题，引导青壮年群体把喝黄酒作为一种消费时尚，有利于扩大黄酒的消费群体，提高黄酒产业需求。

2. 火腿行业发展规律与趋势分析

(1) 金华火腿的安全质量控制

金华火腿在长期生产过程中出现的不良的物理变化、化学变化和生物变化，这都可能造成金华火腿产品质量的多种缺陷，进而影响到火腿一些品质，如风味、组织结构、色泽、外观等，并且火腿加工过程中发生的变化复杂，因此需要对原料及其整个加工工艺进行更好的安全控制，这就涉及金华火腿生产企业相关质量安全控制技术体系、良好的生产规范及溯源体系的建立和示范。进一步增强金华火腿的质量安全控制相关技术，通过工程化技术创新和机制创新，建成国内先进金华火腿质量安全控制工程技术创新的主体，成果转化和产业化的孵化器、行业资源的集散地、产学研紧密结合的重要纽带、工程技术人才和工程管理人才的重要培养基地。同时，集成金华火腿中常见理化指标、农药残留、兽药残留、重金属元素及其他违禁物质残留等的检测分析方法，形成系列检测技术和规程，建立一套适用于快速筛查和企业开展质量控制的技术体系，推广实施，确保安全。为政府对不法火腿生产企业的监管，预防金华火腿产品中可能使用、残留有毒有害物质及产生危害提供依据和对策。

(2) 金华火腿生产、控制与产品标准体系的构建

金华火腿标准体系的不完善、企业有标不依以及对国际、出口国等相关标准的不了解，都将使金华火腿的出口受阻。目前，我国制定标准仍以产品标准为重点，而国际标准则看重通用标准，以此形成由原材料，到加工方法，直至检测要求的一套从"农田到餐桌"的更为完善、严格的标准体系。针对金华火腿出口现状及存在的主要问题，政府、行业和企业应联合出击，严把质量关，实施严格的原产地域产品认证；以改善产品工艺为契机，加大高端产品研发，巩固传统火腿消费市场，在此基础上开发适合国内外市场的新口味，开拓新市场；以完善标准体系为支撑，生产符合新时代健康与环保标准的绿色火腿，打造金华火腿的高端形象。

3. 水产品行业发展规律与趋势分析

(1) 精深加工比重偏低，产业结构仍需调整

浙江省水产品加工企业中，规模大的不足15%，多是父子店、兄弟店、夫妻店，加工设备落后，厂地分散，没有规范的污水处理设备或污水处理

成本较高，没有集聚效应。

（2）水产品加工研发能力不足

因水产品加工企业规模一般都较小，对人才引进和培养不够重视，缺乏研发能力，不少企业开发产品通过简单模仿，产品同质同类化严重。大部分中小企业技术储备严重滞后，技术引进、吸收及集成创新的能力薄弱，致使一些水产加工的关键性技术难以转化和应用。水产技术缺乏创新依然是制约浙江省水产加工业发展的主要因素。浙江省乃至我国水产加工领域的基础研究起步较晚，应用研究和高科技研究较为薄弱，学科间的相互渗透不够，缺乏自主技术创新。科技投入不足导致创新能力不强，加之集成创新和引进消化吸收再创新不够，致使水产品保活保鲜技术等产业化的关键共性技术的问题长期得不到有效解决。另外，水产加工技术产业化程度低依然是制约浙江省水产品加工产业发展的一大障碍。目前仅有少量龙头水产企业建立了研发中心，有独立的科研技术力量，大部分中小型企业基本没有独立研发能力，主要依靠社会研发资源。虽然浙江省从事水产品加工的科研机构较多，这些科研机构与企业的沟通、合作和联系不紧密，缺乏有序、统一、高效的研发平台，这些制约浙江省水产品加工产业的技术进步，限制了行业科研水平的整体提高。

（3）水产品制造未来发展趋势

我国水产加工行业经过多年发展，取得了较大进步。但总体来看，大部分水产加工处在初加工阶段。为了加强对水产资源的利用，提高水产品的附加值，国际水产发达国家发展了水产品精深加工工业，主要包括低值产品的综合利用、优质产品的精深加工、合成水产食品及保健美容水产食品等。例如，日本企业将水产品加工中的废弃物制成降压肽、鱼皮胶原蛋白、鱼精蛋白等产品。提高水产品加工的技术含量、开发多元化水产食品、由"初加工"向"精深加工"方向发展，是我国水产业的未来发展趋势。随着中国国民经济的发展、科学技术的进步以及国外先进生产设备与加工技术的引进，中国水产品加工技术和方法已发生了根本性的改变，水产加工品的技术含量与经济附加值均有了较大的提高，现呈现如下趋势。①方便化，先用一些水产品加工鱼浆，再用鱼浆生产出各式各样的鱼糕、鱼脯、鱼排或鱼香肠等产品，供消费者直接食用。既营养丰富又耐贮存，携带方便。②模拟化，可将鱼浆制成色、香、味、形近似蟹、虾、贝、鱼翅、鱼子等的模拟产品。③保健化，以水产品为原料，按照一定的配方，配以适当的药物，用水产品之味，取药物之性能，制成各种水产保健食品，由于其胆固醇含量低，可称为"药膳"。④美容化，绝大多数鱼子，不但味道鲜美，营养丰富，还富含蛋白质、钙、磷、铁、卵磷脂等，是国际上流行的美容及保健食品，鱼子的深加工大有可为。⑤鲜活分割化，水产品经过科学的分割处理后，能保持原有的新鲜口味，除提倡就近、就地活销、鲜销外，还可分割成冷冻小包装，这样贮存时间长，更可满足不同消费者的消费需求，方便选购。

四、食品行业生物制造技术的突破

发展食品高新技术产业是增强我国食品产业竞争力的重要战略，也是加快食品产业供给侧结构性改革的必然选择。生物制造技术在食品的生产、加工和制造中的有着广泛应用，主要包括了食品发酵和酿造等最传统的生物加工过程以及应用细胞工厂构建技术、酶催化、生物分离等现代生物制造技术。食品生物制造技术的突破在浙江省食品行业发展中占有重要地位。

就食品细胞工厂构建技术而言，其发展和突破可以划分为三个阶段：①通过最优合成途径构建及食品分子修饰，实现重要食品功能组分的有效、定向合成和修饰，为"人造功能产品"细胞的合成做准备；②建立高通量、高灵敏的筛选方法，筛选高效的底盘细胞工厂，实现重要食品功能组分的高效生物制造，初步合成具有特殊功能的"人造功能产品"细胞；③实现人工智能辅助的全自动生物合成过程的设计及实施，通过精确靶向调控，大幅度提高重要功能食品产品在异源底盘细胞和原底盘细胞中的合成效率，最终实现"人造功能产品"细胞的全细胞利用。

食品细胞工厂的设计与精准调控是各类食品、食品配料或者添加剂的生物制造的共性任务和挑战。母乳寡糖是婴儿配方奶粉的关键功能营养因子，母乳寡糖的高效制备为实现婴儿配方奶粉对母乳的"深度模拟"提供重要支撑。目前母乳寡糖的生物制造主要以大肠杆菌作为底盘细胞。然而，由于大肠杆菌生产的产品存在内毒素污染的风险，影响了母乳寡糖的安全性。相比于大肠杆菌，作为典型工业微生物的枯草芽孢杆菌是食品安全菌株，并且不产生内毒素，更适合母乳寡糖的合成。另外，枯草芽孢杆菌遗传背景清晰，为基于合成生物学技术构建高效合成母乳寡糖工程菌提供了有利条件。

细胞工厂构建技术为应对食品制造面临的挑战提供了重要技术支撑，是食品领域研究的重要方向。以植物蛋白肉、黄酮类植物天然产物和母乳寡糖为代表的典型食品组分、功能性食品添加剂和营养化学品的生物制造目前已取得显著进展。在食品生物合成理论研究、技术方法建立和典型产物合成路径打通的基础上，进一步扩展合成的目标产物的范围，创建智能化细胞工厂，大幅度提升食品组分、食品配料和功能营养品的合成效率，实现全细胞利用和工业规模制备是未来研究的重要方向。

综上所述，食品生物制造是新食品资源开发和高值利用、食品生产方式变革、功能性食品添加剂和营养化学品制造等的主要方法之一，浙江省必须加强食品细胞工厂构建等具有重大意义的食品生物制造技术的开发和应用，并率先实现产业化，抢占全国乃至世界的科技前沿和产业高地。

参考文献

[1] 陈志斌. 海洋功能食品及高端生物制品现状的研究 [J]. 现代食品, 2021(17):107-109.

[2] 刘英语. 保健食品的研究现状及发展趋势 [J]. 食品安全导刊, 2021(29):134-138.

[3] 安莹, 葛冬梅. 保健食品经济发展趋势 [J]. 食品研究与开发, 2021, 42(11):231.

[4] 钟耀广. 功能性食品 [M]. 2 版. 北京：化学工业出版社, 2020

[5] 周才琼, 唐春红. 功能性食品学 [M]. 北京：化学工业出版社, 2015.

[6] 韦何雯, 尹中. 金华火腿的研究现状及发展趋势 [J]. 肉类工业, 2012, 4:2159-2164.

[7] 夏博能. 传统工艺与现代工艺金华火腿的品质比较研究 [D]. 杭州：浙江大学, 2016.

[8] 金仁耀, 翟璐, 刘征. 浙江省水产品加工产业发展现状与对策建议 [J]. 浙江农业科学, 2021, 62(11):2159-2164.

[9] 黄利华, 贾强, 郑玉玺, 等. 水产品加工现状及发展对策 [J]. 现代食品, 2019(24):5-7.

[10] 葛文文. 舟山市水产品产业发展现状研究 [D]. 舟山：浙江海洋大学, 2021.

[11] 解万翠. 水产发酵调味品加工技术 [M]. 北京：科学出版社, 2019.

[12] 王健. 我国有机水产品现状、存在问题及发展潜力 [J]. 黑龙江水产, 2017(5):9-11.

[13] 叶元土. 水产食品产业链发展关键问题的思考与发展机遇 [J]. 饲料工业, 2021, 42(6):1-8.

[14] Topolska K, Florkiewicz A, Filipiak-Florkiewicz A. Functional food-consumer

motivations and expectations[J]. Int J Environ Res Public Health, 2021. DOI: 10.3390/ijerph18105327.

[15] Min M, Bunt C R, Mason S L, et al. Non-dairy probiotic food products: an emerging group of functional foods[J]. Crit Rev Food Sci Nutr, 2019, 59(16):2626-2641.

[16] 孙国玉，陈雷. 新冠疫情下的国际农业和食品应对政策：缘起、措施和启示 [J]. 经济研究导刊, 2021(14):1-5.

[17] 程同顺，周卉. 美国食品企业如何影响公共政策 [J]. 武汉科技大学学报（社会科学版）, 2021, 23(2):131-140.

[18] 袁子文. 美国食品安全政策体制及其对中国食品安全政策体制的启示 [EB/OL]. http://cpfd.cnki.com.cn/Article/CPFDTOTAL-JSLH202001001015.htm.

[19] 王志刚，黄圣男，王辉耀. 消费者偏好的变化对欧盟农业和食品政策的影响：一个宏观概览 [J]. 中国食物与营养, 2014, 20(4):46-49.

[20] Browne J, Lock M, Walker T, et al. Effects of food policy actions on Indigenous Peoples' nutrition-related outcomes: a systematic review[J].BMJ Glob Health, 2020. DOI: 10.1136/bmjgh-2020-002442.

[21] 刘秉祺. 乡村振兴背景下绿色食品的发展路径 [J]. 农业经济, 2022(6):65-66.

[22] 赵靓. 基于大数据的绿色食品全产业链发展路径研究 [J]. 中国食品, 2022(7):154-156.

[23] 王殿华，张雪，彩虹. 绿色食品产业发展相关利益主体的博弈行为研究 [J]. 食品工业, 2021, 42(12):370-374.

[24] 付艳慧，王玉斌，付梓南，等. 浅谈绿色食品发展助力农业可持续发展的举措 [J]. 新农业, 2021(22):79.

[25] Vincze L, Barnes K, Somerville M, et al. Cultural adaptation of health interventions including a nutrition component in Indigenous peoples: a systematic scoping review[J]. Int J Equity Health, 2021. DOI: 10.1186/s12939-021-01462-x.

第六章 化工生物制造

第一节 浙江省化工生物制造产业发展现状

一、产业特色

化工产业是浙江省重点发展的优势特色产业,经济总量大,关联度高,带动性强。浙江省的化学工业发展至今,呈现出以下鲜明的特色。

1. 精细化工产业领跑中国

改革开放以来,励精图治的浙江人在既缺少资源又缺乏央企投入的情况下迅速地找到了支撑发展浙江的新产业——精细化工。浙江的化工企业从本小利薄的染料、轻纺助剂、医药中间体等做起,一步一个脚印地把企业做大做强。各级政府急企业所急、想企业所想,积极引导企业进入基础设施完善、服务功能齐全的化工园区,在切实保障环保和生产安全的同时,打造了良好的企业集群效应。迄今,浙江龙盛集团股份有限公司、传化集团有限公司、浙江新和成股份有限公司、浙江海正集团有限公司等一批企业，在科技和市场的双轮驱动下迅速壮大，并突破浙江土地资源不足的障碍向浙江省外乃至国外发展，成为享誉海内外的著名企业。2021年，浙江省21家企业上榜"2021中国精细化工百强"，在榜单的前3名中，浙江企业占2席。

2. 氟硅新材料等化工新材料国内领先

萤石是浙江省在全国较占优势的化工资源。浙江的氟化氢生产和出口多年来保持全国领先。改革开放以来，随着科研开发的深入，以巨化集团有限公司为代表的浙江企业在氟树脂、氟氯烃、制冷剂、含氟电解液等领域发展迅速，成为全国氟化工行业的领军企业之一。浙江省化工研究院有限公司则始终走在全国氟化工生态保护的前列，先后获批建立了"国家消耗臭氧层物质（ODS）替代品工程技术研究中心"和"含氟温室气体替代及控制处理国家重点实验室"。有机硅性能独特，在航空航天、电子电气、建筑、运输、化工、纺织、食品、轻工、医疗等行业均有重要的应用。浙江民营经济高质量的土壤培育了浙江省有机硅产品乃至上游的单体及中间体工业，形成了有机硅全产业链的生产格局。除浙江新安化工集团股份有限公司外，合盛硅业股份有限公司、浙江中天氟硅材料有限公司、浙江恒业成有机硅有限公司等一批以浙江为母体的大型有机硅单体及中间体企业走向全国，有力地促进了当地的经济发展。浙江润禾有机硅新材料有限公司、杭州之江有机硅化工有限公司、浙江富士特集团有限公司等一批企业深耕硅橡胶、硅油、硅树脂、硅烷偶联剂等各领域，成为国内有机硅下游产业的生力军。

3. 石油化工异军突起

包括化学纤维在内的轻纺工业是浙江民营经济发展的又一个着重点。早期的浙江化学纤维工业以纺为主，随着经济发展的深入，浙江的化学纤维工业相继向聚合和石化原料工业发展。聚酯原料对苯二甲酸（PTA）工业快速发展，浙江逸盛石化有限公司、桐昆集团股份有限公司、新凤鸣集团股份有限公司等浙系企业的PTA产能超过了2000万吨/年，占全国总产能的一半以上。浙江石油化工有限公司（简称浙江石化）的400万吨/年对二甲苯（PX）投产，进一步完善了我国的聚酯产业链，有望缓和我国PX供应短缺的局面。与此同时，锦纶、氨纶等化纤工业及其原料己内酰胺、

4,4'-二苯基甲烷二异氰酸酯（MDI）等也相继在浙江恒逸集团有限公司和万华化学（宁波）有限公司投产，成为浙江石化工业发展新的增长点。大乙烯工程项目是衡量石油化工水平的重要标志。浙江的乙烯工程项目虽然起步晚，但是大有后来居上的势头。2006年，中石化镇海炼化首套百万吨乙烯工程项目开建，开启了浙江向大乙烯工程项目进军的进程。此后，三江化工与嘉化集团投资的甲醇制烯烃（MTO）项目建成投产，跨出了浙江省非国有企业介入烯烃及其下游工业的第一步。2019年，由民企控股、国企参股的混合所有制企业——浙江石化一期140万吨/年乙烯工程项目建成投产，使浙江的乙烯更上一层楼。最近，浙江石化二期140万吨/年乙烯装置也已投产；三江化工百万吨乙烯工程项目、镇海炼化第二套百万吨乙烯项目也正在热火朝天地建设中。此外，多套丙烷脱氢制丙烯项目相继在嘉兴、宁波、绍兴、舟山等地上马，温州也跃跃欲试。在"一带一路"东风鼓舞下，恒逸等浙江化工企业已开始昂首阔步地走向了世界，开启了向跨国石化企业迈进的步伐。迄今，烯烃、芳烃齐头并进，合成树脂、合成橡胶、合成纤维三大合成材料工业全面开花的浙江石油化工新格局已经形成。据浙江省经济和信息化厅规划，至2025年，浙江省石油和化学工业总量规模力争进入全国前三，其中烯烃产能1500万吨/年、芳烃产能1400万吨/年。

浙江的合成橡胶与橡胶加工工业也颇具特色，乳聚丁苯橡胶、顺丁橡胶、乙丙橡胶、丁基橡胶、丁腈橡胶、丁苯橡胶和有机硅橡胶均有生产。其中有机硅高温胶的产能、产量占据国内半壁江山，浙江信汇新材料股份有限公司的卤化丁基橡胶被工业和信息化部评为"制造业单项冠军产品"。橡胶加工在我国行业分类中属于化工。浙江的橡胶加工也十分发达，既有轮胎制造在世界排名前十、国内排名第一的中策橡胶集团有限公司，又有输送带、传动带、履带制造在国内数一数二的浙江双箭橡胶股份有限公司、浙江三维橡胶制品股份有限公司，还有一大批从事橡胶加工的民营企业，组成了我国橡胶制品制造的主力军。截至2020年底，浙江已建有宁波石化经济技术开发区、宁波经济技术开发区、宁波大榭开发区、杭州湾上虞经济技术开发区、杭州临江高新技术产业开发区新材料产业园、中国化工新材料（嘉兴）园区、衢州绿色产业集聚区和舟山绿色石化基地等大型化工园区。

二、产业基础

"十三五"期间,浙江省石油和化学工业积极应对复杂多变的国内外环境和各种风险挑战,继续保持平稳快速增长。

1. 规模效益持续提升

"十三五"期间,浙江省石油和化学工业主要经济指标均实现平稳增长,主要产品产量取得历史性突破。截至2020年底,浙江省共有规上石油和化学工业企业4679家,实现工业总产值10456亿元,"十三五"期间年均增长1.3%,占浙江省规上工业比重达14.0%,总量规模居全国各省市第4位,实现利税1351亿元,年均增长5.5%,利润909亿元,年均增长11.1%。20个大宗石化产品中,8个产品年均增长超过10%,已形成年产5300万吨炼油、700万吨烯烃(乙烯、丙烯)和640万吨PX的生产能力,分别比"十二五"末增长67%、150%和220%。

2. 产业结构不断优化

"十三五"期间,国内最大规模的宁波石化基地及拓展区建设取得积极进展,以大炼油、大乙烯为龙头,有机化工原料、合成材料和下游专用化学品、化学制品协调发展的石化工业体系已基本建成。其中,舟山绿色石化基地一期2000万吨炼油、140万吨乙烯和540万吨芳烃工程已建成投产,同时,以巨化集团为代表的氟硅产业及合成材料工业的快速发展,使浙江省石化产业结构从以基础化工和传统精细化工为主,向以石油化工、化工新材料、专用化学品为重点的结构性转变,一大批高端化工新材料、特种化学品和高科技含量的合成橡胶、工程塑料、高端合成纤维、含氟聚合物、热塑性弹性体、有机硅延伸产品相继建成和投产。

3. 空间布局进一步合理

杭州湾周边布局了以石油化工、C_2、C_3、聚氨酯、染料、颜料等产业链为核心,以高端产品制造业、新材料、数字经济和现代服务业为特色的化工园区,并积极引导石化企业进入园区,实现区块布局,集聚发展。宁波石化经济技术开发区、宁波大榭开发区、中国化工新材料(嘉兴)园区、杭州湾上虞经济技术开发区、杭州钱塘新区、衢州绿色产业集聚区等一批重点化工园区迈入全国先进化工园区行列（表6-1），石化工业园区已成为浙江省石油和化学工业发展的重要载体和引擎。浙江省首次认定了49个合格化工园区，3个培育化工园区（表6-2）。

表6-1 "十三五"期间浙江主要化工园区产值情况

园区	2020年产值/亿元	年均增长率/%
宁波石化经济技术开发区	1663	1.3
宁波经济技术开发区	663	1.8
宁波大榭开发区	522	3.9
杭州湾上虞经济技术开发区	523	4.7
萧山临江高新技术产业开发区新材料产业园	289	4.7
中国化工新材料（嘉兴）园区	565	3.4
衢州绿色产业集聚区	403	13.8
舟山绿色石化基地	759	/

表6-2 浙江省化工园区（集聚区）一览

序号	化工园区（集聚区）名称	所在地区
1	建德高新技术产业园	杭州建德
2	萧山临江高新技术产业开发区新材料产业园	杭州钱塘
3	临安天目医药港	杭州临安
4	象山经济开发区	宁波象山
5	宁波大榭开发区	宁波北仑
6	宁波石化经济技术开发区	宁波镇海
7	宁波经济技术开发区	宁波北仑
8	余姚化工集聚区	宁波余姚
9	洞头大小门临港石化产业区	温州洞头
10	瑞安经济开发区化工园区	温州瑞安
11	菱湖工业园区	湖州南浔
12	浙江德清经济开发区新市化工集中区	湖州德清
13	长兴经济开发区城南工业功能区	湖州长兴
14	省际承接产业转移示范区安吉分区	湖州安吉
15	埭溪镇上强化工集中区	湖州吴兴

续表

序号	化工园区（集聚区）名称	所在地区
16	浙江海宁市尖山新区化工新材料园区	嘉兴海宁
17	桐乡经济开发区化工集聚区	嘉兴桐乡
18	桐乡市洲泉镇化工集聚区	嘉兴桐乡
19	海盐经济开发区新材料及化工园区	嘉兴海盐
20	中国化工新材料（嘉兴）园区	嘉兴市
21	平湖市生物（化学）技术产业园	嘉兴平湖
22	浙江独山港经济开发区石化产业园	嘉兴平湖
23	嘉善县经济技术开发区化工集聚区	嘉兴嘉善
24	新昌经济开发区大明市新区化工集聚区	绍兴新昌
25	绍兴现代医药高新技术产业园区	绍兴滨海
26	绍兴柯桥滨海工业（化工集聚区）	绍兴柯桥
27	杭州湾上虞经济技术开发区	绍兴上虞
28	嵊州经济开发区城北化工园区	绍兴嵊州
29	东阳横店化工专业区	金华东阳
30	东阳市六歌医药化工集聚区	金华东阳
31	金华健康生物产业园	金华婺城
32	浙江省兰溪经济开发区	金华兰溪
33	武义县新材料产业园	金华武义
34	常山县生态工业园区	衢州常山
35	江山经济开发区江东化工园区	衢州江山
36	浙江开化工业园区新材料新装备产业园	衢州开化
37	龙游经济开发区化工集中区	衢州龙游
38	衢州高新技术产业园开发区	衢州市
39	衢江甘里镇工业功能区	衢州衢江
40	舟山绿色石化基地	舟山岱山
41	浙江省化学原料药基地椒江区块	台州椒江
42	浙江省黄岩经济开发区	台州黄岩
43	浙江头门港经济开发区	台州临海

续表

序号	化工园区（集聚区）名称	所在地区
44	浙江仙居经济开发区	台州仙居
45	天台经济开发区	台州天台
46	浙江省温岭市经济开发区上马工业区化工集聚区	台州温岭
47	三门县沿海工业城化工集聚区	台州三门
48	丽水经济技术开发区化工园区	丽水莲都
49	遂昌县化工园区	丽水遂昌
50	和孚镇化工集中区	湖州南浔
51	湖州莫干山高新区生物医药（化工）集中区	湖州德清
52	南湖区化工集聚区	嘉兴南湖

4. 绿色发展成效显著

"十三五"期间，浙江省石化工业坚持生态优先，持续推进化工生产"密闭化、管道化、连续化、自动化"，绿色发展效果显著。镇海炼化、逸盛石化、万华化学等一批行业龙头企业单位能耗达到世界先进水平；宁波石化经济技术开发区、中国化工新材料（嘉兴）园区等一批园区入选国家级循环改造示范试点园区，中石化镇海炼化分公司等企业被工信部评为国家级绿色工厂。

5. 创新动能显著增强

2020年，浙江省规模以上石化企业研发经费支出占营业收入比重达到2.26%，"十三五"期间年均增长14.3%。截至2020年底，浙江省共组建各类石化产学研创新平台700余家，省级以上科技创新中心110家，新产品产值率均在28%以上。原创性项目研发和重大技术攻关能力明显提升。在石化领域，重油加氢裂解、芳烃重整、烯烃制备分离、烷烃脱氢、乙烯氧化等重大炼化一体化技术成果得到应用。在精细化工领域，成功开发和推广应用了连续管道化硝化技术、塔式定向氯化技术、微通道反应技术、高效生物催化反应技术、元素氟制备及氧化技术等一批关键共性技术，进一步提升了浙江省精细化学品的制造水平，在提高化工产业本质安全水平和减少"三废"排放等方面发挥积极作用。

6. 本质安全水平明显提升

"十三五"期间，在长江经济带生态环境污染治理"4+1"工程中，浙江省累计关停、搬迁、升级、重组化工企业806家。浙江省出台《浙江省推进城镇人口密集区危险化学品企业搬迁改造实施方案》，确定59家搬迁改造企业。截至2020年底，列入国家搬迁改造计划的32家中小企业与列入省搬迁改造计划的24家企业已全部提前完成搬迁改造，剩余3家大型企业的搬迁改造工作也在顺利推进中。明确了各区县的危险化学品发展定位，鼓励、限制和退出发展的县（市、区）数量分别为26个、62个和17个。

7. 民营石化取得突破性发展

"十三五"期间，浙江省民营企业一跃成为石化工业发展中坚力量。荣盛集团联手桐昆集团、巨化股份、舟山海投投资建设浙江石化4000万吨/年炼化一体化项目，一期工程已顺利建成投产达产。恒逸石化已建成40万吨/年己内酰胺项目和文莱1500万吨/年炼化一体化重大炼油项目；卫星石化的丙烷脱氢延伸发展丙烯酸（酯）系列产品；三江化工的甲醇制烯烃、乙烷脱氢制乙烯环氧乙烷产业链延伸；华峰化工延伸发展聚氨酯系列产品，这些都是民企助力发展浙江省石化工业的亮点。2020年全国民营企业五百强中，浙江省共有荣盛集团、传化集团、华峰化工等七家石化企业上榜。

三、问题和短板

"十三五"期间，浙江省石化产业在转型升级和提质增效方面取得长足进步，在制造强省建设进程中发挥了重要支撑引领作用，但仍存在不少问题和短板。

1. 产业结构尚需优化

从产业结构看，现阶段浙江省石化产业基础原料化工、传统精细化工产品所占比重仍然较大，化工新材料、高端化学品产业发展速度不快，优势不明显，对战略性新兴产业保障力度不大。从产品结构看，一些国内紧缺的特种工程塑料、特种橡胶、高性能聚烯烃树脂、高强度纤维、功能性膜材料、高端电子化学品供给不足，仍依赖浙江省外、国外进口。一些低水平、低附加值产品已经市场饱和过剩，但仍在盲目扩产、重复建设。

2. 园区发展水平有待进一步提高

目前，浙江省石化产业园区化、集聚化、一体化发展水平有待进一步提升，浙江省化工园区（含化工集聚区）规模普遍较小，在统一规划布局、标准化认定、高标准建设等方面需要加快步伐。在完善化工园区公用工程和安全、环保配套设施建设、提升化工园区建设和管理水平、强化区内化工生产安全和环保管控以及实现园区内"五个一体化"等方面，与浙江省石化工业高质量发展要求尚有一定差距。

3. 核心技术研发仍需突破

"十三五"期间，浙江省石化行业关键核心技术总体突破力度不够，能引领行业发展、具有自主知识产权的核心技术数量不多，自主开发的高水平、高效益拳头产品较少，新产品、新技术产业转化率不高，重要石化生产工艺包、制造装备、工程综合解决方案等与国外相比尚有较大差距；装备研发水平、检测手段、科技人才队伍建设等有待提升。

4. 安全环保仍有短板

化工生产和使用的危化品，在生产、运输、储存、使用的全过程安全管控方面仍有不少薄弱环节，生产过程特别是涉及危险化工工艺的自动化安全防范措施总体水平仍有待提升。安全环保事故总体减少，但仍有发生。化工生产"三废"的源头控制、过程防范及末端治理，仍有不少短板，尚需从工艺技术优化、生产装备和控制手段提升、管理和生产人员素质提高等多方面着力。

四、生物制造是化工行业变革的重大方向

化工产业是国民经济和国防工业重要的基础性行业，生物制造则是变革我国化工制造模式、破解石化原料瓶颈的重大方向。受限于资源匮乏，我国化工原料对外依存度较高。2018年，石油、天然橡胶等对外依存度分别达到70%与76%，尼龙等对国民经济有重大影响的高端产品高度依赖进口，这也折射出当前我国化工领域产品体系、技术体系、产业体系与知识产权体系存在的诸多问题，急需在新的绿色原料和技术路线方面取得突

破。使用生物质等绿色资源生产液体燃料和化学品，可为我国未来化工原料多元化提供一个新的重要突破口。理论上，90%的传统石油化工产品都可以由生物制造获得。建立以可再生生物质资源为原料的生物制造路线，实现化工产品生产原料向可再生原料转移，可以促进产业由中低端向中高端迈进，创造一个全新的化工产业链和经济增长点，对实现我国化工产业可持续发展具有重要意义。

目前，生物燃料乙醇、重大化工产品1,3-丙二醇、生物可降解塑料聚乳酸和聚羟基烷酸酯等生物基产品已经实现规模化制造，聚酯材料、橡胶、合成纤维等传统石化基高聚物单体的生物合成技术不断创新。全球生物基产品占石化产品的比例已从2000年的不到1%增长到现在的10%，并以每年高于20%的速度增长，展现出生物基经济强劲的发展势头。

生物制造还是促进我国实现"碳中和"发展目标的重要途径。近年来随着工业生物技术的发展，越来越多的企业开始使用可再生原料如玉米、农业和林业残留物、能源作物甚至二氧化碳生产液体生物燃料和有机化学品。不断涌现的新型碳捕集和利用技术，可以将工业排放中的废碳（如钢铁行业工业尾气，甚至二氧化碳）用作化学品的原料，转化为液体燃料和化学品，不仅减少了二氧化碳的工业排放量，而且减少了化工过程的总碳足迹。

第二节

浙江省化工生物制造产业政策

石油和化学工业是国民经济重要的基础工业和支柱产业，也是浙江省重点发展的优势特色产业，经济总量大，关联度高，带动性强。2021年4月15日，浙江省经济和信息化厅印发《浙江省石油和化学工业"十四五"发展规划》，以促进浙江省石油和化学工业调结构、促升级、提质量、增效益，增强国际竞争力和可持续发展能力。浙江省化工产业明确推进绿色集约发展。

1. 推广清洁生产工艺

指导企业采用先进适用的清洁生产工艺技术，推动工艺升级和绿色化改造。鼓励企业采用先进的危化品输送、投料、反应、分离和干燥等设备以及 DCS、SIS 等先进智能控制手段，达到全生产过程的密闭化、管道化、连续化、自动化，实现生产过程智能化，生产环境清洁化。严格废水排放双控，加强固废绿色化处置，加强污染物在线监测和联网管理。针对高盐、高氨氮、含酸、稀盐酸、稀硫酸、难降解废水开展先进技术示范，推进重点废水治理和资源化利用，实施固体废弃物差异化处理措施。重点加强对废酸、废盐、废催化剂、精馏残液等固体废弃物的有效治理和资源化利用。

2. 谋划碳达峰与碳中和

加强石化行业碳中和路径研究，做好碳排放统计，为碳排放尽早达峰和实现碳中和储备相关技术及应用示范。加快淘汰石化领域产能利用率低、污染严重、能耗大的产业，深入开展能效对标，加强企业能源管理，开展能源审计和节能诊断，提高能源利用效率。瞄准新一代清洁高效可循环生产工艺、节能减碳及二氧化碳循环利用技术、化石能源清洁开发转化与利用技术等，增加科技创新投入，着力突破一批核心和关键技术，提高绿色低碳标准。追踪石化产品碳足迹和全生命周期稀缺资源足迹，加强石化产品生产、利用和回收的统计管理，形成资源的最大循环利用。

3. 建立绿色制造体系

全面推广绿色化工制造技术，实现化工原料和反应介质、合成工艺和制造过程绿色化，从源头上控制和减少污染。积极开发环境友好的原料、溶剂和催化剂的替代技术，实现有毒有害物和环境敏感溶剂的替代。加快培育一批以厂房集约化、原料无害化、生产洁净化、废物资源化、能源低碳化为特点的化工行业绿色工厂。构建以全生命周期资源节约、环境友好为导向，涵盖采购、生产、营销、使用、回收、物流等环节的绿色供应链。

一、杭州市化工产业政策

化工产业是杭州市具有特色竞争优势的千亿级产业。为贯彻落实《关于全面加强危险化学品安全生产工作的意见》(厅字〔2020〕3号)、《关于印发浙江省石油和化学工业"十四五"发展规划的通知》(浙经信材料〔2021〕56号)、《中共杭州市委杭州市人民政府关于实施"新制造业计划"推进高质量发展的若干意见》(市委〔2019〕17号)等政策文件精神,进一步推进杭州市化工产业高质量发展,2021年11月8日,杭州市经信局起草了《杭州市化工产业发展规划(征求意见稿)》。该规划界定的化工产业范围包含石油、煤炭及其他燃料加工业,化学原料和化学制品制造业,橡胶和塑料制品业共3大类14中类。规划范围为杭州市域,期限为2021—2025年。规划中明确经过五年努力,杭州市化工产业加快实现由粗放型规模扩张向集约型内涵提升转变,重点领域和关键环节取得突破性进展,优势特色领域不断拓宽,在国际化工产业分工和价值链中的地位明显提升,走出一条"小而美、专而精、特而强"的化工产业高质量发展之路。

二、宁波市化工产业政策

改革开放以来,依托优越的港口条件、区位优势和广阔的市场资源,宁波市石化产业快速发展,逐步建成了以宁波石化经济技术开发区、宁波经济技术开发区、宁波大榭开发区为主的沿海石化产业带,产业规模位居全国七大石化产业基地前列,已成为我国最重要的石化产业基地。

"十四五"时期宁波市石化产业创新驱动、高质量发展的战略机遇期。为贯彻落实《浙江省石油和化学工业"十四五"发展规划》《宁波市国民经济和社会发展第十四个五年规划和二〇三五远景目标纲要》《关于实施"246"万千亿级产业集群培育工程的意见》《宁波市制造业高质量发展"十四五"规划》等相关规划和宁波市委市政府决策部署,加快建成万亿级绿色石化先进制造业基地,2021年7月27日,宁波市编制《宁波市绿色石化产业集群发展规划(2021—2025)》,规划中明确,到2025年,宁波市绿色石化产业规模以上企业工业总产值力争超过万亿元,形成年产值千亿元以上石化企业 2 家、百亿元以上石化企业 15 家的企业群，形成 5000 万吨炼油、1000 万吨烯烃（乙烯、丙烯）、1200 万吨芳烃、180 万吨级 MDI 的生产能力。

三、温州市化工产业政策

为深入实施长江经济带国家战略，遵循党中央"共抓大保护，不搞大开发"的决策部署，深化温州市化工产业整治提升，提高化工产业安全生产水平，推动化工产业转型升级和绿色发展，根据国家、省有关要求，依据《加快推进浙江省长江经济带化工产业污染防治与绿色发展工作方案》（浙发改长三角〔2020〕315 号）要求，2020 年 12 月 1 日，温州市制定《加快推进温州市长江经济带化工产业污染防治与绿色发展工作实施方案》，明确坚持生态优先、绿色发展，科学规划、合理布局、分类施策，依法依规深化推进产业整治提升和转型升级，突出"两高两低"（高科技、高效益，低排放、低风险）产业导向，推进温州市现代化工产业向高端化、特色化、智能化发展。到 2025 年，通过集聚小散企业、消减危重企业、培育示范企业，产业结构优化调整和转型升级取得成效，行业绿色发展水平逐步提高，化工产业实现高质量发展。

四、嘉兴市化工产业政策

化工产业是嘉兴市重点发展的优势特色产业，经济总量大，关联度高，带动性强。"十四五"时期是我国全面建设社会主义现代化国家、实现第二个百年奋斗目标的关键时期。为贯彻落实《浙江省石油和化学工业"十四五"发展规划》《嘉兴市国民经济和社会发展第十四个五年规划和二〇三五年远景目标纲要》等文件精神，加快推动嘉兴市化工产业高质量发展，2021 年 12 月 13 日，嘉兴市制定了《嘉兴市化工产业发展规划（2021—2025）》，明确绿色发展全面推进，绿色化工技术进一步推广，资源循环利用产业链进一步完善，本质安全总体水平明显提升，事故发生率明显下降。到 2025 年末，嘉兴市化工产业万元增加值能源消耗，万元增加值用水量，化学需氧量（COD），氨氮、挥发性有机物、氮氧化物排放量进一步下降，水资源重复利用率、工业固体废弃物综合利用率进一步提升，打造一批省级"无废工厂"。

五、金华市化工产业政策

根据《浙江省全球先进制造业基地建设"十四五"规划》《浙江省国民经济和社会发展第十四个五年规划和二〇三五年远景目标纲要》《浙江省石油和化学工业"十四五"发展规划》《浙江省医药产业发展"十四五"规划》《金华市国民经济和社会发展第十四个五年规划和二〇三五年远景目标纲要》等文件精神，2021年12月1日，金华市起草了《金华市化工产业发展"十四五"规划》（征求意见稿），明确化工产业要抢抓新基建与新技术带来发展新机遇，加快打造三大标志性产业链，着力推动绿色化工产业科学布局、安全低碳、数智赋能，为争创社会主义现代化共同富裕市域样本贡献力量。到2025年，金华市化工产业万元增加值能耗、水耗持续降低，二氧化碳排放达到历史峰值。

六、衢州市化工产业政策

衢州市是浙江省重要的化工产业基地之一，化工新材料产业是衢州市工业经济中优势最明显的行业之一，衢州绿色产业集聚区与宁波、嘉兴、杭州等地的重点化工园区共同迈入了全国先进化工园区行列。依托巨化集团、华友钴业等大型龙头企业，衢州已逐步形成氟硅新材料、新能源电池材料、电子化学品、特种功能材料与精细化学品等化工产业链条、产业集群和产业生态体系。在《浙江省石油和化学工业"十四五"发展规划》的主要目标和重点任务中提出推动衢州与嘉兴、绍兴联动发展，依托衢州绿色产业集聚区、衢州氟硅钴新材料产业创新服务综合体，推进衢州氟硅新材料、电子化学品、新能源电池材料产业基地建设，力争成为国际知名的新材料产业基地。为贯彻落实"八八战略"，打造"重要窗口"，践行"八个嘱托"，加快建设新材料科创高地和创新策源地，全面满足制造强省建设和国民经济发展对化工新材料的需求，推动衢州化工新材料产业的高质量发展，依据《浙江省国民经济和社会发展第十四个五年规划和二〇三五年远景目标纲要》《浙江省石油和化学工业"十四五"发展规划》《衢州市国民经济和社会发展第十四个五年规划和二〇三五年远景目标纲要》《衢州市工业高质量发展"十四五"规划》等文件，2021年7月26日，衢州市制定了《衢州市化工新材料产业发展规划（2021—2025年）》。

七、舟山市化工产业政策

为贯彻落实《浙江省实施制造业产业基础再造和产业链提升工程行动方案（2020—2025年）》和舟山市委市政府关于加快推进制造业高质量发展的决策部署，推动舟山市化工新材料产业跨越式发展，加快建成世界一流的绿色石化先进制造业基地，2021年7月15日，舟山市发布了《舟山市化工新材料产业发展行动计划（2021—2025年）》，明确聚焦聚力高质量竞争力现代化，构建"油头化身材料尾"的产业格局，瞄准高性能化工新材料产品，实施精准招商，开展延链补链强链行动，提升价值链水平，打造"产品高端化、产业集群化、基地绿色化、创新协同化"的化工新材料一体化产业发展体系。

第三节
浙江省化工生物制造产业发展方向

一、基础和大宗化学品的生物制造

我国有机基础化学品产业面临着产品低值化、环境负荷重、能源效率低等突出问题，例如石油磺酸盐、壳寡糖、环己酮等的制备过程中，存在过磺化、易结焦、产品质量难以调控、不易实现连续化稳定生产、"三高"（高物耗、高能耗、高污染）等问题。如何实现典型有机基础化学品高性能、绿色、高效制备，是当前有机基础化学品行业面临的具有战略意义的重要课题。"十三五"期间浙江省大宗化工产品产量表如表 6-3 所示。

表6-3 "十三五"期间浙江省大宗化工产品产量表

指标名称	2020 年产量	年均增长率 /%
硫酸（折 100%）	2 743 316 t	10.7
盐酸（氯化氢，含量 31%）	572 889 t	3.2
浓硝酸（折 100%）	186 568 t	-3.2
烧碱（折 100%）	2 083 526 t	6.3
纯碱（碳酸钠）	295 876 t	0.2
乙烯	2 041 992 t	8.6
丙烯	3 146 067 t	12.3
纯苯	688 479 t	12.4
硫黄	613 611 t	22.2
农用氮、磷、钾化学肥料总计（折纯）	576 218 t	10.3
化学农药原药（折有效成分 100%）	191 904 t	-7.2
涂料	1 374 084 t	8.8
初级形态的塑料	11 002 967 t	6.1
聚碳酸酯	260 754 t	34.0
合成橡胶	686 413 t	10.8
合成纤维单体	16 147 561 t	12.6
合成纤维聚合物（其中聚酯，3 622 547 t，年均增长率 -2.1）	3 899 054 t	-7.3
橡胶轮胎外胎，（其中子午线轮胎外胎，67 036 977 条，年均增长率 2.3）	85 757 686 条	5.1

　　生物制造通过动物、植物、微生物等生命体生产相关产品，根本任务之一就是实现对化学工业的工艺路线替代和对石油化工的原料路线替代。全球的生物制造产业发展已进入大规模产业化阶段，呈现出高速增长态势，在生物基化学品领域，世界范围内更是技术突破不断，早期存在的生产成本较高、产品性能不好等问题已逐步被解决。巴斯夫开始利用生物原料生产聚酯表面活性剂和润滑剂，帝斯曼已生产生物医学涂料，杜邦公司的生物产品包括 1，3- 丙二醇、多元醇和 PTT 树脂，巴西国家化学公司在本土采用甘蔗乙醇为原料生产聚乙烯，越来越多的巨头加快了生物基化学品项目的商业化步伐。而在中国，生物基新材料在低碳经济背景下也

已取得了长足发展，尤其是淀粉基生物降解塑料、PLA、聚羟基脂肪酸酯（PHA）、聚丁二酸丁二醇酯（PBS）等，但受到市场、成本等因素制约，产业化还存在一定问题。随着华北制药厂、安徽丰原集团、华源生命、吉林燃料乙醇、江苏南天集团、浙江海正集团等国内大型企业先后进入研发行列，我国的生物基新材料产业发展将提速。据了解，我国在生物基化学品领域有着非常好的产业基础。目前中国味精和柠檬酸产量居世界第一位，工业淀粉产量和酶法制糖产量为世界第二位，发酵酒精居世界第三位。另外，我国将成为世界级赖氨酸生产基地。我国生物法丁醇、乙烯等也有一定突破。无论从市场需求还是从技术及产业发展来看，我国生物制造产业都已经具备了良好的发展基础。

大宗化学品又称通用化学品，在国民经济中占据重要地位。目前我国大宗化学品的制备主要以石油、煤炭、天然气等不可再生的化石资源为原料，采用化工转化技术完成，其发展不可持续，同时存在污染严重并伴随大量二氧化碳排放的问题。未来我国大宗化学品将主要朝着原料多元化、生产过程绿色化的方向发展，以可再生的生物质为原料及生物转化将是大宗化学品制备技术的研究重点。通过合成生物学技术构建微生物细胞工厂，能够将糖类等可再生的生物资源转化为多种大宗化学品，实现大宗化学品的绿色清洁生产，可以摆脱对石油资源的依赖，解决石化制造过程中的高耗能和高污染问题，对促进国民经济可持续发展至关重要。

随着生物制造技术（包括基因编辑、合成生物学、生物催化与转化、蛋白质定向进化等底层核心技术）的发展，国内外研究人员构建出了一系列的微生物细胞工厂，实现了多种大宗化学品的生物制造。

（一）甲烷、二氧化碳等碳一原料

生物制造从原料源头上减少碳排放，是传统炼化行业绿色低碳转型升级的重要途径之一。甲烷一步法制乙烯技术具有工艺流程短、耗能少、反应过程本身实现了温室气体零排放等优势，一直很受关注。该技术主要包括甲烷氧化偶联制乙烯（OCM）和甲烷无氧一步法制乙烯、芳烃和氢气等产品两种路线，核心是催化剂，国内外许多研究机构做了大量工作，取得了一些新进展，但一直未达到期望的效果。关于前者报道的最新进展是

2015 年 Siluria 公司与巴西 Braskem 公司、德国林德公司、沙特阿美石油公司旗下的 SAEV 公司合作在得克萨斯州建成投运年产 365 t 的 OCM 试验装置。中国科学院大连化学物理研究所与中国石油等单位对后者进行了深入研究，开发出硅化物（氧化硅或碳化硅）晶格限域的单中心铁催化剂，但目前尚未见到中试实验报道。应加大甲烷制乙烯的研发投入力度，力争突破催化剂等核心技术，解决专用反应器、分离精制工艺及工程放大技术问题，早日实现工业化应用。

二氧化碳的资源化利用是可实现发展和减碳最好的兼顾途径，在碳中和的过程中发挥巨大作用，可有效降低生物工业制造的原料成本，降低对化石资源的过分依赖。二氧化碳资源化利用方式主要包括生物转化（光合）、矿化利用、化学品合成等。碳达峰、碳中和目标的确立，使得碳捕集、利用与封存技术受到更多关注。二氧化碳加氢制甲醇、二氧化碳定向转化合成聚酯等生产技术日趋成熟，以焦炭将二氧化碳还原为一氧化碳，进而通过生物发酵生产甲醇、乙醇及后续产品的工艺路线及二氧化碳逆合成碳氢化合物的研究也正在开展。国际能源署预测，到 2050 年碳捕集、利用与封存技术将贡献约 14% 的二氧化碳减排量。目前，我国二氧化碳年捕集量、利用量与封存量占年排放量的比重不到万分之二，成本高、效率低是重要制约因素。推动碳捕集、利用与封存技术的规模化发展，离不开政策支持、技术研发、模式创新等协同发力。新型的碳捕集和利用技术不断涌现，这些技术可以将工业排放中的废碳（如钢铁行业工业尾气，甚至空气中的 CO_2）用作化学品的原料，转化为液体燃料和化学品，不仅减少了 CO_2 的工业排放量，而且减少了化工过程的总碳足迹。部分生物制造商已经在可再生碳转化的技术研发领域取得了一系列成果，如首钢朗泽 4.5 万吨/年钢铁工业尾气生物发酵制燃料乙醇商业化项目于 2018 年 5 月一次调试成功，项目投产后每年可为钢铁企业减少二氧化碳排放约 17 万吨。随着 CO_2 利用技术的进步，其有望部分取代和颠覆部分化工产品的生产方式，将碳排放过程扭转为一个碳负性过程，成为降低工业过程减排的有力的新途径。

以二氧化碳生物利用为契机，建立以二氧化碳为原料的工业生物转化新路线，加速推进我国生物制造产业的原料路线转移，将有助于我国在生物经济新一轮国际竞争中赢得先机。需要突破的重点方向还包括：开发二氧化碳、甲烷有机碳原料的利用途径，突破其生物转化的物质与能量利用瓶颈；设计能够将二氧化碳转化为液体燃料和化学品的微生物；开发新型工具，实现二氧化碳固定器中碳浓度/固定途径的工程设计，打造由碳原料出发，生产各种燃料和化学品的生物制造路线。

（二）生物燃料乙醇等生物基产品

近年来随着工业生物技术的发展，越来越多的企业开始使用可再生原料如玉米、农业和林业残留物、能源作物、有机化学品。生物基材料主要指利用谷物、豆科、秸秆、竹木粉等可再生生物质为原料制造的新型材料和化学品等，包括生物基化工原料、生物基塑料、生物基纤维、生物基橡胶以及生物质热塑性加工得到的塑料材料等。生物基材料由于其绿色、环境友好、资源节约等特点，正在成为一个加速成长的新兴产业。德国Nova研究所报告提出，2018年全球生物基聚合物总体产量约为750万吨，已经达到化石基聚合物的2%，未来潜力巨大。2019年6月，芬兰耐思特石油公司(Neste)和荷兰利安德巴塞尔公司(Lyondell Basell)宣布合作，首次以商业规模生产生物基聚丙烯和生物基低密度聚乙烯，用于生产食品包装材料。2019年7月，奥地利兰精集团(Lenzing Group)宣布计划投资超过10亿欧元用于建设新的生物基纤维生产设施，其中第一个扩建阶段将在泰国普拉钦布里（Prachinburi）建造世界上最大的莱赛尔纤维工厂。

以淀粉和油脂为代表的第一代生物制造处于成熟的商业化阶段。以木质纤维素（如玉米秸秆）为原料的第二代生物制造逐步进入中试和产业化示范阶段。纤维素是典型的非粮生物质原料，主要由碳、氢、氧元素组成，结构上与石油烃类具有较大相似性，可通过生物发酵或化学转化生产乙醇、航煤等液体燃料，也可转化为乳酸、甘油、丁二酸、糠醛等平台化合物，最终生成$C_2 \sim C_6$产业链下游产品。生物催化剂（纤维素酶）是生物制造的核心，也是影响生产成本的主要因素之一，目前技术主要由诺维信和杜邦等公司垄断。纤维素本身能量密度低，加之纤维素酶成本高，因此经济性始终是制约生物制造产业发展的瓶颈。Poet-DSM、杜邦、Abengoa、Iogen等公司先后进行了万吨级纤维素乙醇商业示范，但均未进行规模化生产。未来需开发高效、低成本的工业酶制剂，并建立稳定的原料供应体系，以支撑生物制造产业良性发展，助力炼化行业实现低碳绿色发展。

通过酶制剂的高效水解将纤维素制备成葡萄糖、木糖等可发酵糖，对于未来超大规模生物制造产业体系的建立具有决定性作用，是绿色制造的重要支撑。目前，生物燃料乙醇、重大化工产品 1,3-丙二醇、生物可降解塑料聚乳酸和聚羟基烷酸酯等生物基产品已经实现规模化制造，聚酯材料、橡胶、合成纤维等传统石化基高聚物单体的生物合成技术不断创新。

（三）氨基酸

L-丙氨酸不仅是一种重要的氨基酸，还是重要的平台化学品，用于生产新型环保无磷螯合剂甲基甘氨酸二乙酸（MGDA）、维生素 B_6 和氨基丙醇等，全球市场容量约 5 万吨 / 年。丙氨酸发展初期主要以石油基产物为原料通过酶法生产，由于受到成本高昂的制约，市场需求量低，主要用于合成维生素 B_6，制备酱油、鱼露等的原材料。随着 L-丙氨酸广泛应用在日化、医药与保健品、食品添加剂、饲料等众多领域，近年来其市场需求保持着快速增长。2020 年，全球 L-丙氨酸市场规模达到了 8.3 亿元，预计 2026 年将达到 13 亿元，年均复合增长率为 5.7%。

安徽华恒公司 2011 年成功突破厌氧发酵技术瓶颈，在国际上首次成功实现了微生物厌氧发酵规模化生产 L-丙氨酸产品，技术达到国际领先水平，使 L-丙氨酸产品的主流生产方法从酶法演变到发酵法。与传统的酶法相比，发酵法制备工艺使得 L-丙氨酸成本大幅降低了约 50%，且原材料为可再生的葡萄糖，发酵过程二氧化碳零放排，推动了丙氨酸的应用领域向日化等领域大规模扩展，促进了下游巴斯夫、诺力昂等企业成功开拓新型、绿色、可自然降解螯合剂 MGDA 在欧洲和北美市场的需求，拉动了丙氨酸行业整体需求量的增长。目前 MGDA 全球需求量约 16 万吨，预计未来 3～5 年全球 MGDA 市场将以约 22% 的年均复合增长率增长，进而将带动 L-丙氨酸需求的不断增加。MGDA 的推广应用对保护水体生态环境意义重大。它是国际上首个成功实现产业化的厌氧发酵氨基酸品种，大幅减少资源和能源消耗，有效降低产品成本，并实现生产过程二氧化碳零排放。除 L-丙氨酸以外，华恒生物公司以相同的思路开发出 L-缬氨酸厌氧发酵技术，推动我国氨基酸产品在厌氧发酵领域的进一步发展。

甲硫氨酸，俗称蛋氨酸，是生物合成蛋白质的"骨架"氨基酸，广泛应用于动物饲料、医药和食品等领域。工业上主要通过化学法合成 D, L-甲硫氨酸，存在环境污染、分离困难等问题。韩国希杰集团拥有成熟的生物法制备 L-甲硫氨酸技术，其与阿克玛共同投资 4.5 亿美元在马来西亚建设世界首个生物 L-甲硫氨酸工厂，产能达 8 万吨/年，其生产的 L-甲硫氨酸比化学法合成的 D, L-甲硫氨酸的生物利用率提高了 20%～40%。浙江工业大学采用系统分析的策略，上调或抑制了中央代谢和氨基酸合成途径中的 80 个基因，探究了它们对积累 L-甲硫氨酸的影响，并以此优化了 L-甲硫氨酸的代谢途径，最优菌株补料分批发酵 48 h，生产 16.86 g/L 的 L-甲硫氨酸。该研究探究了 L-甲硫氨酸的生产瓶颈，对 L-甲硫氨酸的发酵生产有很大的指导意义，加速了生物法生产 L-甲硫氨酸的进程。为了更好地满足国内市场需求，2013 年，浙江新和成股份有限公司设立全资子公司山东新和成氨基酸有限公司，计划投资 30.73 亿元，分两期建设年产 10 万吨甲硫氨酸项目。新和成公司于 2017 年 1 月 9 日发布公告称，其一期 5 万吨/年甲硫氨酸装置历经半年试车，试产成功。

（四）有机酸

丁二酸是一种重要的平台化合物，在食品、医药、表面活性剂、绿色溶剂、生物可降解塑料等领域具有广泛的应用前景，其衍生物的化学产品市场潜力较大。目前最具发展前景的是作为生物可降解塑料聚丁二酸丁二醇酯的主要原料。目前德国巴斯夫公司、日本三菱公司、清华大学、中国科学院理化研究所都已成功开发以丁二酸为原料合成 PBS 生物可降解塑料的技术，并已投入批量生产。PBS 与其他生物可降解塑料相比，不仅力学性能十分优异，而且价格合理，市场需求量大。

未来我国 PBS 的年需求量将达到 300 万吨以上，按生产 1 t PBS 消耗 0.62 t 丁二酸计算，需消耗丁二酸 180 万吨，而目前我国丁二酸年生产能力远远不能够满足市场的需要，丁二酸的市场增长空间十分广阔。目前国内已有多家企业正在积极筹备上马 PBS 项目。随着 PES 塑料（丁二酸和乙二醇缩聚得到的有机高分子材料）和 PHS 塑料（丁二酸和己二醇缩聚得到的有机高分子材料）这两种新生降解塑料的成功研发，丁二酸的需求量将会大增。但一直以不可再生的战略资源石油产品作为原料的传统丁二酸生产方法导致了产品的高价格和高污染，抑制了丁二酸作为一种优秀的化学平台产品的发展，国外通过生物发酵法利用廉价原料生产丁二酸，经过合理的过程优化，产品具有巨大优势。可生物降解的生物基聚丁二酸丁二醇酯竞争力提升，将使生物基丁二酸市场变得更大，此方法将具有巨大的发展潜力。

乳酸（2-羟基丙酸）是一种羧酸，是一个含有羟基的羧酸。全球乳酸供应主要集中在美国、中国等。其中美国市场份额占比45%，中国市场份额占比为23.3%，除中国以外的其他亚洲地区占比20.4%。目前全球乳酸产能约为75万吨/年，国内产能约为28万吨/年。自2013年来，中国乳酸及其盐和酯产量、需求量持续增长，到2019年产量为12.29万吨，同比增长1.57%，增速有所放缓；需求量为9.42万吨，同比增长19.54%。

目前，D-乳酸主要作为聚乳酸单体，作为环境友好型生物基可降解材料，应用前景较好，全球产能不断提升。据欧洲生物塑料协会的统计数据显示，2019年，全球聚乳酸产能约27.13万吨/年；2020年，产能增长至39.48万吨/年（图6-1）。

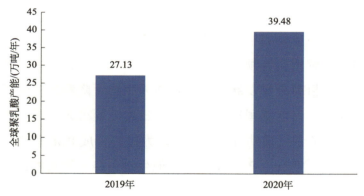

图 6-1
全球聚乳酸产能

从产能格局来看（表6-4），目前，美国 Nature Works 是全球最大的聚乳酸生产企业，2020年拥有聚乳酸产能16万吨/年，约占全球总产能的41%，其次是荷兰 Total Corbion 公司，现有产能7.5万吨/年，产能占比约为 19%。在我国，聚乳酸的生产目前仍属起步阶段，已建并投产的生产线不多，且多数规模较小，主要生产企业包括吉林中粮、浙江海正等，而安徽丰源集团、广东金发科技等公司的产能仍处于在建或拟建状态。

表6-4 2020年全球主要聚乳酸生产企业产能情况

公司名称	所属地区	2020年产能/（万吨/年）	在建/拟建产能/（万吨/年）
Nature Works	美国	16	7
Total Corbion	荷兰	7.5	1
Uhde Inventa-Fischer	德国	0.05	/
Synbra	荷兰	5	/
Teijin	日本	1	/
Hvcail	芬兰	0.5	/
吉林中粮	中国	1	3
浙江海正	中国	1.5	5

资料来源：前瞻产业研究院整理。

作为一种新型可降解的环保型材料，聚乳酸的特点为绿色环保、安全无毒，应用前景广阔。统计数据显示，2019 年，全球聚乳酸市场规模已达 6.608 亿美元，基于其广阔的应用前景，至 2026 年，全球聚乳酸市场规模将达 11 亿美元。

丙二酸是高价值的化学品，主要用于医药、特种材料和香料等领域，丙二酸及衍生化学品的市场规模超过 10 亿美元。石化法生产丙二酸需要氯乙酸和氰化钠，成本高且污染环境。Lygos 公司开发了一种丙二酸的发酵生产技术，利用蛋白质工程的方法，获得了高活性丙二酰辅酶 A 水解酶，能将丙二酰辅酶 A 催化为丙二酸，优化合成途径后，最终获得的高效的酵母细胞工厂，丙二酸产量可达 100 g/L 以上。该技术成功实现了丙二酸的大规模发酵法生产，对环境污染少，生产成本显著低于石化法。

L-苹果酸是一种重要的有机酸，因具有独特的令人愉悦的香味，主要作为食品饮料中的酸味剂，或用于合成不饱和聚酯树脂和涂料等。另外苹果酸衍生物在医药行业也有着诸多应用，如 L-瓜氨酸-苹果酸，这种非必需氨基酸可以提高男性在耐力训练时的运动表现；苹果酸舒尼替尼作为酪氨酸激酶的抑制剂，同时具有抗血管增生和抗肿瘤的活性，是 FDA 批准的治疗肾细胞癌和胃肠道间质瘤的药物；柠檬酸-苹果酸钙在增加骨强度的同时不会增加患肾结石的风险，可作为高氨血症与肝功能障碍患者的优质钙源。早在 2004 年，苹果酸和富马酸、琥珀酸作为四碳二羧酸被美国能源部认为是潜在的可用于缓解石油危机的生物基原料。另外，在化工行业中，苹果酸是合成聚苹果酸（PMA）的前体。目前其全球的年需求量早已超过 20 万吨。

传统的苹果酸生产主要基于石油基化工路线，产品为 D,L-苹果酸，应用范围有限。酶法生产苹果酸是指底物富马酸在特定条件下经富马酸酶催化生成苹果酸。该方法曾在一段时间内被广泛地应用于苹果酸的工业化生产。但由于底物的成本较高、生产效率低且剩余的底物需要回收等弊端，限制了该方法的大规模应用，关于酶催化法生产苹果酸的研究也相对较少。微生物发酵能生产高光学纯度的 L-苹果酸，与 D,L-苹果酸相比利用率更高。目前，丝状真菌是合成苹果酸的主要微生物，诺维信公司从米曲霉出发，强化了还原型 TCA 途径和苹果酸转运，发酵产 L-苹果酸产量可达 154 g/L，转化率 1.03 g/g。然而，丝状真菌发酵需要以葡萄糖或甘油为碳源导致原料成本高；需常温（28～37℃），要进行冷凝处理导致能源成本高。针对这些问题，中国科学院天津工业生物技术研究所从能够耐高温且能以纤维素为原料的嗜热毁丝霉出发，构建了可在 45 ℃高温条件下发酵产 L-苹果酸的细胞工厂。在底物利用方面，不仅可以利用葡萄糖高效发酵合成 L-苹果酸，还可以直接利用纤维素和半纤维素，产量超过 180g/L。这种新的 L-苹果酸细胞工厂能高温发酵，能利用多种底物，显著降低了成本，具有广阔的应用前景。

戊二酸是一种重要的五碳平台化合物，可用于合成聚酯和聚酰胺。北京化工大学设计了新的戊二酸合成途径，利用大肠杆菌自身的赖氨酸降解途径合成戊二酸，将降解途径中伴生的 L-谷氨酸和 NAD(P)H 回补于赖氨酸合成途径。辅因子被循环利用，形成强大的代谢驱动力，使代谢流最大限度地流向戊二酸合成途径。优化天然转运蛋白的表达，解决了中间产物尸胺和 5-氨基戊酸的胞外积累问题。最终获得的戊二酸细胞工厂，在补料发酵的条件下产量达 54.5 g/L，转化率 0.54 mol/mol，这是目前报道的大肠杆菌产戊二酸的最高水平。

1,5-戊二胺类似己二胺，可与二元酸聚合生产尼龙 5X（尼龙 54、尼龙 56 等），性能媲美甚至超越了经典的尼龙 66，主要应用领域是纤维（如服装、汽车轮胎、地毯、管道等）和工程塑料（如电子仪器产品和汽车的部件等）。全球尼龙的总需求量每年超过 700 万吨，己二胺作为尼龙原料的每年市场需求已经超过 200 万吨。

上海凯赛生物等公司已经实现了戊二胺微生物发酵法工业化合成，并用于尼龙 5n 的合成。全生物基尼龙 5n 是非常重要的工程材料，具有阻燃、透气、耐磨、染色性好、可纺性好、耐热性高、耐冲击性和加工方便等独特性能，有望成为取代尼龙 6 及尼龙 66 的产品。其中酶法催化制备戊二胺产量 157 g/L，9.5 h 内达到转化率 76.7%，进一步利用 *Serratia marcescens* 来源的赖氨酸脱羧酶突变株 R595K 转化 L-赖氨酸生产戊二胺，产量为 219.54 g/L。以微生物发酵法采用多级恒速补料策略，利用改造的大肠杆菌生产戊二胺的产量为 28.5 g/L。在谷氨酸棒状杆菌中过量表达木糖代谢的操纵子，并敲除其降解途径，最终在重组谷氨酸棒杆菌 DAP 中实现利用木糖为碳源，获得 103 g/L 的戊二胺产量。同时利用 L-赖氨酸生产菌株谷氨酸棒杆菌，在菌株中过表达赖氨酸脱羧酶、敲除 N-乙酰转移酶基因 *Ncgl1469*、敲除赖氨酸转运基因 *lysE* 并将透膜酶 Cg2893 的启动子换成强 sod 启动子，构建了 DAP-16 菌株，实现葡萄糖发酵生产戊二胺，产量 88 g/L，产率 0.17 g/g 葡萄糖。离理论上 0.49 g/g 葡萄糖还有差距。未来应用生物技术合成的戊二胺将具有四大优势：①生产不再使用石油原料，而是采用可以再生的糖基原料；②尼龙 54、尼龙 56 材料性能高，市场巨大；③替代国际进口的己二胺，促进中国尼龙产品摆脱进口限制（包括军用材料），可以让中国企业全面进军国际市场；④与传统的进口己二胺相比，戊二胺具有巨大的成本优势。

丁二胺近期也成为研究热点，在大肠杆菌中敲除了丁二胺（腐胺）降解途径的关键基因，减少丁二胺的利用（图 6-2）。随后敲除了鸟氨酸氨基甲酰转移酶基因 *argI* 以减少鸟氨酸的消耗，并过表达鸟氨酸的生物合成基因（*argC*、*argD*、*argE*），积累丁二胺合成的前体物质鸟氨酸。通过过表达鸟氨酸脱羧酶基因强化鸟氨酸转化为丁二胺，使鸟氨酸更多地被用于丁二胺合成。删除全局转录调控因子 RpoS，协调丁二胺的生成和积累。最终提高了菌株的丁二胺生产性能，补料分批发酵的丁二胺产量可达到 24.2 g/L。Sang Yup Lee 课题组构建基于 Hfq-sRNA 的表达系统，用于靶向抑制大肠杆菌中特定基因的表达。对大肠杆菌进行了代谢流分析和计算机模拟，选取了 15 个与丁二胺合成有关的基因作为靶点，分别使用了 5 个人工启动子来启动 Hfq-sRNA 的表达，将获得的质粒分别导入到大肠杆菌中并进行发酵实验，结果显示，其中六株菌株的丁二胺产量均增加 10% 以上（>1.85 g/L），携带 anti-argF 和 anti-glnA 整合质粒的两株菌株的丁二胺产量分别增加了 63%（提高至 2.71 g/L）和 25%（提高至 2.10 g/L）。以上两种 sRNA 进行组合优化后，显示出正协同效应，通过分批补料发酵，最终重组大肠杆菌的丁二胺产量达到 42.3 g/L，产率达到 0.256 g/g 葡萄糖，生产强度达到 1.256 g/(L·h)。

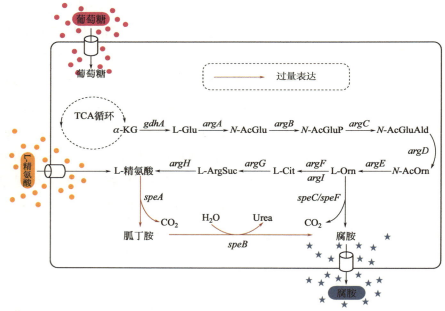

图 6-2
丁二胺的生物合成途径

己二酸是一种六碳二元羧酸，主要用于合成尼龙 66、尼龙 56 等尼龙纤维。己二酸的主要化工生产路线是硝酸氧化法，但环境污染严重。在生物合成方面，美国 Verdezyne 公司、荷兰 DSM 公司和美国 Genomatica 公司都在积极开展生物合成己二酸项目。江南大学将嗜热裂胞菌 *Thermobifida fusca* 中的己二酸降解途径反转为己二酸合成途径，使摇瓶中己二酸的产量达到了 0.36 g/L。并进一步确定了该途径的关键限速酶为 5-羧基-2-戊酰-CoA 还原酶，通过进一步的代谢调控，最终获得了己二酸细胞工厂，利用甘油分批补料发酵生产己二酸，产量达 68 g/L。

（五）有机醇

1,3-丙二醇（PDO）可作为有机溶剂、中间体、增塑剂、抗氧化剂、乳化剂、扩链剂、表面活性剂使用，也可用于生产聚对苯二甲酸丙二醇酯（PTT）、聚对苯二甲酸三甲基酯、聚氨酯、食品添加剂、发动机冷却剂、除冰剂等，被广泛应用在树脂、工程塑料、涂料、机械、医药、食品、化妆品等行业中。其中，加工制造聚对苯二甲酸丙二醇酯是 1,3-丙二醇的重要应用市场。

聚对苯二甲酸丙二醇酯具有柔软性高、回弹性好、抗污染性优、染色性好、化学稳定性优等优良特性，是新型高分子材料之一。根据新思界产业研究中心发布的《2020—2024 年 1,3-丙二醇行业深度市场调研及投资策略建议报告》显示，受益于下游行业不断发展壮大，全球市场对 1,3-丙二醇的需求将持续快速增长。

1,3-丙二醇制备工艺主要包括丙烯醛水合氢化法、环氧乙烷羰基化法、生物发酵法三种。前两种工艺为化学法，其设备投资较大，反应条件要求较高，生产过程对环境污染严重，全球主要生产企业不断缩小其产能；第三种工艺为生物工程法，其生产成本较低，生产过程绿色环保，逐步取代化学法，成为全球 1,3-丙二醇行业的主流制备工艺。

在全球范围内，1,3-丙二醇主要生产企业有德国德固赛、美国壳牌、美国杜邦、法国 Metabolic Explorer、新加坡 Salicylates & Chemicals 等，他们所采用的生产工艺各不相同。在我国，1,3-丙二醇主要生产企业有华美生物、辰能生物、盛虹集团、美景荣化学、金锦乐实业、昆仑化工、邹平铭兴化工等，我国企业均采用甘油发酵法生产 1,3-丙二醇。

美国杜邦公司设计并构建了以葡萄糖为原料生产 1,3-丙二醇的细胞工厂，将来自酿酒酵母的甘油合成途径和来自克雷伯氏菌的 1,3-丙二醇合成途径导入大肠杆菌中，减少进入 TCA 循环的碳代谢流，促进葡萄糖向甘油代谢，显著提高了 1,3-丙二醇的转化率，1,3-丙二醇产量达 135 g/L，生产速率达 3.5 g/(L·h)，转化率达 1.21 mol/mol。与传统的石油化工路线相比，杜邦公司的 1,3-丙二醇生产技术的能耗降低了 40%，二氧化碳排放降低了 40%。新思界的行业分析人士表示，在早期，我国 1,3-丙二醇应用的领域集中在医药、化工、纺织等。我国聚酯纤维行业技术不断进步，产能不断扩大，我国 1,3-丙二醇在聚酯纤维领域的应用需求不断上升。在需求的拉动下，我国 1,3-丙二醇生产能力不断提高，但与国际巨头杜邦的产品质量相比仍存在一定差距，未来行业在技术工艺方面还需不断进步。发酵法的技术今后要在菌种改良、流程优化与提纯方法优化三个方面发力。采用新技术、新手段对发酵流程进行优化，使得过程更加精准且易于控制。1,3-PDO 产品的精制提纯要集成有效分离技术、脱盐技术进行耦合处理，兼顾收率并尽量简化工艺流程。1,3-丙二醇生产成本高，规模化生产优势不明显，导致 PTT 纤维价格高，制约了 PTT 纤维应用。

1,4-丁二醇（BDO）是重要的有机化工原料和精细化工原料，用途广泛，能够被用于多种高附加值的精细化工产品。例如，BDO 可用于生产四氢呋喃（THF），THF 是医药、香料等行业的重要溶剂，也可用于制备戊内酯、四氢噻吩、聚四亚甲基乙二醇醚（PTMEG）、1,4-二氯乙烷、2,3-二氯四氢呋喃等；BDO 可用于制备 γ-丁内酯（GBL），GBL 可作为特殊溶剂溶解聚氯乙烯（PVC）等多种高聚物以及作为原料生产燃料、香料、除草剂、医药等；BDO 可用于生产聚对苯二甲酸丁二醇酯（PBT），PBT 可作为工程塑料被应用于电子电器、汽车、薄膜、光导纤维、新型织物纤维等；聚氨酯（PU）的原料也可由 BDO 衍生而来，用于制造液压密封件、汽车轮胎、仪表盘、保险杠、管道衬里、浆料、胶黏剂、弹性体、合成革等；BDO 可用来生产可生物降解塑料聚丁二酸丁二醇酯（PBS），在食品袋、垃圾袋、标签、餐具、一次性包装用品、农用薄膜、植被网、医用人造软骨、支架、缝合线等产品上得到广泛应用。

全球 BDO 主要生产商有巴斯夫（BASF）、大连化工、利安德巴塞尔（Lyondell Basell）、国际特品和新疆美克等。巴斯夫拥有完善的 BDO 全球生产布局，在欧洲、北美、亚洲都拥有 BDO 生产装置。

全球 BDO 消费结构如下：THF-PTMEG-氨纶产业链对 BDO 的需求量最大，约占 BDO 总消费量的 51%，PBT 占 21%，GBL 占 13%。2020 年全球市场需求量 210.4 万吨，同比增长了 3.5%。截至 2019 年底，中国内陆主要 BDO 生产企业年产能合计 303.4 万吨（表 6-5），约占全球总年产能的 66%。

表6-5 2019年中国内陆主要BDO生产企业及年产能统计

序号	生产厂商	生产地区	年产能/（万吨/年）	生产技术
1	新疆中泰（集团）有限责任公司	新疆库尔勒	26	reppe 法
2	新疆天业集团有限公司	新疆石河子	21	reppe 法
3	中国石化长城能源化工有限公司	宁夏	20	reppe 法
4	中国石化集团重庆川维化工有限公司	重庆	20	reppe 法
5	山西三维集团股份有限公司	山西洪洞	20	reppe 法
6	新疆美克化工有限责任公司	新疆库尔勒	16	顺酐法
7	长连化工（盘锦）有限公司	辽宁盘锦	15	reppe 法
8	陕西陕化煤化工集团有限公司	陕西华县	13	reppe 法
9	陕西集团比迪欧化工有限公司	陕西华县	13	reppe 法
10	新疆国泰新华矿业股份有限公司	新疆昌吉州	10	reppe 法
11	巴斯夫美克化工制造（新疆）有限责任公司	新疆库尔勒	10	reppe 法
12	内蒙古东源科技有限公司	内蒙古乌海	10	reppe 法
13	中石化仪征化纤股份有限公司	江苏仪征	10	顺酐法
14	新疆蓝山屯河化工股份有限公司	新疆昌吉	10	reppe 法
15	河南煤化精细化工有限公司	河南鹤壁	10	reppe 法
16	河南开祥化工有限公司	河南义马	9	reppe 法
17	陕西黑猫焦化股份有限公司	陕西韩城	6	reppe 法
18	新疆新业能源化工有限责任公司	新疆五家渠	6	reppe 法
19	新疆蓝山屯河能源公司	新疆昌吉	10.4	reppe 法
20	其他		48	
	合计		303.4	

2020 年我国 BDO 产量 155.0 万吨。另外，2020 年以来，我国在建、拟建的 BDO 产能在百万吨/年以上。但下游需求增速却落后于产能增速，预计未来国内 BDO 产能过剩问题将持续存在，国内 BDO 企业的改革转型迫在眉睫。

自然界中尚未发现 1,4-丁二醇的合成途径。Genomatica 公司计算出 10000 种可能的 BDO 合成途径，并基于操作可行性筛选出两种最优的 BDO 合成途径，在此基础上，在大肠杆菌中整合多种不同来源的基因进而构建出 BDO 的合成途径，初期 BDO 产量达到 18 g/L。通过进一步的调控，BDO 产量提升至 200 g/L。

异丁醇作为一种含有四个碳原子的高级醇，广泛应用于食品、化学和药品等领域。异丁醇有高能量密度、较小的挥发性和腐蚀性、较高的辛烷值等特点，是一种优秀的燃油添加剂。异丁醇是合成增塑剂、防老剂、人工麝香、果子精油和药物的重要原料，也是生产涂料、清漆的重要配料，并可作为正丁醇的代用品，还可以脱水生成具有更高价值的异丁烯。因此，异丁醇的研究开发日益受到许多国家的重视。虽然近年来，国内的羰基醇装置的建成使异丁醇供需矛盾有一定缓和，但是由于生产异丁醇原料的严重不足和催化剂价格昂贵，异丁醇供应不能满足当前市场的需要，缺口仍然很大。目前国内能正常生产异丁醇企业包括天津渤化永利、齐鲁石化、山东兖矿、四川石化等。

2019 年中国异丁醇产量 14.98 万吨，同比增长 5.36%。加州大学洛杉矶分校构建和优化了异丁醇合成途径，最终获得的细胞工厂在微氧条件下反应 112 h，异丁醇产量达到 23 g/L。之后采用原位汽提技术，减小了异丁醇对细胞的毒性，72 h 异丁醇的产量高达 50 g/L。

二、精细和专用化学品的生物制造

精细化学品在所有化学品中的占比是一个国家化学工业发展水平的重要标志。目前，我国已经成为全球最大的精细化学品供应国。但是，当前的精细化工产业还普遍存在技术落后、环境污染比较严重的问题。进入 21 世纪后，以蛋白质工程和合成生物学等为代表的现代生物技术，为高性能工业生物催化剂的开发提供了有效手段。

20 世纪 70 年代以来，随着石油化工和基础化工利润空间的减少，越来越多的发达国家、大型石化公司将核心产业向精细化工方向转移，同时由于工农业各部门的发展以及人们生活水平的提高，迫切需要加快精细化工的发展，到 20 世纪末，一些发达国家的精细化率（精细化工在整个化学工业中所占的比重）已高达 60%。进入 21 世纪后，随着需求持续增加，精细化学品和专用化学品的发展机会凸显。

（一）日用化学品

常见的日用化学品按用途可以分为洗涤用品、化妆品、口腔卫生用品、个人护理用品等几大类，其中洗涤用品和化妆品数量占日用化学品的 70% 以上。可用作日用化学品成分的精细化学品种类十分繁杂，包括各种油脂、各种酸/碱/盐、香料香精等。近年来，一些萜类、内酯类、呋喃酮类、芳香醛类、香醇及其酯类等香料香精，都有生物催化合成的报道。

薄荷醇是一种多用途香料。L-薄荷醇可用作牙膏、香水、饮料和糖果等的赋香剂，在医药上可用作刺激药，作用于皮肤或黏膜，有清凉止痒作用，内服也可作为祛风药，用于治疗头痛及鼻、咽、喉的炎症等。L-薄荷醇可从天然薄荷提取，也可用合成法制造。与化学法相比，化学-酶法的原料的成本优势显著，已经在多家公司实现产业化。2009 年，华东理工大学从 *Bacillus subtilis* 中筛选出一种新的酯酶，其对 L-薄荷醇乙酯的水解活性和立体选择性均显著高于此前的商业化酶。

合成生物学的进步为降低精细化学品的生物制造成本提供了无限的可能。反式-β-法尼烯可以用作生产化妆品、香精、洗涤剂、工业润滑油、高性能航空燃料的原料。美国科学家开发了利用酵母发酵糖类生产反式-β-法尼烯的技术，并于 2009 年在巴西建立了首套试生产装置，初期的成本约为每升 12 美元。经过不断的技术改进，到 2015 年，Amyris 公司将反式-β-法尼烯的生产成本降低到每升 1.75 美元。

（二）助剂

助剂被称为"工业味精"，是各种制造工业中不可或缺的精细化学品。据估计，目前我国工业助剂的国内年产值达 3000 亿元以上，应用领域涉及材料、纺织、食品、医药、农药、石油、环境、建筑、汽车、造纸、金属加工等。工业助剂行业"辐射"效应极为显著，其影响的行业的总产值高达数十万亿元。塑料工业中涉及种类繁多的助剂。以无毒增塑剂为例，目前国内生物无毒增塑剂市场的年需求量在 120 万吨左右，直接市场价值近 200 亿元，而其辐射市场巨大。在食品行业，生物无毒增塑剂可广泛用于各类食品包装，所涉及食品包装塑料制品的年产值近 1000 亿元；在医药行业，生物无毒增塑剂广泛应用于各类药物与器械包装、输液袋注射器等医疗器械制造、胶囊等药品制造，涉及产品年产值超过 2000 亿元；在儿童玩具行业，随着国内外立法完善，生物无毒增塑剂替代邻苯类增塑剂已成必然，涉及产品年产值达 1400 亿元。而生物无毒增塑剂的使用带来的食品安全、药品安全、玩具安全等社会效益更是不可估量。棕榈酸异辛酯的热稳定性好，并具有润滑作用，是耐寒、耐碱的优良增塑剂。同时，棕榈酸异辛酯是一种重要的非离子型表面活性剂，可以应用于化妆品、纺织和其他化工行业。北京化工大学开发了利用固定化假丝酵母脂肪酶催化合成棕榈酸异辛酯的技术，这种方法与化学法相比，具有能耗低、环境污染小、生产成本低等优点，不存在因酸碱催化剂的使用而产生大量污水问题，转化率达到 95% 以上。该技术通过了北京市科委组织的技术鉴定。3,4- 二甲基苯甲醛主要应用于生产山梨醇类第三代成核透明剂二（3,4- 二甲基二苄叉）山梨醇（DMDBS），也广泛应用于医药、农药、香料等精细化学品的合成。Bühler 等采用重组大肠杆菌在有机溶剂 - 水两相体系中催化偏三甲苯多步氧化制备 3,4- 二甲基苯甲醛（图 6-3），该反应在 30 L 发酵罐中生产效率和产物浓度分别达到 31 g/（L·d）和 37 g/L，下游分离过程的产物收率和纯度分别达到 65% 和 97%，达到了工业化应用的要求。

（三）表面活性剂

表面活性剂广泛应用于石油开采、印染、建筑、日化、食品、农药等领域。全球表面活性剂市场年消费量超过 1300 万吨，市场价值超过 150 亿美元，且需求量逐年上升。表面活性剂在我国拥有非常大的发展空间，潜在年需求量超过 300 万吨。

表面活性剂在应用过程中经常需要接触人类，使用后释放到自然环境中，因此，其安全性和可生物降解性至关重要。许多传统的化学表面活性剂因被发现会危害人体健康而被禁用。壬基酚类印染助剂和农药助剂即是一例，其类雌性激素作用可导致男性生理特征退化，并具有很强的致癌性

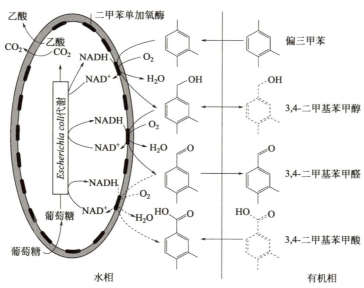

图 6-3
重组大肠杆菌在有机溶剂 - 水两相体系中催化偏三甲苯多步氧化制备 3,4- 二甲基苯甲醛

和环境毒性。而 Toximul 系列的农药乳化剂也被发现极易导致能量代谢紊乱甚至脂肪肝。美国和欧盟早在 2007 年就禁止了这些表面活性剂在印染等领域的使用。我国生态环境部和海关总署发布的《中国严格限制进出口的有毒化学品目录》中也已将含氟类表面活性剂、壬基酚聚氧乙烯醚等多种表面活性剂列为限制进出口的有毒化学品。

近年来，利用生物技术生产环保、安全的生物表面活性剂，特别是糖脂类表面活性剂，引起了学术界和产业界的广泛关注。糖脂类表面活性剂的生物合成过程可以分为两大类：①利用脂肪酶催化合成的各种单糖或二糖的脂肪酸酯；②利用发酵法生产的鼠李糖脂、槐糖脂、海藻糖脂等。过高的生产成本是阻碍生物表面活性剂推广应用的主要因素，合成生物学在提高生物表面活性剂的产量、降低其生产成本方面大有用武之地。

三、未来发展方向及建议

（一）未来发展方向

以习近平新时代中国特色社会主义思想为指导，结合新时代我国经济发展的基本特征，以"创新驱动、两化融合、重点突破、绿色低碳"为指导方针，加强化工科技的创新发展，集中力量在关键领域实现重点突破和跨越式发展，大力推进清洁生产，努力建设资源节约型和环境友好型的化工产业，努力促进信息化与化工产业的深度融合，实现浙江省化工产业的绿色低碳发展，进一步增强化工产业的整体竞争力，推动浙江省发展成为化工强省。

1. 打造高质量绿色石化上中游产业

提升产业链上游保障水平。顺应全球原料多元化的石化工业发展趋势，把握国家石化产业布局的机遇，依托浙江海岸线长、深水良港多的自然资源优势和宁波国际贸易开发区、原油期货交易中心等有利条件，以炼化一体化为核心，整合炼油产能，做强烯烃产业，提高对二甲苯（PX）竞争力。重点打造丙烷脱氢制丙烯、乙烷裂解制乙烯等化工基础原料发展战略，构建浙江优势和特色的产业链。发展 C_2、C_3、芳烃及其衍生物等，为浙江纺织化纤产业、塑料制品产业、橡胶加工产业、汽车制造产业、新能源产业、精细化工及医药产业等优势产业提供基础原料和中间产品保障。

坚持做强做精炼油，做大石化基础原料，延伸发展高端产品的产业定位。把宁波－舟山绿色石化基地（含宁波石化经济开发区、宁波大榭开发区和舟山绿色石化基地）打造成浙江绿色石化先进生产基地，以大项目支撑、集群化推进、园区化承载、国际化经营为发展模式，力争在"十四五"期内建成世界一流的重要化工原材料产业基地。

做强产业链中游。提升乙烯产业链的原料保障能力。重点发展环氧乙烷、乙醇胺下游系列产品、苯乙烯及其下游产品、醋酸乙烯及其下游产品等。完善丙烯产业链的配套能力。重点完善环氧丙烷及下游产品、苯酚/丙酮及下游产品、丙烯腈、丙烯酸下游产业链。推动 C_4 及 C_5 产业链资源的精细化和高价值利用。主要发展以丁二烯、丁烯、异丁烯、正丁烷为原料的 C_4 下游产品；重点发展异戊橡胶、SIS 热塑性弹性体 C_5 石油树脂等。鼓励发展芳烃产业链。开发二苯基甲烷二异氰酸酯（MDI）、高端环氧树脂等，重点发展苯及其下游产品、对二甲苯及其下游产品、邻二甲苯及其下游产品。优先发展双峰聚乙烯、透明级聚乙烯、超高分子量聚乙烯等特种聚乙烯品种，支持发展专用型聚丙烯（PP）。

2. 提升化工专用化学品水平

围绕航空航天、电子信息、新能源、汽车、轨道交通、节能环保、医疗健康、国防军工等行业对高端化工新材料的需求，努力突破一批关键化工新材料以及关键配套原材料的供应瓶颈和国外封锁，提升浙江省化工新材料主体产业化水平。重点发展高性能氟硅新材料、高性能聚烯烃新材料、乙烯-四氟乙烯共聚物（ETFE）、特种氟橡胶、特种工程塑料、热塑性弹性体、高端合成橡胶、高性能合成纤维及复合材料、功能性膜材料等先进高分子材料及电子化学品，绿色表面活性剂、环保型塑料和橡胶助剂等专用化学品，实现高端化、差异化、系列化发展；着力构建以企业为主体，以高校和科研机构为支撑、军民深度融合、产学研用协同发展且相互促进的化工新材料和专用化学品产业体系，在重点应用领域急需的新材料上取得突破，加强前沿材料研究，抢占技术制高点，布局一批以化工新材料和专用化学品为特点的产业园，加快化工新材料初期市场培育和应用市场开拓，提升化工新材料在工业领域中的基础保障水平。

3. 改造提升传统精细化工产业

以产品结构调整为抓手，加大力度实施产能整合，实现技术进步、节能降耗、绿色发展等新旧动能转化和升级，鼓励跨界融合，开发适应市场新需求的高端产品，全面提升精细化学品的制造水平和国际竞争力。统筹推进化工产业改造提升 2.0 版，坚持以"标准化、数字化、智慧化"为引领，逐步形成以智能自动化为标志，对标国际、引领国内的新化工高质量发展升级版。在染料、颜料行业，大力发展满足纺织印染行业新工艺、新纤维以及节能环保要求的染料新品种、新剂型；积极开发和推广染料、颜料生产的清洁生产新技术；积极推广先进高效的节能设备和密闭化、集成化、智能化的反应设备；重视和加强新型染整助剂的开发和应用。在农药行业，鼓励新农药的创制，支持高效、安全、经济、环境友好的农药新产品、新制剂发展，加快高污染、高风险产品的替代和淘汰；引导农药企业向园区集聚发展；积极推进农药生产企业发展循环经济，鼓励清洁生产，减少污染源，降低"三废"处理成本。发挥浙江省氟化工发展优势，重点支持含氟农药及医药中间体，构建含氟原料、含氟中间体、含氟农药及制剂产业链。在涂料行业，要继续调整涂料产品结构，重点发展水性涂料、高固体分涂料、紫外光固化涂料、粉末涂料、含氟功能涂料等环境友好涂料品种，严格限制和逐步淘汰油性涂料、高重金属含量涂料、高挥发性有机化合物含量涂料等落后品种。适应铁路交通、航天航空、电子科技、风力发电、船舶舰艇等产业的发展，大力发展船舶防污涂料，集装箱、钢构防锈涂料，高性能粉末涂料、风电风片涂料等功能性专用涂料品种。加强高性能成膜树脂和助剂的研究和开发以及涂料施工方式和应用研究。

4. 打造基于生物制造的绿色化工产业园区示范

明确园区规划方向。有效衔接化工产业发展规划和国土空间规划，明确化工园区四至范围，划定周边土地安全控制线。制定园区化工产业发展规划，建立与园区规模、发展方向相适应的管理团队，明确园区化工产业定位、发展方向和发展重点，因地制宜调整产业结构，推进化工差异化、高端化发展，优化产业链结构。

强化园区规范建设。加强和完善园区基础和公用工程建设，配套建设工业用水、电力电网、天然气管道、污水处理厂、化学危险品废弃物处理装置；建立工业用气、公共管廊、危险品车辆停车场等公用工程，方便企业入驻发展。严格园区化工项目准入标准和准入程序，建立化工产业"禁限控"目录，从源头上提高新引进和新上项目的质量。

完善园区管理机制。建立科学的园区评价体系、考核标准及退出机制，促进园区整体水平提升，建设本质安全、绿色环保、生态和谐、产业先进的现代化智能化园区。在浙江省认定的52个化工园区基础上，开展省级化工重点监控点认定工作，建立浙江省化工产业一体化管理体系。

围绕生物技术在化工产品制造领域以及未来生物产业新模式，推进园区编制绿色发展规划，开展园区全景研究及数据平台建设，组织园区内龙头企业加强生物制造过程绿色化和智能化示范，逐步建立起典型生物制造过程的绿色量化评价体系以及园区生态评价体系，建设基于生物制造的绿色化工示范园区。通过分析研究园区发酵、药物中间体、疫苗和抗体药物等重点行业，针对抗生素、药物中间体、动物疫苗、单克隆抗体等核心产品，构建生物制造过程中的标准通用模块、关键技术等，建成基于生物制造的绿色化工园区的产业链和全景数据库，构建多要素、多主体协同管理的信息平台，形成一套园区协同管理制度、生物制造产品安全评价体系和市场准入模式，编制生物制造重点行业产品的全生命周期排放清单，建成基于生物制造的绿色化工园区示范。

（二）未来发展建议

① 持续完善以化工企业为主体的科技创新体制，构建合理享受创新成果的知识产权保护制度，加强"产学研"合作，推进创新联盟建设。

② 加强化工领域科技人才队伍建设，培育多层次人才，营造鼓励创新、宽容失败的良好氛围，完善科技人员分类考核机制，构建既有激励又有约束的分配机制，充分调动科技人员的积极性。

③ 加大科技投入，不断完善研究设施建设，尤其要不断完善功能化、高性能高分子材料加工和应用研究设施，持续推进"产学研用"协同创新。

④ 从浙江省政府层面支持化工领域面向2035年的关键核心技术的开发，设立化工重大工程科技专项，提供科技经费支持，提供税收优惠。

⑤ 制定支持化工产业创新发展的财税政策，鼓励化工企业加大研发投入力度。

⑥ 加强国际合作，鼓励创新主体"引进来"和"走出去"。在重视引进高端人才的同时，按"不求所有，但求所用"的原则重视和支持高端智力引进，将浙江省成为高水平科技合作的重要基地。制定相关政策，支持国有企业到国外设立研究机构，收购国外专利技术或小型科技公司，努力建设中国化学工业国际化创新平台。

参考文献

[1] 浙江省科学技术志编纂委员会. 浙江省科学技术志 [M]. 北京：中华书局，1996.

[2] Wenda S, Illner S, Mell A, et al. Industrial biotechnology-the future of green chemistry [J]. Green Chemistry, 2011, 13(11):3007-3047.

[3] Kuhn D, Blank L M, Schmid A, et al. Systems biotechnology—rational whole-cell biocatalyst and bioprocess design [J]. Engineering in Life Sciences, 2010, 10(5):384-397.

[4] Buhler B, Bollhalder I, Hauerb, et al. Chemical biotechnology for the specific oxyfunctionalization of hydrocarbons on a technical scale [J]. Biotechnology and Bioengineering, 2003, 82(7): 833-842.

第七章 材料生物制造

第一节 浙江省材料生物制造产业发展现状

一、材料产业已成为浙江省重要的战略性新兴产业

经过几十年奋斗，我国新材料产业从无到有，不断发展壮大，在体系建设、产业规模、技术进步等方面取得明显成就，为国民经济和国防建设做出了重大贡献，具备了良好的发展基础。新材料产业体系初步形成。我国新材料研发和应用起始于国防科技工业领域，经过多年发展，新材料在国民经济各领域的应用不断扩大，初步形成了包括研发、设计、生产和应用等的产业体系。新材料产业规模不断壮大。进入21世纪以来，我国新材料产业发展迅速。浙江省是制造业大省，新材料产业较为发达，新材料企业遍布浙江省各地区，涉及众多重要材料类别。浙江已经形成了"以宁波市高端功能合金、先进高分子材料及复合材料、电子信息材料，杭州市光电新能源材料，嘉兴市化工新材料、高性能纤维材料，绍兴市先进纺织

材料、高性能树脂（工程塑料），衢州市氟硅钴新材料"为特征的区域发展格局。继 2004 年浙江重工业首超轻工业以来，两者差距持续拉大，由"轻"变"重"，符合浙江产业结构调整和产业提档升级的方向。其中，材料产业已然成为浙江省的"重"中之重产业。2019 年初，浙江省人民政府印发《浙江省加快新材料产业发展行动计划（2019—2022 年）》，将重点突破一批关键领域新材料，做大做优一批传统领域先进基础材料，谋划布局一批前沿领域新材料，到 2022 年，新材料产业年产值突破 1 万亿元，比 2018 年增长 53% 以上，年均增长 11.2%，产业规模稳居全国前 4 位。

浙江省经济和信息化厅公布的数据显示，2020 年浙江新材料产业总产值达 7175 亿元，占浙江省九大战略性新兴产业总量的 29.74%，位居第 1 位，产业规模在江苏省、广东省、山东省之后，居全国第 4 位。

浙江省多年来一直对新材料产业的发展高度重视。浙江省委十四届七次全体（扩大）会议提出建设"互联网＋"、生命健康、新材料三大科创高地，并编入《浙江省国民经济和社会发展第十四个五年规划和二〇三五年远景目标纲要》中，加快发展新材料产业。重点主攻先进半导体材料、新能源材料、高性能纤维及复合材料、生物医用材料等关键战略材料，做优做强化工、有色金属、稀土磁材、轻纺、建材等传统领域先进基础材料，谋划布局石墨烯、新型显示材料、金属及高分子增材制造等前沿新材料。畅通新材料基础研究、技术研发、产业化各环节，培育百亿级新材料核心产业链，建设千亿级新材料产业集群。2021 年第一季度浙江印发《关于打造新材料科创高地促进新材料产业高质量发展的政策意见》，提出加强基础研究与关键核心技术攻关、推动新材料工程化和产业化、促进新材料规模化应用等系列政策举措，支持新材料产业高质量发展。2021 年上半年发布的《浙江省新材料产业发展"十四五"规划》提出，到 2025 年，浙江力争其新材料产业稳居全国第一方阵，新材料技术创新能力大幅提升，在磁性材料、锂电新能源等若干领域，打造 30 个以上具有国际一流水平的新材料品种，新材料产业年产值力争突破 1.5 万亿元，初步建成国际一流的新材料科创高地和在全球具有重要影响力的新材料产业高地。

然而，材料产业的发展一直伴随着巨大的环境压力，特别是材料的生产原料主要是石油化工原料，其制备过程能耗高，且对化石能源依赖性高，而塑料材料的滥用也造成了巨大的环境污染，在双碳政策大趋势下，引导材料产业可持续发展是重中之重。2021年9月，国家发改委、生态环境部印发"十四五"塑料污染治理行动方案，方案提出，需持续推进一次性塑料制品使用的减量，加大可降解塑料关键核心技术攻关力度和成果转化力度，不断提升产品质量和性能，降低应用成本，以实现双碳远景目标。随着材料生物制造的提出，以生物基化学原料为基础制备各种高性能传统材料或新材料将是未来实现材料产业可持续发展的主流方向。

（一）浙江省材料生物制造产业布局及产业现状

近年来，浙江省新材料产业发展迅速，目前逐步形成了以关键战略材料、先进基础材料和前沿新材料为核心的新材料产业发展重点。但是规模以上生物基材料企业还很少，而且产品线主要集中在可降解塑料，从事高性能生物基材料的企业几乎为零，面临巨大的发展困境。

浙江省各地市根据自身材料产业基础确定了新材料产业发展重点方向。湖州市依托湖州南太湖产业集聚区、湖州莫干山高新技术产业开发区、德清工业园区等，重点发展高端金属结构材料、高分子功能材料、特种光电材料、新型装饰材料等；发展目标为到2025年，新材料产业规模达到1000亿元以上。杭州市主要依托于杭州钱塘新区、萧山经济技术开发区、富阳经济技术开发区、桐庐经济开发区和建德经济开发区等，重点发展高性能膜材料、先进高分子材料、化工新材料、高性能纤维材料、光电信息材料、先进半导体材料、新能源材料、磁性材料、石墨烯及其复合材料等；发展目标为到2025年，新材料产业总产值超过1500亿元。衢州市依托衢州经济技术开发区、衢州高新技术产业园区、衢江经济开发区、开化工业园区、龙游工业园区等园区，重点发展氟硅材料、电子化学品、新能源电池材料等；发展目标为到2025年，新材料产业规模达到1200亿元。金华市依托金华开发区、武义经济开发区、兰溪经济开发区、东阳横店电子产业园区等，重点发展磁性材料、石墨烯及改性材料、金属新材料、无机非金属材料、智能显示材料等。丽水市依托丽水经济技术开发区、青田经济开发区、缙云经济开发区等，重点发展先进金属材料、化工新材料、新型无机非金属材料、高端装备用特种合金材料、高性能纤维、高性能复合材料、新能源材料等关键战略材料以及纳米材料、3D 打印材料；发展目标为到 2025 年，实现新材料产业规上企业工业产值 250 亿元。嘉兴市依托嘉兴经济技术开发区、平湖经济技术开发区、嘉兴秀洲高新技术产业开发区、中国化工新材料（嘉兴）园区、海盐经济开发区、桐乡经济开发区等园区，重点发展纳米新材料、高性能复合材料及差别化纤维材料等。舟山市依托舟山经济开发区、岱山经济开发区等园区，重点发展合成树脂、合成橡胶、精细化学品等化工新材料以及海洋新材料、电子信息新材料等。宁波市依托宁波大榭开发区、宁波石化经济技术开发区、宁波杭州湾新区、宁波国家高新区、宁波望春工业园区、浙江省镇海经济开发区等，重点发展化工新材料、稀土磁性材料、电子信息材料、金属新材料、功能膜材料等；发展目标为到 2025 年，新材料产业规模达到 5000 亿元级。绍兴市依托绍兴袍江经济开发区、绍兴柯桥经济开发区、绍兴高新技术产业开发区、绍兴滨海工业园区、新昌省级高新技术产业园区等，重点发展高分子新材料、电子信息材料、功能性金属材料、前沿新材料等。台州市依托黄岩经济开发区、仙居经济开发区、临海经济开发区等园区，重点发展新一代半导体材料、可降解材料、海洋生物材料等。温州市依托温州经济技术开发区、平阳经济开发区、浙江苍南工业园区、瑞安经济开发区等园区，重点发展化工新材料、高端金属新材料、先进高分子材料、高品质特殊钢材料、印刷包装新材料；发展目标为到 2025 年，新材料工业总产值超过 600 亿元。

2021 年 1 月，宁波生物基可降解新材料产业基地项目签约仪式在象山举行，该项目由浙江友诚集团领衔，总投资约 51 亿元，将形成以第三代秸秆为底物制备乳酸技术为核心的年产 30 万吨乳酸、20 万吨聚乳酸（PLA）、10 万吨聚乳酸纤维的生产基地，主要是采用工程菌将秸秆中的纤维素和半纤维素高效转化为乳酸，进而聚合成聚乳酸的技术。

2020 年 12 月，浙江海正生物材料股份有限公司（以下简称浙江海正）3 万吨/年聚乳酸生产线投产成功，实现聚乳酸树脂工业化生产，夯实推进我国聚乳酸的产业化发展。浙江海正掌握丙交酯（聚乳酸中间体）等核心技术。2021 年 6 月，浙江海正全资子公司浙江海创达生物材料有限公司年产 15 万吨 PLA 项目在台州新材料产业园开工建设，预计于 2023 年建成投产，将奠定其全球领先的聚乳酸树脂制造企业的地位。

宁波天安生物材料有限公司是国内第一家采用生物发酵工程技术实现完全生物降解材料产业化的高新技术企业。公司生产的 β- 羟基丁酸与戊酸酯共聚物（PHBV）是一种天然的高分子材料，也是国际上公认的具有 100% 生物分解能力的材料。其应用领域包括医用材料（缝线、骨钉）、薄膜材料（地膜、购物袋、堆肥袋）、一次性用品（笔、餐具）、包装材料（特别是食品包装）等。

浙江华发生态科技有限公司是一家研究、生产、销售生物基降解材料及制品的高新技术企业，已建成年产 10000 t 生物基降解材料和 5000 t 绿色软体包装产品的现代化生产线。开发的生物基降解材料达到国际先进水平，并已应用于一次性医疗用具、化妆品等内托产品、高档一次性餐饮具、食品包装膜等。

绍兴绿斯达新材料有限公司致力于创新型功能生物塑料材料的研究开发以及这些材料在工业领域的应用。生物降解塑料以淀粉、纤维素等可再生资源为原料，经完全无污染工艺生产可全降解生物树脂原料和成型塑料制品，是较佳的石油泡沫塑料替代品，主要应用于餐饮、包装等。

浙江省生物基增塑剂的领先企业浙江嘉澳环保公司通过涉足上游生物基柴油生产，保证了下游生物基增塑剂的生产，做到了生物基产业链的构建。该公司各类已投产的环保增塑剂产能 20.6 万吨 / 年。2021 年上半年，受下游市场需求带动，该公司环保增塑剂产量较去年同期增长 38.8%；销售收入较去年同期增长 112.05%。无论是政策还是市场都对环保增塑剂产业发展形成利好。产业结构调整指导目录将环保增塑剂产业列为"鼓励类"产业。根据《塑料助剂"十四五"规划》，至 2025 年，环保增塑剂在增塑剂整体的消费比例从 20% 提升至 45%。环保增塑剂具有无毒、环保等优势，传统增塑剂替代效应逐步显现，市场规模将不断扩大。并且嘉澳环保公司收购了东江能源公司，拓展了生物柴油业务，已成为长三角地区规模最大的利用自有核心技术将废弃油脂资源综合利用加工生产绿色生物柴油新能源的生产企业。截至 2021 年，公司拥有生物柴油及原料工业混合油产能 15 万吨 / 年，其生物柴油产品已经取得全球最大的生物柴油消费区欧盟的 ISCC 和 DDC 认证，其全资子公司嘉澳绿色新能源 10 万吨 / 年生物柴油项目将于 2021 年 10 月进入调试，届时该公司生物质能源整体产能将再迈上一个新台阶。

（二）借鉴欧洲生物基产业发展经验发展浙江省材料生物制造产业

生物基化学原料的概念早已被提出并应用多年，但直到双碳战略被提出后才迎来更全面的发展契机。可以预见，生物基化学原料将在品类、产量、产业链等多个维度得到爆发式的发展，其发展程度和速度最终依然取决于技术、资金与人才在该行业的分布。

2021 年 10 月，Nova 研究所发布了 2008—2018 年欧洲生物经济的报告。报告显示，生物基产业持续攀升，总贡献达 7800 亿欧元，较 2017 年显著增加 300 亿欧元（约 4% 提升），相比于 2008 年的生物经济总量增加了 20%。2018 年欧盟统计局数据的分析显示，在欧盟 27 国和英国，包括食品、饮料、农业和林业在内的整个生物经济的营业额达到了 2.43 万亿欧元。从欧洲生物经济产业发展看来，生物基化学原料产业的发展才刚起步，未来将持续保持高增长率且对高技术人才的需求也将不断增加。

（三）材料生物制造产业的蓝海

低碳循环经济已成为当下及未来全球统一诉求，材料生物制造产业是其中重要的一环。据美国《生物质技术路线图》，2030 年生物基化学品将替代 25% 有机化学品和 20% 石油燃料；据欧盟《工业生物技术远景规划》，2030 年将用生物基原料替代 6%～12% 化工原料，并完成 30%～60% 精细化学品的生物基制造。欧美等西方国家力推 2050 年实现碳中和，我国也制定了类似规划，未来现代生物制造产业产值将超 1 万亿元，生物基产品在全部化学品中的产量比重达到 25%。随着三大经济体政策上的推进，全球碳减排进程开始加速。以塑料为例，工程微生物改造可应用于生产 PHA、PHB 等多种材料。据 OECD 预测，未来十年至少有 20% 的石化产品、约 8000 亿美元的石化产品可由生物基产品替代，目前替代率不到 5%，缺口近 6000 亿美元。生物基化学品及材料代表着千亿规模新蓝海，其中以生物质为原料制备的生物基材料图谱可见图 7-1。

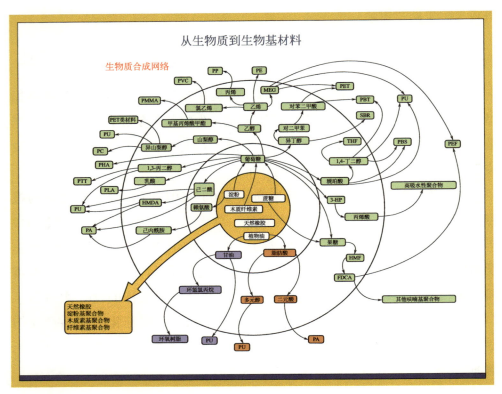

图 7-1
生物质制备生物基材料图谱
引自 nova 研究所绘制图

据 nova 研究所研究，从技术角度来看，几乎所有由化石资源制成的工业材料都可以被生物基替代。近年来，生物精炼技术相关的基因组学、蛋白组学、代谢组学、系统生物学等技术的进步促进了化学品及下游材料的生物合成网络的构建。欧洲生物经济存在先发优势，其中欧盟主导的 RoadToBio 项目规划了欧洲化学工业走向生物经济的路线图，以期实现多元化的生物基产品组合。

RoadToBio 项目对生物基产品进行了细分，包括大宗化学品、溶剂、塑料用聚合物、化纤制品、涂料/油墨/染料、表面活性剂、个人护理产品/化妆品、胶黏剂、润滑剂、增塑剂等多个下游细分领域。根据当前的细分标准，欧盟生物基产品类别包括大宗化学品、塑料、溶剂、表面活性剂等 10 大类，其中大宗化学品和溶剂归属于基础化学品，表面活性剂、个人护理产品/化妆品、胶黏剂、润滑剂、增塑剂则归属于精细化学品，涂料/油墨/染料、塑料、纤维制品归属于生物基聚合物。

2018 年欧盟市场生物基化学品及下游产量近 470 万吨，需求近 550 万吨，产值近 92 亿欧元，尤其是高端消费市场，其对生物基产品的需求非常旺盛。在生物基系列产品中，表面活性剂、涂料/油墨/染料、纤维制品、个人护理产品/化妆品产量最大，这归功于欧盟市场的消费层次较高与对生物基油脂类化合物的需求大。

由于区域内生产规模以及生产技术方面的限制，现阶段生物基化学品的整体价格水平高于石油基产品，但随着产品品类日趋精细化以及相关技术和生产工艺的普及与推广，其与石油基产品价格差距也将不断缩小。随着生物合成技术的不断进步，部分生物基精细化学品（如 PA56）的售价甚至已经开始低于对应的石化产品。从当前发展水平来看，欧洲市场的生物基化学品及下游渗透率仅达 3%，但未来市场份额增长空间将达现在的 4 倍，全球市场规模有望破千亿欧元。

根据 JRC 提供的数据，2018 年欧盟化工行业化学品总产量近 1.6 亿吨，生物基占比仅为 3%，尤其是大宗化学品及塑料行业，总产量占比 77%，但生物基替代率仅为 0.7%。

从欧盟《工业生物技术的远景规划》中的内容来看，根据大宗化学品、塑料制品替代率达到 6% 以及精细化学品替代率达到 30% 的最低目标来测算，到 2030 年生物基产品的产值可能将达到 370 亿欧元，相较于 2018 年的 92 亿欧元，增长达到 4 倍之多。另外，2018—2025 年，在上述子行业的新增私人投资额度也有望达到 190 亿欧元，叠加近年来持续加码的欧盟生物经济专项计划投资，未来生物基产品替代率有很大的上行空间。

除了欧盟，美国和中国也正在大力推行生物经济战略，假设其市场体量与欧盟相当，未来全球生物基化学品及下游市场规模有望达到千亿欧元级别。

二、浙江省材料生物制造产业发展领域

（一）发达国家及我国在材料生物制造产业赛道的发展布局

近年来生物基化学品产量快速增长。据 IEA Bioenergy 估算，2011 年至今，生物基化学品市场年均复合增长率近 10%。目前全球主要的大宗生物基化学品包括乙烯、乙二醇、1,3- 丙二醇、1,4- 丁二醇、乳酸等等，生物合成技术已经产业化。其中糖基化合物乙烯、乙二醇、1,3 丙二醇、乳酸、1,4- 丁二醇、琥珀酸、1,5- 戊二胺等是下游生物基 PE、PLA、PET、PBS、PTT、PBAT 等的关键原料，油基化合物甘油、长链脂肪酸及脂肪酸则用于生物基 PHA、PA、环氧树脂等材料的制备，如图 7-2 所示。

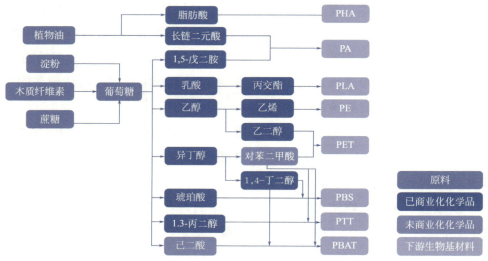

图 7-2
材料生物制造产业链示意
引自 nova 研究所绘制图

在材料生物制造大赛道上，传统石化巨头加紧布局。在各国政府政策和计划的鼓励下，英国石油公司、壳牌、巴斯夫、杜邦、陶氏化学、赢创、帝斯曼、拜耳、雀巢等大型跨国石油化工甚至医药食品巨头将巨资投入生物化工产业，发展面向生物制造的工业生物技术。如杜邦以 63 亿美

元收购了 Danisco；拜耳与 Ginkgo Bioworks 共同投资 1 亿美元创建 Joyn Bio，将合成生物学技术引入农业领域进行应用；雀巢与利安德巴塞尔于 2019 年合作生产了世界上第一批商业规模的可再生生物基聚丙烯；赢创从 DURECT 手中收购 LACTEL® 医用可生物降解聚合物业务。大量新力量的涌入加速了从生物基化学品到新材料产业链一体化构建，并诞生了一些较典型的材料生物制造公司（表 7-1）。其中，Braskem 已发展成为世界领先的生物基烯烃、聚烯烃生产商，公司由可再生资源甘蔗乙醇生产乙烯，并于 2010 年向市场推出绿色环保 PE，现在在全球共有 36 个生产基地，分布在巴西、美国和德国等。Avantium 致力于开发下一代生物基化学品和塑料，主要业务和技术包括利用植物性工业糖生产乙二醇、将植物性单糖（果糖）转化为各种化学品和塑料（如 PEF）、将非食品植物原料转化为工业糖和木质素、通过电化学将 CO_2 转化为高价值化学品等。乳酸是生物基化学品中占比较大的一部分，主要用于可降解环保新材料 PLA 的生产，相关企业主要有荷兰 Corbion、比利时 Galactic 和美国 NatureWorks，其中 Corbion 生产乳酸和丙交酯，并将其出售给荷兰 Synbra 等企业进一步生产 PLA 泡沫材料；NatureWorks 和 Galactic 是 PLA 的领军企业，后者还将 PLA 材料循环利用，将 PLA 产品进一步降解成乳酸。

表7-1 国外生物基材料相关领域知名企业列表

产品名称	应用领域	主要生产公司
聚乳酸（PLA）	主要应用于包装材料、纤维和非织造物等，服装、建筑、农业、林业、医疗卫生等行业	荷兰科碧恩（Corbion）、比利时 Galactic、美国 Natureworks、荷兰 Synbra、德国 Inventa-Fischer、瑞士 Sulzer、日本帝人、荷兰道达尔科碧恩（Total Corbion PLA）、巴斯夫（BASF）、美国嘉吉（Cargill）、美国 Cereplast、英国 Pyramid Plastics、日本 Kaneka、日本捷时雅、日本东丽、德国 FkuR 等
丁二酸等二元酸	二元羧酸类化学品作为重要的聚酯材料及尼龙单体，其产品被广泛应用于化工、机械、医疗等行业	美国生物琥珀（Bio Amber）、美国 Applied Carbochemicals、美国 Arkenol、美国 Genomatica、美国 Danimer、英威达、兰蒂奇、德国赢创、阿科玛、巴斯夫等
PHA、PHB 及其复合材料	可用于医疗、药物、化妆品等高附加值领域，用于环保包装材料、喷涂材料、衣料服装、器具类材料、电子通信、快速消费品、农业产品、自动化产品、化学介质等领域	美国 Cereplast、PHB Industrial、日本 Kaneka、帝斯曼 DSM 等

续表

产品名称	应用领域	主要生产公司
生物基 PE、PET 等	实现对石油基来源的 PE、PET 等替换	巴西 Braskem、日本东丽、BASF、陶氏杜邦、美国可持续技术公司（Anellotech）、美国 Virent 等
聚醚醚酮、聚砜等热塑性生物材料	特种工程材料，可被制造加工成各种机械零部件，广泛应用在电子、IT、航空航天、汽车、医疗等领域	德国巴斯夫、比利时索尔维、日本住友、印度加尔迈、俄罗斯谢符钦克等
生物基尼龙类材料	具有良好的力学性能、耐热性、耐磨性、耐化学溶剂性、自润滑性和一定的阻燃性的工程塑料，可用于汽车、电子电器、机械、轨道交通、体育器械等领域	阿科玛、BASF、陶氏杜邦、美国 Rennovia、三菱化学等
生物基聚酯类材料	一类性能优异的工程塑料，广泛应用于化纤材料、包装业、电子电器、医疗卫生、建筑、汽车等领域	荷兰 Avantium、意大利 AEP Polymers、科思创等

我国的生物基化学品研究起步较晚，但在"十三五"规划中，生物基化学品和材料也被列为研究核心，下游材料应用和商业模式的发展获得大力推动。国内氨基酸龙头梅花生物、生物法制备二元酸领军企业凯赛生物、乳酸行业领跑者金丹科技、高性能材料生产企业金发科技等行业佼佼者，做好化学品业务的同时积极布局下游生物基材料领域。其中凯赛生物以合成生物学等学科为基础，利用生物制造技术，从事新型生物基材料的研发、生产及销售，目前主要聚焦聚酰胺产业链可实现商业化的产品，包括 DC12（月桂二酸）、DC13（巴西酸等）等长链二元酸系列产品和生物基戊二胺，是全球领先的利用生物制造规模化生产新型材料的企业之一，其生物制造技术使产品可达到聚合级且在生产经济性上具备竞争力，满足杜邦、艾曼斯、赢创、诺和诺德等国际知名企业的质量要求。2019年公司生物法制备的长链二元酸产能达到 7.5 万吨/年（包括 DC12、DC13），生物基聚酰胺产能达到 3000 t/年，且在积极布局新产能，公司在建或拟实施多个产能扩建项目，包括乌苏材料公司年产 10 万吨生物基聚酰胺项目、金乡凯赛公司年产 4 万吨生物法制癸二酸项目、乌苏技术公司 3 万吨长链二元酸项目和 2 万吨长链聚酰胺项目等。金丹科技公司的主要产品为 L-乳酸及其盐，年产能 12.8 万吨，是国内最大乳酸及其盐生产企业（市场占有率 60%），也是全球主要的乳酸及其盐生产企业。公

司在主业乳酸生产规模化和高端化的基础上，积极推动业务向产业链上下游延伸，年产 1 万吨 L- 丙交酯项目工程快速推进，年产 1 万吨聚乳酸生物降解新材料项目也整装待发。金发科技公司目前拥有生物降解聚酯合成产能 6 万吨 / 年，产品涵盖 PBAT、PBS、PLA 树脂及相关改性材料，基本覆盖了当前生物降解塑料的主流产品，并在推进 3 万吨 PLA 项目的建设。

目前，我国生物基材料产业取得了显著的科技成果，形成了全降解生物基塑料、木基塑料、聚合超大分子聚乳酸、农用地膜等一大批具有自主知识产权的产品。

目前我国生物基材料与国际相比仍有很大差距，我们应加强先进生物基材料制造技术的引进力度，注重引进技术的系统化集成、再创新及自主知识产权的取得；加大引智力度，巩固和扩大与发达国家重要国际组织间双边及多边科技合作与交流，提升我国生物基材料产业的整体创新发展能力和国际核心竞争力。

（二）高速发展的生物基塑料

生物基塑料是目前生物基化学品下游材料最主要的应用领域，主要指生物原料全部或部分来源于生物质（玉米、甘蔗或纤维素等）的新型材料。根据能否被微生物（细菌、霉菌、藻类等）在一定条件下分解成小分子化合物，生物基塑料又分为可生物降解塑料和不可生物降解养料塑料两类。据 European Bioplastics 数据（图 7-3），生物基聚羟基脂肪酸酯、生物基聚乳酸、生物基聚丁二酸丁二醇酯、生物基聚己二酸 / 对苯二甲酸丁二醇酯及淀粉基塑料均为可生物降解塑料。而生物基聚乙烯、生物基聚丙烯、生物基聚对苯二甲酸丙二醇酯、生物基聚对苯二甲酸乙二醇酯、生物基尼龙系列、生物基聚乙烯呋喃酸酯等均属于不可生物降解塑料。

生物基塑料产品有两个主要优点：①优秀的减排能力，生物塑料的 CO_2 排放量只有传统塑料的 20%；②部分塑料具有天然可生物降解性，不可降解的生物基塑料亦可回收再利用。

据 European Bioplastics 数据，2018 年全球生产塑料近 3.6 亿吨，而生物基塑料 2020 年产量近 211 万吨，占比不到 1%。近年来随着需求的增长以及越来越多生物基聚合物等的出现，生物塑料市场份额不断增长。

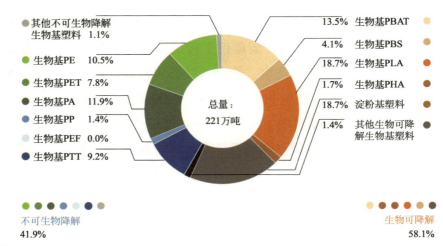

图 7-3
2020 年全球生物基塑料的产能
PE—聚乙烯；PET—聚对苯二甲酸乙二醇酯；PA—聚酰胺；PP—聚丙烯；PEF—聚乙烯呋喃酸酯；PTT—聚对苯二甲酸丙二醇酯；PBAT—聚己二酸/对苯二甲酸丁二醇酯；PBS—聚丁二酸丁二醇酯；PLA—聚乳酸；PHA—聚羟基脂肪酸酯
PEF 材料还处于研究阶段，预计 2023 年能实现商业化应用

据 MarketsandMarkets 预测，受各国政府产业扶持政策的推动，2025 年全球生物塑料及聚合物市场规模有望增长至 279 亿美元，年均复合增长率将达到 21.7%。

全球前五大生物基塑料是淀粉基塑料（18.7%）、生物基 PLA（18.7%）、生物基 PA（11.9%）、生物基 PE（10.5%）、生物基 PTT（9.2%）、生物基 PBAT（13.5%）总产量占比超过 80%。欧洲是整个生物塑料行业的主要枢纽，是生物塑料发展相对成熟的地区，在生物塑料的研发上占有举足轻重的地位，是全球最大的行业市场。但欧洲生物塑料的市场增长率较低，2020 年产量占比 26%，低于亚太地区 46%。亚太地区是新兴市场，作为主要生产中心，全球约 70% 的注塑基础设施位于亚洲，因此市场增长速度最快。南北美洲合计 27%，且近年来产量同比有所增加，市场空间大，是未来生物塑料推广的亮点区域。

生物基塑料应用于包装（硬包装、软包装）、纺织品、汽车和物流、消费品、农业和园艺、涂料和黏合剂、建筑和基建、电子和电器及其他行业（图 7-4）。生物塑料由于具有较好的光泽度、良好的阻隔性、抗电和印刷性能，适用于包装行业。因此，包装行业是生物塑料的最大应用领域，占生物塑料市场总量约 47%，产量近 100 万吨。此外，生物基聚氨酯或将成为生物基材料开发新方向。聚氨酯被誉为"第五大合成塑料"，具有优异的耐磨性、抗撕裂性、密封性、隔声效果等特性，被广泛用于轻工、化工、电子、建筑、汽车、纺织、医疗、国防、航空航天等领域。天天化工网统计数据显示，2020 年我国聚氨酯制品的消费量约 1174.8 万吨，而其中绝大部分原材料都来自石油、煤炭等不可再生资源，同时聚氨酯材料不易回收且难以降解，易造成环境污染问题。从碳循环经济来考虑，开发廉价、环保、可再生的生物基聚氨酯原料来替代石化原料是未来的发展方向。目前全球生物基聚氨酯的主要应用领域为建筑、汽车、电子和家具市场，其中建筑行业已成为全球生物基聚氨酯最大的终端应用行业。

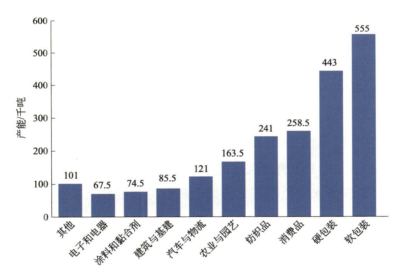

图 7-4
2020 年全球生物基塑料产量细分市场
引用 European Bioplastics 数据

（三）生物基可降解塑料

可降解塑料是指在特定的环境下，通过光或微生物可将其大分子链切断变成小分子，最终变成水和二氧化碳的一种塑料，是在生产过程中加入一定量的添加剂（如淀粉、改性淀粉、光敏剂、生物降解剂等），使得材料稳定性下降所制成的。按照降解机理，可降解塑料可以分为光降解塑料、生物降解塑料和光-生物降解塑料三大类，2019年可降解塑料总需求量近120万吨。在应用领域方面，可降解塑料在西欧主要用于垃圾袋、购物袋、包装材料等；可降解塑料在美国主要用于垃圾袋、购物袋、医药用材、农膜等。

全球可降解塑料市场以淀粉基塑料、生物基PLA、生物基PBAT、生物基PBS、生物基PHA等。据智研咨询数据，2019年全球可降解塑料产能合计约为107.7万吨/年，其中，淀粉基塑料产能为41.36万吨/年，占全球可降解塑料产能的38.4%，生物基PLA、生物基PBAT分别占25.0%和24.1%，位居第二及第三位，三者合计占比近90%，是目前主流的可降解塑料产品，技术相对更成熟，发展前景最为明朗。淀粉基塑料性能缺陷较大，使用范围受限，但由于价格便宜，得到广泛使用。随着生物基PLA和生物基PBAT技术逐步成熟，成本将不断下降，加上产能扩张，未来可降解塑料产能主要增长点将集中在生物基PLA和生物基PBAT。而淀粉基材料将成为PLA、PBAT等塑料的填充物，起到降低成本的作用。

杭州市化工研究院（简称杭化院）在生物质基功能材料——降解材料专用淀粉衍生物、微纳米纤维素研发上取得了成果，并成功应用在全降解新材料产业上。2021年杭化院已建成国内首条100 kg/d微纳米纤维素的中试线，在纳米纤维素绿色低成本连续化制备关键技术上取得了重大突破。

（四）生物基聚酰胺等高性能塑料

聚酰胺（polyamide，PA），俗称尼龙，具有柔韧性好、弹性回复性好、耐磨性好、耐腐性好、吸湿性好、轻量等优良性能，自实现工业化生产以来已广泛应用于机械、纺织、汽车、电子电器等领域。生物基聚酰胺是指利用可再生的生物质为原料，通过生物、化学、物理等手段制造用于合成聚酰胺的前体（包括生物基内酰胺、生物基二元酸、生物基二元胺等），再通过聚合反应合成的高分子材料，具有绿色、环境友好、原料可再生等特性。

在当今"低碳经济"的环境下，生物基聚酰胺材料具有十分广阔的发展前景。目前已经商品化的生物基聚酰胺产品主要有 PA1010、PA11、PA610、PA410 等，此外还有多种生物基聚酰胺正在被研发。虽然目前已经商品化的聚酰胺产品中生物基聚酰胺仅占 1% 左右，但生物技术及相关新技术的发展引起了全球众多研究机构对生物基聚酰胺的浓厚兴趣。

生物基聚酰胺按照合成前体结构的不同，分为两种类型，一类是通过氨基酸缩聚或者内酰胺开环聚合而成的聚酰胺；另一类是通过二元胺和二元酸缩聚而成的聚酰胺。同石油基材料相比，生物基材料减少了二氧化碳的排放及对石油的依赖，同时生产过程更加绿色环保，符合社会的可持续发展需求。以生物质资源为原料生产材料单体，因具有节能减排、保护环境等方面的优势，受到各国政府的充分认可和大力支持。

在政策支持和企业引领的带动下，经过多年的研究和发展，全球生物基材料包括生物基聚酰胺材料已经逐步进入大规模应用和产业化阶段。然而，要发展生物基聚酰胺材料产业仍然面临着诸多困难，原料来源及生产成本是限制其发展的主要障碍。就原料而言，虽然可再生的资源有很多，但并非都可以用于制备生物基聚酰胺，可再生的聚酰胺原料仍然有限。因此扩展生物基聚酰胺生产原料的研究目前在很多国家进行，如美国、日本等，主要的研究对象包括餐厨垃圾、旧纸张等废弃物，农作物非食用部分、林地残留物等未利用废弃物，油脂植物、糖类作物等资源作物，海洋植物、转基因植物等新类型作物。通过原料的开拓可以有效减少目前用于生物基聚酰胺生产的粮食作物等的使用量。

我国凯赛生物公司利用生物基聚酰胺替代尼龙 66 以及进行汽车轻量化应用，碳减排效果明显。凯赛生物的乌苏项目和山西项目合计 100 万吨/年生物基聚酰胺的产能合计减排量等同于 215.6 万吨/年二氧化碳，而 2019 年全国化工生产部门碳排放量为 5.88 亿吨。在汽车轻量化趋势下，生物基尼龙新材料可替代传统汽车的部分金属材料。根据世界金属导报，2018 年，生产每吨钢 CO_2 排放量为 2.03 t，相比之下，根据宁夏伊品的生物基聚酰胺 56 项目环评报告，生产每吨生物基聚酰胺 56 切片的 CO_2 排放量为 0.49 t。在车辆、风电、航空、建筑材料等需要轻量化的应用领域，相比于其他材料，生物基聚酰胺具有"原料可再生、产品可回收、成本可竞争"的优势，在轻量化应用领域的应用前景非常广阔。凯赛生物公司持续推进生物基聚酰胺及生物基戊二胺产业化。2018年12月，凯赛生物公司在新疆塔城的 PA5X 生物基聚酰胺生产线一次性试车成功，产出合格产品。公司出资 40.1 亿元与山西综改区合作共建投资总额为 250 亿元的"山西合成生物产业生态园区"，公司投资项目包括年产 240 万吨玉米深加工项目、年产 50 万吨生物基戊二胺项目、年产 90 万吨生物基聚酰胺项目和年产 8 万吨生物法长链二元酸项目（其中包括 4 万吨生物法癸二酸项目）。山西省政府对产业园区进行大力支持，给予优惠的能源价格、完善的基础设施配套等支持，并且在全国范围内招商引资，引入生物基聚酰胺、长链二元酸和生物基戊二胺相关下游配套项目，打造园区内下游配套产业集群，将产品优先在山西省内试用，未来将在园区一定范围实现"零碳"排放。

（五）生物基材料前沿研究领域——生物基柔性电子材料

近年来，生物基柔性材料由于其优异的柔韧性和响应灵敏性被广泛应用于医疗健康、运动检测、生物医用等领域，同时，由于其可再生、环境友好、无毒害等特征，生物基柔性材料符合国家可持续发展的战略需求。柔性材料以柔性电子皮肤发展最受关注，华创证券指出，随着移动互联网的发展，柔性电子产业得到了蓬勃发展。近几年柔性电子市场迅速扩张，在信息、能源、医疗、国防等领域具有广泛的应用前景。据权威机构数据，2018 年柔性电子产业市场规模为 469.4 亿美元，2028 年将达到 3010 亿美元，复合增长率近 30%。鉴于柔性电子巨大的发展潜力，各国纷纷出台研究计划，如英国的"抛石机"计划、欧盟的"框架"计划、美国的"FDCASU"计划、中国的"制造强国"、韩国的"绿色IT"战略、日本的"TRADIM"计划等。可见，柔性电子已经成为世界科技的前沿研究热点。

美国斯坦福大学工程学院教授鲍哲南研究电子皮肤，发现了柔软、可折叠甚至能够自修复的材料，可以感知不同物体。鲍教授团队希望将电子器件感知的信号通过神经传入大脑。虽然实现真正的电子皮肤还有很长的一段路要走，但是他们的工作证明这条路是可行的。该团队提出了使用可以自我修复化学键的新型材料构建基础柔性材料，即使其中的化学键断裂，它们也会自己重新修复，这样它就有了可拉伸性和自修复性，甚至可以有生物降解的性能。进一步将这些柔性材料与电子电路相结合将实现新型功能器在不同领域内的应用。比如将电子电路排列成阵列型，电路发出电信号后就能应用到很多领域，比如新生儿的血压监测。利用她们课题组的自修复材料可使锂电池变得更加稳定，并可提高储电量。

美国四院院士 John Rogers 教授研究的生物可降解电子器件于 2010 年入选麻省理工技术评论年度十大技术突破。Rogers 教授课题组目前在仿生电子器件的设计与制造、可穿戴生物医学电子器件等研究领域走在世界最前沿，对非常规电子和光子设备的材料和图案化技术的发展起到关键作用，特别是在生物集成和生物启发系统的成就尤为突出。

国内部分企业也在涉足这一领域，如汉威科技已与部分下游硬件厂商就电子皮肤传感器展开了合作，电子皮肤技术水平和产业化程度业内领先，目前正处于逐步放量阶段。丹邦科技公司专注于微电子柔性互连与封装业务，公司的 COF 柔性封装基板可用于电子皮肤。苏试验公司研发的基于石墨烯的柔性应力振动传感器可作为电子皮肤在机器人、可穿戴智能健康设备、智能假肢等各领域应用。

除了在电子皮肤领域有重大应用外，生物柔性电子材料在显示领域也具有广泛应用。建立了有机电子与信息显示国家重点实验室、江苏省柔性电子重点实验室、柔性电子材料与器件工业和信息化部重点实验室等科技创新平台以及教育部柔性电子国际合作联合实验室等基地。如今，柔性电子学已经成为我国一级交叉学科，包括有机电子学、塑料电子学、生物电子学和印刷电子学四个二级学科。柔性电子产业发展前景广阔。以有机显示为例，它包括液晶显示、OLED 显示、基于钙钛矿材料的新型显示等。比如，现在很多年轻人喜欢的柔性屏智能手机就用到 OLED 显示，由此可以了解到柔性电子产业前景广阔，今后该领域依然有巨大的发展空间。液晶材料、OLED 封装材料等均可用生物基材料来替代，以提高其生物相容性和可生物降解性。来自巴西的研究人员通过溶剂浇铸法以结冷胶聚合物为原料制备了生物基材料，以制造柔性有机发光二极管（FOLED）。结冷胶基质所制备的 FOLED 显示最大亮度约 2327 cd/m^2，并且电流效率最大值达到 2.9 cd/A。另外，OLCD 工艺的温度可以降到很低，因此可以选择多种薄膜来作柔性衬底，包括生物基(非油基)和可生物降解的薄膜。这些特性表明，这种生物基材料在柔性绿色电子产品中具有很大的应用潜力。

第二节 浙江省材料生物制造产业政策

一、我国材料生物制造产业政策

美国一直将生物基材料的研发作为其《生物质研究多年项目计划》和生物基产品与生物能源研发相关项目的重要内容，并在近年来通过农业部、能源部、国防部等多家政府机构联合开展项目资助与产业促进；欧盟在《持续增长的创新：欧洲生物经济》中，将生物经济作为实施欧洲 2020 战略、实现智慧发展和绿色发展的关键要素；德国在《国家生物经济政策战略》中提出，通过大力发展生物经济，实现经济社会转型，增加就业机会，提高德国在经济和科研领域的全球竞争力。

我国在《"十三五"生物产业发展规划》中指出要以新生物工具创制与应用为核心，构建大宗化工产品、化工聚合材料、大宗发酵产品等生物制造的核心技术体系，持续提升生物基产品的经济价值和市场竞争力。建立有机酸、有机胺等基础化工产品的生物制造路线，取得与石油路线相比的竞争优势，实现生物法规模化生产与应用；推进化工聚合材料单体的生物制造和聚合改性技术等的发展与应用，推动包括生物基聚氨酯在内的产品的规模化生产和示范应用，实现生物基材料产业的链条式、集聚化、规模化发展。

在标准方面，中国的生物降解相关标准制定与国际基本保持同步，目前共有 40 项国家标准、行业标准，其中关于产品通用技术要求标准 11 项，具体产品标准 21 项，树脂相关标准 7 项。

为治理白色污染，近年来全球各国陆续出台多项政策，采取了征收塑料增值税或费用，禁用或限用传统塑料袋，立法推广可降解塑料等手段。其中，欧美发达国家和地区起步较早，意大利在 2011 年全面禁止非生物可降解塑料的使用，美国在 2002 年要求各州制定生物可降解农用塑料法律法规，亚洲大部分国家在 2019 年陆续开始实行限塑令。

我国也采取了多项措施，如 2007 年颁布"限塑令"，2018 年颁布第一个生物降解农用覆盖薄膜国家标准，2020 年颁布《关于进一步加强塑料污染治理的意见》，在多个场景中禁用不可降解塑料，实现从"限塑"到"禁塑"。

据联合国环境规划署调查显示，目前全球限制一次性塑料制品使用的国家或地区至少有 67 个，2019 年全球新开展"限塑令"的国家超过 15 个，全球主要可降解塑料政策如表 7-2 所示。随着全球限塑和禁塑政策的逐步落地，可降解塑料凭借其可短期内降解、对环境无害等优势，对传统塑料的替代潜力巨大。

表7-2　全球主要可降解塑料政策梳理

地区	国家/地区	年份	内容
欧洲	爱尔兰	2002	征收塑料增值税
		2019	2021 年前将对可抛式咖啡杯课税，削减使用一次性塑料杯对环境的影响
	意大利	2006	立法对普通塑料生产商征收重税
		2011	立法全面禁止非生物降解一次性塑料袋的使用
	法国	2017	全面禁止超市采用塑料包装袋，且至 2020 年将全面禁止一次性塑料袋和塑料餐具的使用
		2019	2019 年 9 月起，巴黎市内各大市政公共机构，包括学校、养老院、博物馆、体育场等，将逐渐禁止使用塑料吸管
		2020	2020 年 1 月 1 日起，法国禁止销售部分一次性塑料制品，包括一次性棉花棒，一次性杯子、盘子等塑料制品，学校食堂也禁止使用塑料瓶装纯净水
	斯洛伐克	2017	环境部门宣布计划禁止零售商免费发放塑料袋
	波兰	2017	强制征收塑料袋费用
	德国、荷兰、比利时	2011—2014	制定优惠的税收政策，鼓励生物降解塑料的应用，对传统塑料加征弃置费
	欧盟	2014	通过法律草案，要求欧盟国家 2017 年一次性塑料制品使用量减少 50%，2019 年减少 80%。
		2018	自 2021 年起，欧盟将全面禁止成员国使用饮管、餐具和棉花棒等 10 种一次性塑料制品。这些用品将由纸、秸秆或可重复使用的硬塑料替代；到 2025 年，要求成员国的一次性塑料瓶回收率达到 90%
	希腊	2019	希腊政府宣布，2020 年 6 月前将禁止使用一次性塑料制品

续表

地区	国家/地区	年份	内容
北美洲	美国	2002	美国农业部要求各州必须制定生物可降解农用塑料使用计划
		2009	通过《2009年恢复与再投资法》，立法推动可降解塑料的推广
		2017	加州公投通过67号提案，禁止大型超市和药店免费提供一次性塑料袋
		2019	1月1日，美国纽约市的《泡沫塑料制品法案》正式生效，经过6个月的过渡期，7月1日，正式执行纽约市内的餐饮店将不能再使用一次性的泡沫塑料餐盒
	加拿大	2019	2020年4月起禁用塑料吸管，2021年元旦起禁用塑料袋
澳洲	澳大利亚	2017	南澳大利亚州、西澳大利亚州、塔斯马尼亚州、昆士兰州、北领地和堪培拉禁用普通塑料购物袋
南美洲	智利	2018	"禁塑法"正式颁布，并自2019年2月3日起，所有大型超市、商场不得再向购物者提供免费或收费塑料袋；2020年8月3日起，智利将全面"禁塑"
亚洲	马来西亚	2017	雪兰莪州政府从2017年1月1日起全面落实无塑料袋日
	蒙古	2018	2019年3月1日，禁止销售或使用一次性塑料袋
	中国	2007	限塑令颁布，从2008年6月1日起，在全国范围内禁止生产、销售、使用厚度小于0.025mm的塑料购物袋；且所有超市、商场、集贸市场不得免费提供塑料购物袋
		2015	吉林省禁止生产、销售和提供一次性不可降解塑料购物袋、塑料餐具
		2018	第一个生物降解农用覆盖薄膜国家标准颁布，并于2018年7月1日起在全国范围内实施，完全生物降解地膜成为根治农田白色污染的首选材料，已在水稻、烟草、马铃薯、玉米等农作物上大面积使用
		2019	2019年2月21日，海南省2020年底前全省全面禁止生产、销售和使用一次性不可降解塑料袋，塑料餐具，2025年底前全省全面禁止生产，销售和使用列入《海南省禁止生产销售使用一次性不可降解塑料制品名录（试行）》的塑料制品
		2019	澳门特区立法会于8月8日通过了《限制提供塑料袋》法案
		2020	国家发改委、生态环境部于1月19日公布《关于进一步加强塑料污染治理的意见》，到2020年底将率先在部分地区、部分领域禁止、限制部分塑料制品的生产、销售和使用

续表

地区	国家/地区	年份	内容
亚洲	韩国	2019	2019年1月1日起,在韩国首尔禁止除鱼、肉、菜用塑料膜及冷库内保管商品用塑料盒之外的塑料包装,且商家不得使用及提供一次性塑料包装
	巴基斯坦	2019	2019年8月14日,巴基斯坦限塑令开始施行,在首都伊斯兰堡及其周边地区,生产、销售、使用各种一次性塑料袋的行为将被禁止
	印度	2019	2019年10月2日,印度在全国范围内实行禁塑令,对塑料袋、塑料杯、吸管等塑料制品实行严格关注。同月,印度再次发布海事环保"禁塑令"
	菲律宾	2019	2019年11月7日,菲律宾总统杜特尔特提出禁用一次性塑料制品
	泰国	2019	自2020年1月1日起,75个品牌的百货商店、超市和便利店不再向顾客提供一次性塑料袋,并争取在2021年实现全国禁塑
非洲	阿尔及利亚	2019	2019年9月17日,将对石油产品和塑料袋征收更高的税金
	坦桑尼亚	2019	坦桑尼亚方面宣布于2019年6月1日起正式实施"禁塑令"

资料来源:前瞻网,各政府网站等,中金公司研究部。

我国在生物基材料方面的发展目标是依据国内外生物基材料产业发展的重大技术需求,以制造高品质、高价值材料并进行化石资源的高效替代为目的,以综合利用生物质资源制造高性能生物基化学品和生物基材料为重点,加强生物基材料和化学品制造过程中的生物转化、化学转化、复合成型等核心关键技术攻关,超前部署生物基材料前沿先进制造技术,稳定支持生物基材料高值化的基础研究,构建科技产业创新研发平台,延长农业产业链条,支撑和引领生物基新材料战略性新兴产业又好又快发展。

在生物基功能高分子材料先进设计方面,主要攻克生物基高分子材料功能化分子设计、制备及表征技术,突破生物基高分子的控制释放、抗菌、智能凝胶、荧光等功能化分子设计技术,重点开展生物质功能化接枝、自组装、活性聚合、生物质大分子纳米化等制备技术及功能化表征技术研究。开发生物质基降解材料,药物纳米控制释放体系材料、抗菌材料智能纤维素凝胶、荧光材料、吸附材料、高分子储能材料等生物质基功能高分子新材料,构建和完善生物基功能材料创新开发平台,为产业升级转型和产业结构调整提供有效的技术保障。重点研究腰果酚、木质素糖醛共缩聚技术，甲醛、苯酚等有害物质残余量控制技术，生物质基酚醛树脂交联密度控制技术，化学改性制备木质素衍生物的关键技术，合成木质素基环氧树脂的反应协同性控制技术。开发在摩擦材料、胶黏剂等方面应用的生物基酚醛树脂、生物基环氧树脂等，建立工业化连续生产集成技术示范，构建制备和应用技术体系。

二、浙江省材料生物制造产业政策

2016年出台的《浙江省新材料"十三五"规划》指出需要紧紧围绕浙江省打造七大万亿级产业的重大任务及满足国民经济和社会发展重大工程建设需求，选择一批产业急需、市场潜力巨大的关键新材料，加快新材料技术创新成果产业化和规模应用，结合浙江省发展现状，重点开发和应用以下几类关键材料：新能源汽车材料、电子信息与智能材料、海洋新材料、生物医用和医疗器械材料和节能环保材料。经过"十三五"的发展，到2020年基本实现《浙江省新材料产业发展"十三五"规划》提出的力争到"十三五"末，新材料产业规模比"十二五"末翻一番的预期目标。2017年根据工信部《关于开展重点新材料首批次应用保险补偿机制试点工作中的通知》，宁波市同时出台了《宁波市智能装备首台（套）和新材料首批次应用保险补贴工作实施办法（试行）》，实施了宁波版的首批应用补偿政策，浙江省第一批投保企业投保金额达到10多亿元，享受国家补贴资金2150万元，首批应用补偿机制有力地促进了新材料初期市场的培育。2019年《浙江省重点新材料首批次应用示范指导目录》发布，启动了浙江版重点新材料首批次应用保险补偿机制试点，首批次14个新材料产品的53个保险项目纳入试点。

2020年10月，浙江省发展改革委会同浙江省生态环境厅等九部门联合印发《关于进一步加强塑料污染治理的实施办法》，提出浙江省"治塑"工作总目标。浙江省将在商场、超市、农贸市场、药店、书店等场所，进一步推广使用环保布袋、纸袋、菜篮等非塑制品和可降解购物袋，鼓励设置自助式、智慧化投放装置，方便群众生活。推广使用生鲜产品可降解包装膜（袋），建立集贸市场购物袋集中购销制度，在餐饮外卖领域推广使用符合性能和食品安全要求的秸秆覆膜餐盒等生物基产品、可降解塑料袋等替代产品，鼓励生产、使用全生物降解、强化耐候等新型地膜产品。

2021年出台的《浙江省国民经济和社会发展第十四个五年规划和二〇三五年远景目标纲要》指出加快发展新材料产业，重点主攻包括生物医用材料等在内的关键战略材料。发展高性能纤维等先进高分子材料产业，加快发展高性能氟硅新材料、高端电子专用材料产业，打造世界一流的绿色石化先进制造业集群、国内领先的高分子新材料产业基地。而这些政策的出台都表明材料生物制造是材料领域的未来蓝海并具有巨大发展空间。

此外，浙江省印发的《浙江省节能降耗和能源资源优化配置"十四五"规划》，要求加强重点用能地区结构调整，宁波、舟山要严格控制石化、钢铁、化工等产能规模，推动高能耗工序外移，缓解对化石能源的高依赖性。绍兴、湖州、嘉兴、温州要严格控制纺织印染、化纤、塑料制品等制造业的落后产能，采用先进生产技术，提升高附加值产品比例，大幅提升单位增加值能效水平。推动纺织印染、化学纤维、造纸、橡胶、塑料制品、电镀等行业落后产能退出，加大落后产能和过剩产能淘汰力度，全面完成"散乱污"企业整治。生物基材料作为石油基材料的升级替代产品，正朝着以绿色资源化利用为特征的高效、高附加值、定向转化、功能化、综合利用、环境友好化、标准化等方向发展，这也是实现节能降耗和能源资源优化配置的最佳发展方向。2021年4月底浙江省出台的《浙江省山区26县生物科技产业发展行动计划（2021—2025年）》提出探索发展先进生物制造。重点在江山、仙居、莲都等地，推动生物基材料、生物基化学品、新型发酵产品等规模化生产应用。依托淳安、三门、庆元、缙云、遂昌等地，发展基于天然提取物的化妆品特色原料，推动珍珠纤维、蚕丝蛋白、海藻提取物、灵芝、铁皮石斛、三叶青等的应用。依托龙游、龙泉、庆元、遂昌等地，深挖竹木精深加工潜力，积极打造竹炭产品、竹纤维、竹食品等高附加值产品。

随着生物基材料的应用及研究领域的不断拓展，未来生物基材料的产业规模将急剧上升，亟须政府根据相应产业集群配套相应的生物基材料的政策、引导发展。杭州市政府根据生物医药产业集群的发展匹配药用生物基辅料、良好细胞相容性生物基医用材料等的政策。嘉兴市政府根据其现代纺织产业集群培育取代化纤等的生物基纤维产业。此外，加强对高校与科研院所生物基材料的研究投入，将进一步扩大生物基材料的应用领域，为提升浙江省在未来低碳循环经济中发展生物制造打下良好基础。

浙江省材料生物制造产业发展方向

一、推动产业集群发展　构建材料生物制造科创高地

浙江省是全国塑料制品第一大省，浙江省有2000多家规上企业，2020年产量1280万吨，其中塑料薄膜产量330万吨，占全国塑料薄膜总产量的22%，居全国第一位。但自国家出台"限塑令"以来，连续加码的白色污染整治对塑料行业的发展提出了更高要求。在浙江省经信厅、浙江省财政厅正式公布的2020年浙江省制造业创新中心创建名单中，浙江省生物基全降解及纳米材料创新中心上榜，说明政策对生物基材料领域的倾斜在不断加码。但浙江省生物基材料发展还处于初期阶段，仅有少数规模以上企业，且部分具备自主研发能力，研发及生产未能形成生物基材料产业集群，需要出台政策及引导。

以深化供给侧改革为主线，以推动高质量发展为主题，围绕加快发展现代产业体系、建设全球先进制造业基地的总要求，瞄准国际前沿，聚焦先进基础材料、关键战略材料和前沿新材料三大重点领域材料生物制造，强化科技攻关、工程转化、产业链打造、集群化发展，畅通创新链、产业链、供应链、应用生态链各环节堵点，全面提升科技创新能力、产业发展支撑能力、产业链安全保障能力，打造在全球有重要影响力的新材料产业高地和国际一流的新材料生物制造科创高地。

二、以绿色资源化利用及高端应用为发展特色

生物基材料作为石油基材料的升级替代产品，正朝着以绿色资源化利用为特征的高效、高附加值、定向转化、功能化、综合利用、环境友好化、标准化等方向发展。与国际先进水平相比，我国生物基材料在产品性能、制造成本、关键技术、技术集成、产业化规模等方面还存在差距，必须加快突破生物基材料制造过程的生物合成、化学合成改性、树脂化、复合成型等关键技术，促进重要生物基材料低成本规模化生产与示范，构建生物基材料研发平台，提升生物基材料企业科技创新能力，实现化石资源的有效替代，为生物基材料产业培育提供科技支撑。

从应用层面讲，浙江省的生物基材料的应用主要集中在利润率较低的包装材料领域，未能有效拓展到高附加值的特种工程塑料和汽车、航空航天等高性能材料的高端应用。通过进一步对生物基材料改性，使其获得出色的物理化学性质，如某些改性 PLA 具有高达 140 ℃的耐热性、抗冲击性、抗紫外线性、高光泽度、出色的着色性和尺寸稳定性，这类 PLA 纤维被应用于汽车制造行业。福特将 PLA 纤维用于其 Model U 产品的帆布车顶和地毯垫。日本丰田公司的 Raum 车型采用洋麻纤维/PLA 复合材料制作备胎盖板，采用 PP/PLA 改性材料制作汽车门板盖侧饰板等。国内绿程生物材料技术有限公司推出了高强度高韧性的 PLA 复合材料，并在汽车进气格栅、三角窗框等零部件中应用。国内锦湖日丽公司成功研发了力学性能好且可降解回收的 PC/PLA 应用于汽车制造领域。

三、利用生物制造技术实现材料绿色制造经济新模式

利用合成生物技术借助生命体高效的代谢系统，通过基因编辑技术改造生命体，使得在生物体内定向、高效组装物质和材料逐步成为可能。其主要技术包括以生物制造手段开发微生物代谢途径和构建高效工程菌技术；微生物代谢调控和微生物高效转化技术；生物转化/发酵体系的分离纯化技术；聚合工艺及其下游应用开发技术，这四大核心技术涵盖合成生物学、细胞工程、生物化工、高分子材料与工程等学科。随着生物基聚酰

胺产品在纺织、电子电器、工程材料、汽车、风电等领域的应用，生物基产品对传统化学材料替代将进一步加速。

未来浙江省材料生物制造发展方向可规划为多个维度：如以玉米、秸秆等生物基材料，重点发展糠醛、预胶化羟丙基淀粉、生物基乳酸及聚乳酸、葡萄糖经山梨醇制功能性糖醇、药用级羟丙基甲基纤维素 (HPMC)、工业级纤维素醚等纤维素衍生物、生物基戊二胺、生物基氨基酸及其聚合材料等产品。以此延伸发展己二酸丁二醇酯 / 对苯二甲酸丁二醇酯共聚物 (PBAT) 等生物可降解高分子材料、生物基医药中间体、尼龙 56 纤维、尼龙 56 工程塑料等产品。同时布局生物质经糠醛、5- 羟甲基糠醛等平台制生物基单体及其聚酯材料以及纤维素制乙醇和乙二醇等项目。并推广生物法制备长碳链二元酸、微生物酶法制备丙烯酰胺等生物催化转化技术，建立碳元素循环利用绿色经济新模式。

参考文献

[1] Spekreijse J, Lammens T, Parisi C, et al. Insights into the european market for biobased chemicals, analysis based on 10 key product categories[EB/OL]. [2021-05-24]. https://op.europa.eu/en/publication-detail/-/publication/8eccea76-1ec7-11e9-8d04-01aa75ed71a1/language-en.

[2] Group P. European biocomposite production reaches 410 000 tons in 2017: nova-institute[EB/OL]. [2021-08-15]. https://renewable-carbon.eu/news/european-biocomposite-production-reached-410000-tonnes-in-2017-yearly-growth-rate-is-3-highest-growth-rate-of-30-in-new-application-fields/.

[3] 张兴珂. nova 研究所：生物基聚合物材料发展趋势 [J]. 国际纺织导报，2019, 47(6):1.

[4] 郭智臣. 全球生物基聚合物预计到 2023 年复合年增长率达 4%[J]. 化学推进剂与高分子材料，2019, 17(2):1.

[5] 赵亮亮. 工业生物技术的研究现状与发展趋势 [J]. 科技资讯，2021, 19(23):3.

[6] 郑斯齐，韩祺，陈艳萍，等. 近期国外生物经济战略综述及对我国的启示 [J]. 中国生物工程杂志，2020, (4):6.

[7] Porc O, Hark N, Carus M, et al. European bioeconomy in figures 2008-2018 [EB/OL]. [2021-08-15]. https://biconsortium.eu/downloads/european-bioeconomy-figures-2008-2018.

[8] Wang S, Du X S, Luo Y F, et al. Hierarchical design of waterproof, highly sensitive,

and wearable sensing electronics based on MXene-reinforced durable cotton fabrics[J]. Chemical Engineering Journal, 2021, 408: 127363.

[9] Chinthapalli R, Skoczinski P, Carus M, et al. Biobased building blocks and polymers-global capacities, production and trends, 2018–2023[J]. Industrial Biotechnology, 2019, 15(4):237-241.

[10] 黄正强，崔喆，张鹤鸣，等. 生物基聚酰胺研究进展[J]. 生物工程学报，2016, 32(6):14.

[11] Bioplastics market data 2020, European bioplastics [EB/OL]. [2021-08-15]. https://www.european-bioplastics.org/market/

[12] Osire T, Qiao Z N, Yang T W, et al. Biochemical characterization and structural insight into interaction and conformation mechanisms of *Serratia marcescens* lysine decarboxylase (SmcadA)[J]. Molecules, 2021, 26(3):697.

Development Report of
Bio-manufacturing Industry
in Zhejiang Province

第四篇

展望篇

第八章　人才培养/教育

第九章　对策与建议

第八章 人才培养/教育

一、生物制造产业人才培养现状

当前,生物工程技术已被认为是变革物质生产方式,有效应对人口、资源、环境等危机,实现社会可持续发展的重要途径。为了满足生物产业迅速崛起对人才的需求,目前全国很多高校设立了生物工程类本科专业,并建立了相关的硕士、博士学位授权点,为我国生物工程的人才培养、知识创新、科学普及和产业发展提供了重要的支撑,并对相关学科如生物学、农学、医学等的发展起到了重要的促进作用。教育部于1998年在高等院校学科调整时增设了生物工程本科专业,它包含了原来的生物化工(部分)、微生物制药、生物化学工程(部分)、发酵工程四个专业。经过二十余年的发展,国内设立生物工程类专业(包括生物工程、生物技术、生物制药)的高校达300多个,招生规模从2000多人增加到超过30余万人。2019年4月,教育部发布通知,决定启动一流本科专业建设"双万计划",2019—2021年建设1万个左右国家级一流本科专业建设点和1万个左右省级一流本科专业点,对生物工程类专业人才培养提出了更高的要求。

为满足国家在生物产业方面的重大需求,浙江省重视生物工程类专业人才培养。截至2021年12月,浙江省已经有7个专业,包括浙江工业大学的生物工程专业和生物技术专业,宁波大学的生物技术专业,浙江理工大学的生物制药专业，温州医科大学的生物制药专业，浙江万里学院的生物工程和生物技术专业，获得国家级一流本科专业建设点。各专业围绕"注重质量、因材施教、办出特色"主要原则，实施生物工程类专业人才培养改革，取得了明显成效。

浙江工业大学设有生物工程和生物技术2个本科专业，生物工程一级学科硕士点，生物化工、微生物学、生物化学与分子生物学3个二级学科硕士点，生物与医药专业学位硕士点，生物化工博士点，已成为国内高水平生物工程专业技术人才凝聚地和培养中心，在国内外生物工程学术界和产业界享有较高的知名度和影响力。其中生物工程学科被列入浙江省重中之重学科、浙江省"一流学科建设计划"（A类）和浙江省"重点高校建设计划"第一批重点建设学科。生物工程专业获批国家级一流本科专业建设点、国家特色专业和浙江省优势专业，通过了中国工程教育专业认证协会组织的工程教育认证。生物技术专业获批国家级一流本科专业建设点、浙江省一流专业和浙江省新兴特色专业。经过多年的改革和实践，形成了具有区域地方特色的人才培养体系，已培养毕业生4000多人，一大批毕业生围绕相关研究领域，在海内外高等学校、科研院所、企事业单位担任了重要的技术和管理职务，为社会发展做出了突出的贡献。建有生物化学、生物工程设备、微生物学、基因工程技术、酶工程等一系列国家级一流本科课程、国家精品课程、国家精品资源共享课、浙江省一流课程等。出版国家级规划教材和省重点教材10余部。所培养的学生在中国"互联网+"大学生创新创业大赛、"挑战杯"、国际基因工程机器大赛（iGEM）、全国大学生生命科学竞赛等国家级竞赛获得重要奖项。广泛开展对外交流与合作，已与美国、德国、日本、加拿大、澳大利亚、比利时等的诸多海外院校建立了全面合作关系。与国内50余家生物制造企业建立了紧密合作关系，建设产学合作协同育人项目10余项，实施"科教育人、产教育人"成效显著。

宁波大学建有2个一级博士点、6个二级博士点、2个一级硕士点、1个二级硕士点、1个专业学位硕士点、2个学士学位专业，其中生物技术专业获批"双万计划"国家级一流本科专业建设点。建有国家级实验教学示范中心、浙江省重中之重一级学科等，拥有"海洋生物技术与工程"国家联合实验室等国家级、省级、市级重大科研平台10余个。生物技术专业依托国家一流学科，建设高校"海洋生物技术与海洋工程"学科群，拥有优秀的教师资源。着力培养具有国际化视野，受到严格科学思维的训练，掌握生物技术的基础理论、基本知识和基本技能，具有扎实的专业理论知识，接受过专业技能训练的综合性研究型创新人才。近年来在"挑战杯"等全国竞赛中斩获国家级奖项40余项，就业率保持在97%以上，创业率、考研率逐年递增，已培养在《Nature》《Cell》等顶尖刊物发表论文和在生物产业界具有较高声誉的优秀校友。

浙江理工大学设有生物学一级学科硕士点，先后成立生物技术系、生物制药系、海洋生物资源系，下设生物化学与分子生物学、细胞生物学、植物学与药用资源、微生物学、生物制药与生物信息学、生物医学工程、海洋生物工程、遗传学和遗传工程8个学科组。生物制药获批国家级一流本科专业建设点，是浙江省"十二五"新兴特色专业和浙江省"十三五"特色专业。结合我国生物产业创新驱动发展对人才需求的特点，践行"勤学习、善应用、重实践、强创新"的教学理念，通过"三个一批"的实施，建立健全注重创新实践能力培养的多层次生物科学实践教学体系；依托学科平台优势和科研优势，已形成以"本科生导师制"与"学团制"为载体实施"全程化"科研训练的"两制一化"人才培养"浙理"特色，构建了"一课一企业"的产教融合长效机制，有效实现校企协同育人。近年来，人才培养成效显著，已形成特色鲜明的品牌专业，得到同类高校普遍认可。近年来，平均专业就业率达97%；毕业生广受好评，一批学生已经成长为企业技术/管理骨干和研发科学家。考研录取率达40%以上，学生课外科技成果丰硕，学科竞赛成绩斐然，一批学生荣获"挑战杯"一等奖、二等奖（连续五届）等。

温州医科大学围绕生物药物领域建立生物制药特色学科，在微生物与生化药学、药理学、药物分析、药物制剂、药物化学五个方向凝练特色，其生物制药专业获批国家级一流本科专业建设点。建立基于"创新药物研发链""始于医、行于研、导于学、投于产"的医研学产全链贯通、深度融合、良性循环的生物制药创新人才培养模式。将以单一学科为主体的仿制药课程体系改变为创新药课程体系，实施临床医学与创新药物整合课程体系。围绕人才培养核心目标，出版创新生物药物理论和实验系列教材。培育国家精品课程2门，省级一流课程13门。建立国家虚拟仿真实验室，并与校外多个单位共建产学研基地、产教融合基地，育人效果显著。

浙江万里学院拥有生物与医药工程专业硕士点，设有生物技术与工程、生物制药工程、食品工程与营养、微生物与环境工程四个研究方向。建有浙江省"一流学科建设计划"（A类）（生物工程）、浙江省重中之重学科（现代微生物技术与应用和生物工程）、浙江省重点学科（食品科学与工程和微生物学）。生物技术专业是国家特色专业、浙江省"十二五"优势专业、浙江省"十三五"特色专业、国家级创业教育实验区的试点专业，获批国家级一流本科专业建设点。生物工程专业也获批国家级一流本科专业建设点。围绕人才培养目标，扎根宁波、立足浙江、面向长三角，推进"产教融合、科教融合"办学理念，按照"基础服务专业、专业服务行业"思路和"卓越工程师"培养模式，培养"专业技能强、适应能力宽、与行业紧密结合"的生物工程创新性应用型人才。重视学生产品设计能力、工程应用能力和质量控制能力培养，挖掘专业内涵，凝练专业特色和优势，获得国家级一流本科课程、各级教学成果奖、高水平科研成果、国家级和省级学科竞赛奖等成果。

在与企业合作育人的努力下，浙江省高校持续为生物制造企业输出了专业技术人才，满足了企业各层次的人才需求，推动了浙江省生物制造产业的快速发展。

二、生物制造产业人才培养主要路径

（1）生物产业人才培养结构从单一向多元化发展

企业对生物产业人才的需求是多层次、多元化的。既需要具备关键技术和产品开发能力的高级研发人才，也需要具有工艺设计能力、产业布局能力、车间管理能力的综合型人才。因此，在生物工程类人才培养过程中，除考查学生对课堂知识的掌握之外，逐渐重视学生在工业环节综合能力的培养，尤其是在工程科技创新能力和工程实践能力，着重培养大批掌握成熟规范技术和特定实验技术、能够独立设计、改进研究方案、管理大型生物实验室或生物制品生产车间的高级应用型人才。

（2）培养人才具有的知识结构体系和基本技能要符合现代生物产业发展需求

虽然国内很多生物工程类专业由化工、轻工、医药等学科的生物化工、微生物制药、生物化学和微生物学等专业调整而来，各高校由于发展历史和发展历程不一样，在专业的教学背景和专业方向设置上存在较大差异，但是近年来均围绕学校发展特色和人才出口方向，进行清晰的学科定位、人才培养方案制定和课程体系设置。对于部分高校，由于生物工程专业是在生物学专业、生物技术专业的基础上发展起来，工科基础较为薄弱，在专业课程设置方面，逐步重视如生化反应工程、分离工程、生物工程设备等课程的针对性建设，课程将上下游理论知识体系、技术体系和产业体系紧密结合，重视产学研环节。此外在人才培养方案制定过程中，使知识结构和专业技能培养更好地体现实际应用需求，提升了对生物产业人才的培养水平。

（3）教材规划和授课内容越来越适应学科的动态发展

课堂教学是知识传播的重要途径，而教材是知识的重要载体。目前高校越来越重视教材建设工作，近年来涌现了一批国家规划教材和面向21世纪课程教材。教材除了强调理论性和系统性，知识点覆盖面也应不断拓宽，针对教材对象进行有重点的设计和规划。对于生物化学、微生物学、酶工程、基因工程等主干课程的教材和授课内容规划方面，逐步区分其基础研究、工程应用等的特征。此外，根据科学技术和工程的发展，在传统教材中及时融入生物产业前沿知识和技术，从而适应学科的动态发展。同时，也进行虚拟仿真、工程设计以及目前国家政策形势下的工厂设计标准、设计理念、设计流程等教学内容建设，从而紧跟学科和专业科技的发展。

（4）实践教学体系化，教学方法和教学手段不断更新

在传统教育观念和理念的影响下，我国的教育模式重理论、轻实践，与发达国家的实践环节和继续工程教育相比，存在较大的差距。而随着生物产业的发展，各高校看到了自身发展的不足，越来越重视实践教学，注重实验环节的完整性和系统性。开设的实验在类型上从基础验证性实验居多向综合性、设计性、研究性实验发展。此外，实验课程以外的各类实习

实践逐步体现系统性，且从学生被动上课为主向学生主动学习转变，真正强化学生工程实践能力，使学生独立设计能力、工程技术运用能力等得到充分培养。此外，积极加强与校外企业的产教融合基地建设和学生实践基地建设，为学生实习实践提供重要资源和平台，极大满足生物产业发展对人才工程实践能力和科技创新能力的需求。

(5) 师资队伍发展越来越均衡

教师队伍建设是生物工程类专业应用型人才培养的保障。目前，高校对于师资队伍的建设越来越重视，强调教师自身的工程实践能力和一线生产实践经验。要求教师不仅要进行高水平的科学研究，深刻了解社会的重大需求，把握学科发展前沿方向，而且要将教学能力与科研能力协同发展，通过传道阶段、悟道阶段和创道阶段，最终为国家培养出符合社会需求的高质量人才。

国家"十三五"规划对生物产业高度重视，规划将生物产业提升至一个更高的高度，因此，我国生物产业企业数量显著增加，企业在生物工程技术领域的投入增加，发展速度提高。而随着生物产业的发展，我国对专业人才在实验技能、工程问题解决能力、实习实践经验等方面的要求提高。但是高校培养的生物工程技术人才在满足国家和地方社会经济发展需求方面存在一定的差距。一方面，由于生物产业以飞快的速度发展，前沿技术等不断涌现，但课堂、实践教学未及时融入相关信息，导致教学与产业发展存在脱节。另一方面，各高校生物工程类专业发展不平衡，各方未能形成合力以适应国家社会重大发展需求。

三、浙江省生物制造企业人才需求分析

浙江是全国最早发展生物工业的省份之一，经过多年培育和发展，其生物产业已进入快速发展的黄金时期，具有明显的特色和优势。近年来，浙江省将生物产业作为重点发展领域，提出推动生物产业中高速发展和中高端转型的战略方向以及"打造全国生命健康产业制造中心"的战略目标。目前，浙江省已经形成了较为明显的以台州、绍兴、金华等地为代表生物产业集群，促使浙江省的生物产业经济特色更明显和发展更快。因此，打

造一流的全产业链人才培养体系，建立产教融合、集成创新的育人示范，构建面向重大需求的生物产业人才服务平台，对促进形成资源消耗低、环境污染少的生物制造产业新结构和生产新方式具有意义，将实现生物产业的高质量发展。

浙江省生物产业对生物工程专门人才的传统岗位需求主要有以下四大类。①研发人员，负责研发或实验研究；②生产技术人员，主要在生物制药、生物制品等生产第一线从事工艺流程控制等工作；③分析检验人员，从事药物、食品分析或其他生物产品质量检验；④产品销售和管理人员，主要从事相关产品的市场推广、生产和企业经营管理工作。随着生物产业的转型升级，对生物工程类专业人才的需求稳定增长，尤其是高级生物工程技术人才。市场对生物工程人才提出了更高的要求，对新技术、新产品、新工艺、新设备具有一定设计与研发能力的人才将更受欢迎。

对浙江省生物制造企业对人才方面的需求进行调研发现，生物制造企业更注重专业人才能力素质、知识与技能、职业精神等。

(1) 重视人才的职业道德和主人翁精神

随着现代生物技术的飞速发展，浙江省越来越多的生物制造企业重视公司核心技术的开发和自主知识产权的建立。因此，企业强调专业人员的职业素养，要求其具有忠诚度和强烈的职业道德，注重对企业技术的保护，能够伴随企业的发展稳定成长。另外，期望专业人员具有主人翁精神，明确所在岗位工作职责，有强烈的责任意识，愿意付出、投入，为企业创造实际价值。

(2) 重视人才探索未知、激情求解的奋斗精神

与传统产业不同，生物产业前沿科学技术发展日新月异，市场发展千变万化，唯有跟踪科技发展，掌握市场动态，对接社会需求，才能令企业立足于不败之地。因此，企业重视专业人员掌握知识的能力，在相关领域能够不断深入钻研，掌握最新的技术，具备攻坚克难的精神，能够实现企业生物制造领域的技术发明、工程创新、产品升级，不仅为企业创造经济效益，而且带来重要的社会效益。

(3) 重视人才高、精、专的成长特质

虽然企业在人才培养的初始阶段往往要求其能够全面了解主营业务，

并对其从研发到生产再到市场进行全方位培训，但是在员工成长过程中，企业更期待其往高、精、专的方向成长。具有更高的格局和站位，具备更精的科学知识和技术，适应更专的研究、管理、销售等领域，从而实现企业的全链条一体化发展。

（4）重视人才扎实的知识和研究技能

生物制造企业重视人才专业的知识储备和扎实的科研水平。企业希望高校人才的培养能够以重大需求为导向，以实际应用为驱动，使人才掌握扎实的知识和研究技能，具备分析问题、解决问题的能力，具有较强的工程实践能力，符合生物产业发展需要，同时能够对接国际人才标准，适应国际发展势态，具备国际竞争力，引领行业发展。

四、推进浙江省生物制造前沿技术发展的人才培养路径

从生物制造企业对人才的需求来看，明确人才培养方向，构建合理的生物工程类专业人才培养体系，具有重要现实意义。这要求落实新工科人才培养和工程教育认证理念，使人才适应新技术、新产业、新业态、新模式对新时代人才培养的新要求，深化专业综合改革，转化学科优势、科研优势为人才培养优势，通过教学、科研与工程创新并举，完善协同育人机制，培养引领生物产业的高素质工程人才，建成面向未来、适应需求、引领发展、理念先进、保障有力、特色鲜明、辐射作用显著的品牌专业，从而使学生更加符合社会、经济发展需要，具备服务地方、行业和产业的能力，使课程体系符合国家标准，形成适应生物工程专业人才培养的特色教案，使专业教师提高教学水平，具备扎实的工程实践能力，体现特色教学内涵，不断扎实教学基础，不断积累成果，从而引领行业的发展。

① 准确定位生物工程类专业创新人才培养目标，明确专业人才的培养要求。紧随社会经济发展需求，按照企业和市场需要不断调整和重组现有专业，使生物工程类专业更好地适应国家产业结构调整和经济发展。着重增强工程科技创新能力和高素质人才培养，不进行填鸭式的知识传授，按照社会发展需要教学，使人才的知识体系更加合理。通过教授生物技术科学原理、工艺技术过程的基础理论和工程设计的基本技能，培养能在生物

技术与工程领域从事生物产品开发、生产、工艺设计、生产管理、新技术研究的生物产业工程科技创新人才，使其具有扎实的自然科学与工程科学理论基础、较强的自主学习与实践创新能力以及综合运用科学原理解决复杂问题的能力，同时具备健全的人格，正确的世界观、人生观和价值观，良好的人文社科基础知识和人文修养。

② 打破传统教学体系，探索并重构由理论教学、实践教学、专业技能培养等构成的应用型人才培养新模式，突出培养人才必备的公共基础能力、专业基础能力以及专业拓展能力，加强课程思政，探索培养学生适应社会经济发展的工程素质和行业素质。通过生物工程专业导论课程、良师导航、优秀校友交流、工程伦理教育和德育教育，形成思政教育主线，重新梳理教学体系，充分挖掘人才培养过程中的思政资源，聚焦学生的"知识与技能"、"过程与方法"、"情感态度与价值观"三维一体化培养。结合生物产业发展，将关键技术与前沿知识融入，并增设紧密关联课程，重视实习实践教学，通过设计 - 实施 - 总结进行学生的工程实践和科研能力训练。完善学生实践训练平台，深化导师制内涵，以"内核＋外延"方式设置学生模块化培养链。践行多元化培养模式，探索跨学科融合、多平台共享的专业建设模式，促进交叉融合、跨界培养。

③ 建设一流师资队伍，树立产出导向教育理念，落实以人才培养质量为导向的教学激励机制，提高专业师资队伍教学与科研水平，融教学和科研为一体，通过导师制、助讲制、教育教学能力培训强化专业教师教学能力、"工程语言"能力，要求教师做到对所授课程精通，对其他专业课程完全了解熟悉，更好地完成教学工作；专业教师参与企业工程项目研发与生产，通过校企共建生产线等形式培养教师将企业需求和社会需求、生产管理和工艺开发融入学生的实践教学中，打造一支能跨学科教育教学、能指导学生工程研究、能解决企业工程创新重大问题的师资队伍，制定并完善相关考核激励机制。

④ 以专业特色为方向，打造一流课程体系，强化课程整合和衔接，提高课程对培养目标的匹配度和贡献度。以课程思政强化社会责任感培养，强化和落实以能力培养、素质提升为导向的形成性评价。整合、精炼课程知识点，适应人才培养前沿，建立"生动讲课""有效讲课"评价体系。凝

聚教学力量，深入落实质量意识，建立健全教学质量管理体系，落实教学质量持续改进机制。面向时代发展特点，创新教学理念、内容、方法和技术，提升课程质量，形成适合生物工程专业学生的特色培养教案，建设精品教材。

⑤ 提升学生实践创新能力，优化实验教学内容，建立"综合性课程实验-探索性工程实践-自主性学科竞赛-创新性项目研究"的创新实践体系。建设科教融合、产教融合、虚拟仿真实践等教学项目，突出对学生的工程创新能力的培养。完善"政产学研用"协同育人机制，依托生物产业学院的建设，组建校企合作的人才培养共同体，形成共建、共商、共育、共享机制。进一步强化特色实践教育基地建设，建成实践教学网络管理系统，建设虚拟仿真生产线，形成可持续的学生工程实践能力和工程创新能力培养环境，建立适应生物产业发展的工程科技创新人才培养体系。

⑥ 建立完善的专业建设管理制度和评价体系，建立生物工程类专业建设的日常管理细则，跟踪教师教学效果，建立教学检查小组，组织学生座谈会，结合学生反馈、检查结果等对每门课程进行教学效果评价，评定教学效果等级。定期开展课程组交流和总结工作，反馈教学过程中的问题，组织优秀教师进行经验传授，要求授课教师递交持续改进报告，并循环跟踪下一阶段教学效果。定期开展师生交流活动，由教授引领，组成人才培养小组，落实人才培养工作，形成生物工程类专业建设联合体，开展生物工程类一流专业建设研讨会，形成品牌特色，汇集多方力量，提升生物工程类专业的影响力。

第九章 对策与建议

为了全面贯彻《中共中央关于制定国民经济和社会发展第十四个五年规划和二〇三五年远景目标的建议》中关于促进生物医药产业健康发展提出的指导意见，根据浙江省制造业向绿色化、高端化、智能化方向发展的目标，在此针对浙江省生物制造产业总体存在问题，做出如下对策和建议。

一、推进生物制造产业顶层设计

浙江省作为生物医药起步较早的省份之一，几十年来相关产业取得了长足的发展及重大的成绩。但是也存在总量规模偏小、自主创新能力较弱及研发投入偏低等问题，阻碍了生物医药产业的可持续发展，建议具体从以下几方面进行规划：

① 注重生物医药产业政策规划，将政策做实，保证政策明朗、延续和稳定，减少投资犹豫，增强企业调整产业结构和布局的信心，完善相关顶层设计，推进浙江省生物医药企业的转型升级。要更重视自主创新，提供创新的政策环境，完善配套鼓励政策及人才引进政策。

② 加大对生物制造共性关键核心技术及装备研发的投入力度。生物制造共性关键核心技术及装备是产业转型升级的核心，建议对传统产业的

绿色生物制造关键技术及装备研发给予一定的支持，助力产业加速转型升级。针对医药、农业、食品、化工等行业制定转型升级途径和技术创新规划，明确生物制造产业发展重点目标，实现重点突破，实现重大产品关键共性"卡脖子"技术的突破，确定重点领域的优势和领先地位；从工程技术引领、政策倾斜、产业转型升级等多方面引导传统企业参与绿色制造关键核心技术及装备攻关，以支撑和加快推动浙江省生命健康领域产业的绿色生物制造升级。

③ 把生物医药的发展上升到战略高度进行重点扶持，加大政府扶持力度，扩大资金投入规模，实施系列科技计划，在新兴技术的早期转化阶段，通过小额资助针对性解决技术转化初始阶段关键性问题，调整资助资金结构，持续引导产业良性循环，不断完善有关产业制度，将生物医药培育成为高技术领域的支柱产业和国家战略性新兴产业。

④ 由政府引导淘汰低端产能药企，通过并购提升行业集中度，增强抗风险能力，引导技术、人才、资金等要素向优势生物医药产业集聚，促进生物医药技术创新与产业化，提高竞争力；对可持续性产业进行政策支持，特别是可持续性好的生物医药制造产业。

⑤ 推动建立类似集成电路的产业政策体系，重点支持具有基础性、战略性、前瞻性、重大关键共性的生物医药产业高新技术研发，鼓励企业、科研院所、高等院校与外国企业或机构联合开展创新平台建设，促进浙江省生物医药产业高质量发展。

二、推动生物医药产业区域协同发展

近年来，浙江省生物医药产业发展迅速，集群发展特征明显。通过规划和引导，浙江建成了一批医药产业基地，尤其以杭州、湖州、台州、金华和宁波为代表的生物医药产业正以迅猛态势发展。然而生物医药产业链很长，对人才要求高，需要人才大量聚集，这绝不是一两所城市能够容纳的，目前推动长三角区域一体化发展能够聚集海内外医药人才，打破人才流动壁垒，形成错位发展空间，建议具体从以下几方面进行规划：

① 通过发挥浙江创新资源密集优势和生物医药行业先发优势，以医药

港为重点，打造全球有影响力的生物经济创新引领区。政府提高对企业自主创新能力的扶持力度，加强政策引导，包括对企业创新和研发上的财税扶持和专业技术服务等，促进企业与医药、医疗器械、临床研究等领域的国内外知名科研院所的紧密合作，进行优质资源共享、项目联合开发，建设覆盖全产业链的园区，吸引技术、资金、人才和风险投资等创新要素以达到集群效应，带领浙江省各市协同发展，建设有竞争力的生物经济集群高地。

② 基于长三角地区部分重点城市初步构建的较为明晰的医药产业体系，立足已有生物医药细分行业龙头的行业地位及产业基础，发挥龙头平台作用，通过市场行为进行"补链""强链"，打造优势产业链。

③ 强化长三角一体化背景下区域生物医药产业协同创新政策支撑体系，提升浙江省发展生物医药产业的战略高度，强化我浙江生物医药产业在全国的地位，与其他地区错位互补、协同发展。

④ 积极开展国内、国际科技合作，吸引国内外先进技术向浙江转移；建立区域合作机制，充分利用上海、江苏等地的人才和信息技术优势，加强地区间合作与交流，形成一定的虹吸效应。

⑤ 建议经信厅会同生态环境厅等针对生命健康领域传统产业绿色生物制造需求，重点支持相关产业标准制定。

三、规划与设计园区全产业链

园区产业规划与设计是建立产业园区最核心的内容，有效的产业规划不仅可以提高稀缺土地资源的配置效率、促进园区产业结构的有序升级，而且能够通过产业的快速发展带动园区经济加速发展，获取核心竞争力。因此，要实现浙江省生物制造行业高质量发展，必须改变医化企业多而不强的现状，重视规模化效应和产业集聚化发展，建议从以下方面进行布局和完善：

① 借助杭州医药小镇、绍兴滨海工业园区等高端生物医药产业园建设绿色生物制造示范，发挥区域联动优势，推动高端医药制造与服务一体化布局。围绕生物技术在医药以及未来生物产业新模式，推进园区绿色发展

规划，开展园区全景研究及数据平台建设，组织园区内龙头企业强化生物制造过程绿色化和智能化示范。针对生物制品的特殊性，开展过程集成、智能控制和数字化新技术研究，提高园区的能源和资源利用效率，建立园区内部的上下游产品全产业链闭环，减少废物排放。

② 扩大园区发展规模。一个完整的生态医药产业园的开发规模应在 10 km^2 以上，才能保证其完善的产业链。明确园区的发展方向，一类以科技研发为主，另一类以医药生产为主，目前大规模生物医药产业园多为综合园区即科技研发与医药生产同时进行，建立技术平台，加速生物科技成果转化。建立产业化开发与生产基地，带动园区发展。建立生物医药创新制造链等。

③ 加强产业布局规划引领，紧跟国际生物医药产业发展方向，立足园区发展基础，编制产业发展布局规划，突出园区产业特色和优势，按照生物制品、化学药品、中药、医疗器械等细分领域进行专业规划设计，制定园区产业发展路线图和时间表。围绕基础研发、研发中试、规模生产、商业流通等环节，实施园区一体化规划布局，加强细分领域产业链"建链补链强链"，促进产业链上下游联动发展。

四、整合生物医药产业创新资源

对于浙江省内生物制药产业中小型企业来说，在技术创新中面临高级技术研发人员及专业技术带头人严重缺乏等问题，这限制了企业的创新。同时创新平台不足、获取资源能力弱也制约企业的发展。

建议具体从以下几方面进行规划：

① 进一步强化源头创新和基础关键技术突破，全力建设生物技术领域大科学装置，全面提升原始创新能力，推动从"0"到"1"的原始突破。

② 瞄准有潜力发展成为国内外医化巨头企业的高成长性重点企业，支持其以兼并重组等方式，进行跨区域、跨行业的并购重组，实现资源的整合和优化。通过大数据和人工智能技术，汇聚生物医药行业动态，快速掌握、动态跟踪全国乃至全球创新技术领域现状及前景，引入与各区域产业发展匹配的优质资源。

③ 积极对接整合国内外高端生物医药创新资源，提高企业核心技术创新力，企业不仅仅只依靠自己研发，也要以科研机构的技术成果作为技术源泉，加强企业与高校、科研院所在创新研发上的协同合作，建立真正的合作互动机制，推动企业与浙江省三甲医院资源在临床创新方面全面合作，打通从"1"到"N"的成果转化通道。

④ 加强创新链与产业链的深度融合，充分发挥企业主体在产业化过程中的关键作用和市场导向作用，建设"产学研用"深度融合的产业技术创新体系，全面增强自主创新能力，整合力量，集中资金，省市县联动，开展关键共性技术攻关，开展新药研发，加强主动设计，推进竞争优势突出、带动性强的科技项目实施，引导和推动原料药生产向制剂生产转型，提升行业创新发展水平，加速科研成果向实际生产的转化，构建技术创新与产业化高效互动的生物医药产业发展生态。

⑤ 通过线上线下一体化创新服务平台，提供创新所需的各类信息服务，提升企业研发创新和经营效率。另外完善园区等公共平台所提供的投融资服务、公共技术和专业技术服务以及生产辅助服务等，加强整合生物制药产业的资源要素，推动产业升级。

五、建立先进生物制造技术体系

生物制造的技术核心在于高效优质的生物催化剂（工业酶和菌种）以及围绕酶和菌种的一系列生产装备、技术与体系。以生物基化学品、生物基材料、生物液体燃料为代表的新兴生物制造业虽然发展历史较短，但是正处于飞速发展阶段，往往革命性的新一代酶、菌种、技术能完全改变整个产业的发展走势，快速占领市场，甚至开发出全新的市场。工业酶和菌种是生物制造产业的"芯片"，是新兴生物制造产业发展的根源。随着工业生物研究逐渐进入大数据和人工智能时代，前沿生物技术与计算机、物理、化学等技术的结合将为工业酶创制、菌种合成与筛选等提供数据与技术支撑，建议具体从以下几方面进行规划：

① 建立酶与菌种资源平台，为我国生物资源的储备、评价、开发、利用提供条件。运用现代信息技术，建立酶与菌种资源库、酶与菌种基因数

据库，高效收集酶与菌种资源采集信息、生理生化信息、酶学及代谢产物活性信息、核酸序列信息等生物资源信息。

② 重点发展融合人工智能的工业酶和工业菌种的工程生物学创制，突破工业酶筛选与快速定向进化、过程大数据指导的生物合成快速工程化、生物制造装备与系统集成等系列关键技术。

③ 构建基于人工智能和大数据的智能化生物技术制造平台，推动理念的融合。建立利用不同生物质原料，实现高产率、高浓度生产可再生材料及高价值化学品的生物制造技术体系和产品体系。

④ 建立生物信息学数据处理、功能分析、结构设计等专业软件，发挥网络技术、大数据分析等特色功能，促进浙江省及全国范围内生物资源的数据共享。加强生物技术和信息技术融合发展的前瞻性、战略性和系统性布局，对于抢占科技竞争和产业竞争的制高点，具有重要的意义。

六、加强生物工程专业与学科建设

人才是企业的核心资产，对企业的发展至关重要。浙江省生物医药生产基地扩张，许多中小型生物制药公司涌现，人才需求大。

建议具体从以下几方面进行规划：

① 从人才培养源头入手，完善传统的人才培养模式，将生化工程人才的教育培养向更为有利的方向上转变，针对生物医药等生物制造行业需求设置浙江省高等学府的学位课程，在制定课程时，学术界和工业界也需要加强合作，在信息化教育时代，可以组建学术联盟实现广泛课程覆盖，此外，工业界还可以为学术机构提供更多实地探访、实践参与的机会。

② 加强专业、学科、学位点等的建设和投入力度，培养专业对口人才，为生物医药产业储备更多优秀人才，实施高端人才汇聚工程。

a. 划拨专项资金，加大生物制造业专业投入；

b. 完善浙江省生物制造业人才引进激励政策与奖励制度，以鼓励研究人员关注并解决实际问题；

c. "以人为本，与时俱进"，构建适合我国国情的生物技术课程结构；根据市场需求动态，调整生物技术专业课程设置。高校和企业用人单位共

同设置课程,让企业参与人才培养过程;

  d. 增设学科、学位点,优化生物专业布局,提高一级学科质量;

  e. 加强浙江省高校实验室建设,培养实验技能;

  f. 校企合作的新型育人模式,提高实践学习;

  g. 加强学生思想道德素质建设,德、智、体全面发展。

  ③ 加大创新人才队伍建设,一方面企业要优化"硬件环境",积极投资基础设施,用以促进转化研究和增加专业化培训,通过较好的企业氛围和先进的科研设施吸引高端技术人才,另一方面,政府和企业要积极调整和优化各项人才优惠政策,引入更多关键高端研发人员和高技能型技术人才,强化企业多层次人才的专业培训和继续教育,营造引才、育才、留才、用才的良好氛围。

  ④ 建议教育厅牵头,联合财政厅等,制定政策并配套资金,鼓励龙头企业和高校联合培养定向生、对人才进行再教育等,另外打造符合生物制造产业发展需求、引领其发展的高水平研发和人才培养平台。